基本と実務が
よくわかる

小さな会社の給与計算と社会保険

税理士
青木茂人

オオゼキ社会保険労務士法人
社会保険労務士
今 和弘 著

21-22年版

ナツメ社

マイナンバーで会社が気をつけるべきことは？

Q マイナンバーが必要な手続きにはどんなものがありますか？

マイナンバーが必要な行政手続き

マイナンバー ＝ 12桁の個人番号
（平成27年10月以降、市区町村から住民票の住所に通知カードが送付された）

社会保障
年金、医療保険、介護保険、児童手当などの手続きに必要。

税
税務署などに提出する書類などの手続きに必要。

災害対策
防災・災害対策に関する役所の手続きに必要。

給与計算・社会保険事務に影響

税や社会保険の手続きの際にマイナンバーを記載する。

従業員

マイナンバーの提示 →

← 給与の支払い（年金・健康保険・雇用保険などの保険料の徴収）

会社

源泉徴収票や支払調書の作成 →

行政機関
- 税務署
- 市町村
- 年金事務所
- 健康保険組合
- ハローワーク
など

> 行政手続きや申請書などでマイナンバーの記入が必要な書式があります。新規採用した際には**マイナンバーを提示**してもらいます。

社会保障でマイナンバーの記載が必要な届出書類

- 雇用保険被保険者資格取得（喪失）届 →P227・231
- 育児休業給付受給資格確認票 →P257
- 介護休業給付金支給申請書 →P265
- 高齢者雇用継続給付受給資格確認票 →P279 など

> 健康保険、雇用保険、年金などの届出書類に従業員のマイナンバーを記載。

税でマイナンバーの記載が必要な届出書類

- 給与所得の源泉徴収票・給与支払報告書 →P217
- 給与所得の源泉徴収票等の法定調書合計表 →P219
- 退職所得の源泉徴収票・特別徴収票 →P239 など

> 税務署に提出する書類に従業員のマイナンバーを記載。

> 申請書、届出書などの書式は随時、関係省庁から情報が公開されますので、常に確認をして対応を考える必要があります。

マイナンバーで会社が気をつけるべきことは？

Q マイナンバーが漏(ろう)えいすると、会社が罰則を受けると聞きましたが……？

POINT 1 従業員からマイナンバーを収集するとき

マイナンバーを従業員から収集するときは、なりすましによる悪用を防ぐために、「本人確認」が必要となる。

「マイナンバーの通知カード」で確認する場合、運転免許証やパスポートなどの本人を証明するものとあわせて提出してもらう。

個人番号カードなら1枚で本人確認ができる（個人番号カードの取得は任意で、交付申請が必要）。

POINT 2 マイナンバーを利用するとき

マイナンバーは「社会保障」「税」「災害」の事務において必要な場合にのみ利用することが可能。

社会保険、税金の届出書類などに記載するときに使用する。

社員番号にマイナンバーを流用するといった使い方はできない。

「故意」または「不正」に漏えいした場合は会社が罰則を受けます。次の4つのポイントを守って収集、利用、管理をすれば大丈夫です。

POINT 3 マイナンバーの安全管理

マイナンバーの保管管理について、会社には厳格な保護措置が求められる。担当者以外がマイナンバーを取り扱えないようにするなど、安全管理措置が必要。

マイナンバーの管理担当者を決める、取扱規程などマニュアルを作成するといった管理体制を作る。

鍵のついた棚に保管する、管理に使うパソコンのアクセス制限・ログ管理をする、など。

POINT 4 マイナンバーを廃棄するとき

一定期間の保管が義務づけられる場合に限って保存し、事務処理に必要がなくなった場合や保存期間を経過した場合は、速やかに廃棄・削除をしなくてはならない。

保存期限の超過した書類を速やかに廃棄する。廃棄には溶解処理業者などの利用を考える。

詳しくは292ページ以降で解説します。最初は面倒かもしれませんが、マニュアルを作ることで作業が軽減化できます。

給与計算と社会保険のはじめて Q&A

そもそも給与計算はどうやるの？

Q 給与計算ってなんだか難しそう……。具体的なイメージがわきません。

給与明細書の3大項目

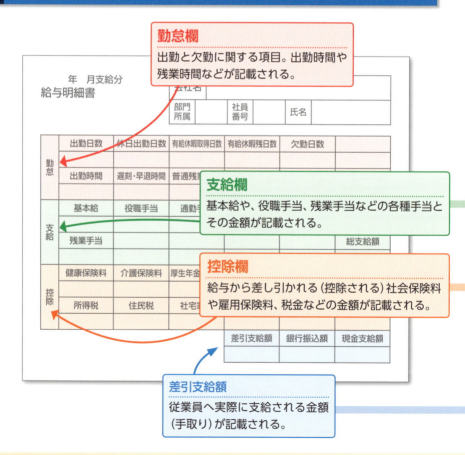

勤怠欄
出勤と欠勤に関する項目。出勤時間や残業時間などが記載される。

支給欄
基本給や、役職手当、残業手当などの各種手当とその金額が記載される。

控除欄
給与から差し引かれる（控除される）社会保険料や雇用保険料、税金などの金額が記載される。

差引支給額
従業員へ実際に支給される金額（手取り）が記載される。

給与明細書を見れば、給与計算の流れが理解できます！ 給与明細書には、勤怠欄、支給欄、控除欄の3つの大きな項目があります。

給与計算の流れ

1 総支給額を計算する
勤怠欄から、項目ごとの支給額を算出して、総支給額を計算する

2 控除合計額を計算する
1の総支給額をもとに、差し引かれる項目を算出して、控除合計額を計算する

3 差引支給額を計算する
1の総支給額から2の控除合計額を差し引いて、差引支給額を計算する（総支給額－控除合計額＝差引支給額）

給与から差し引く社会保険料については8ページ、雇用保険料については10ページで紹介します。

給与計算と社会保険のはじめて Q&A

給与から差し引く社会保険料とは？

社会保険って何となくはわかるけど、どんなものですか？

医療保険　民間企業が関係するのは健康保険

一部負担金で治療等を受けることができる。

出産したときにも給付金などがある。

病気やケガ、死亡、出産などに備える公的な医療保険制度のこと。

介護保険　介護サービスの保険

40歳になったら原則として誰でも介護保険に加入します。

在宅サービスや、公的介護施設サービスなどがある。

介護が必要な人に訪問介護などの各種サービスを提供する制度のこと。

日々の生活で起こり得る病気や介護、老後の生活などに備えるために加入する公的な保険のことで、**医療保険**、**介護保険**、**年金保険**の3つがあります。

年金保険　国民年金、厚生年金等

上乗せ年金として会社独自の企業年金もある。

厚生年金
国民年金 （基礎年金）

老後の生活や障害状態になったときの生活、死亡後の遺族の生活などを支える制度のこと。

給与計算にはどう関わるの？

社会保険料（医療保険、介護保険、年金保険）は、毎月、給与から控除して納付手続きをします。「標準報酬月額」という金額をもとに算出し、会社と保険に加入している従業員（被保険者）とで折半して負担します。

医療保険、介護保険、年金保険の社会保険料は毎月社員の給与から差し引いて、会社が納付手続きをします。

（注）例外として、65歳以上の人の介護保険料については、徴収方法が異なるため、給与天引きにはならない。

給与計算と社会保険のはじめて Q&A

給与から差し引く雇用保険料とは？

労働者は、雇用保険と労災保険に加入すると聞きました。どちらの保険料も給与から差し引くんですか？

雇用保険　雇用に対する保障

▶こんなときに給付される！（失業等給付の種類）

求職中の失業者の生活を保障！
「求職者給付」

再就職を支援！
「就職促進給付」

能力開発の援助！
「教育訓練給付」

高年齢者や介護休業者の雇用継続を援助！
「雇用継続給付」

子どもを養育するため休業した労働者を援助！
「育児休業給付」

従業員の雇用の安定や促進を目的としてつくられた公的保険のこと。

給与計算にはどう関わるの？

雇用保険料は、毎月の手当の変動などがある給与総額をもとに算出し、毎月控除し、原則として年に1回、申告納付します。なお、会社負担分は、事業の種類によって異なります。

労災保険と雇用保険の2つを労働保険といいます。雇用保険は個人負担分を控除しますが、労災保険は全額会社負担のため控除する必要はありません。

労災保険　業務上のリスクを保障

▶こんなときに給付される！

- 傷病の治療を受けた場合は「療養（補償）給付」
- 療養のために休業する場合は「休業（補償）給付」
- 障害が残った場合には「障害（補償）年金」
- 死亡した場合には「遺族（補償）年金」

業務中や通勤中の災害による病気、ケガ、障害、死亡などに対して補償を行う制度。

給与計算にはどう関わるの？

労災保険は会社が全額負担するので、控除はしません。

会社は、労働保険料を原則として年1回申告納付しますが、金額によっては分割納付もできます。

給与計算と社会保険のはじめて Q&A

給与から差し引く**所得税**と**住民税**とは？

Q 毎月の給与計算ではどんな税金を差し引くんですか？

所得税 ― その年の所得に課税される税金

給与、賞与や年金などの所得に対して課税される税（国税）。会社は毎月の給与から給与額に応じた所得税を徴収する。これを**源泉徴収**といい、この源泉徴収税額はその年最後の給与支給時に年末調整により精算する。

通常、税務署から会社に送られてくる「給与所得の源泉徴収税額表」を使って毎月の給与の源泉所得税を算出する。

住民税 ― 前年の所得に対して課税される税金

前年の所得に対し、都道府県・市区町村で課税される税（地方税）。会社が給与から徴収（**特別徴収**）して納付する。給与所得、公的年金等に係る所得以外に課税される住民税は、個人が自分で銀行等で納めることができる。

市区町村から会社に送られてくる「特別徴収税額通知書」に、住民税額が記載されている。

毎月の給与から、所得税と住民税を差し引きます。この差し引いた税金を本人に代わって税務署や都道府県・市区町村に納めます。

徴収と納付の流れ

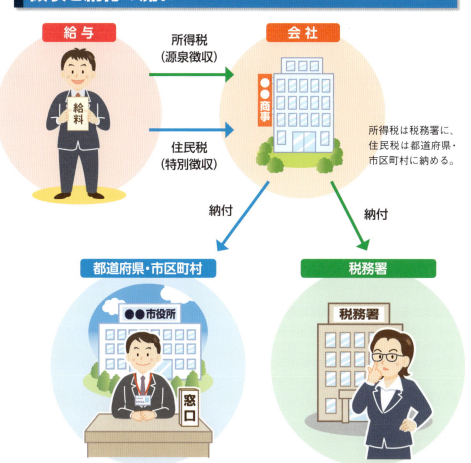

所得税は税務署に、住民税は都道府県・市区町村に納める。

給与計算と社会保険のはじめて Q&A

年末調整は何のために行う？

毎年11月ごろに年末調整に関する書類を提出していますが、それがどんな意味があるのかわかりません……。

年末調整の意味

毎月の給与から所得税を源泉徴収

賞与から所得税を源泉徴収

実際に徴収した所得税を集計する

給与や賞与から控除した源泉所得税

会社は給与や賞与から所得税の源泉徴収を行うが、この徴収した税額は仮計算であるため年末に年税額と一致させる手続きが必要となる。これを年末調整といい、一般的には徴収しすぎた税額を還付する。

年末調整

1年間の給与・賞与の総額を集計し、各種控除を勘案して税額を計算

年末調整で控除する項目には、生命保険や損害保険などの所得控除と、住宅ローン控除などの税額控除がある。

例

たとえば、住宅ローン控除では金融機関などの住宅ローンを利用している人の税負担が軽くなる。

会社は毎月の給与額に応じた源泉徴収を行いますが、この徴収した税額は**仮計算**であるため年末に年税額と一致させる必要があります。この手続きが**年末調整**です。

1年間に納めるべき所得税額

税額の過不足を精算

徴収しすぎた税額は還付する　　特別の事情により不足額が発生することもある

差額が還付される場合

還付 / 差額 / 給与や賞与から控除した源泉所得税 / 1年間に納めるべき所得税額

差額が徴収される場合

差額 / 徴収 / 給与や賞与から控除した源泉所得税 / 1年間に納めるべき所得税額

21-22年版 法改正等のポイント

改正事項	改正前	改正後
三六協定届	―	時間外労働や休日労働について、法令の規定を超えないことを約束するチェックボックスを新設。　→P74・75
健康保険料率	（略）	令和3年3月〜の保険料額表によって保険料を計算する。　→P97
介護保険料率	17.9/1000 （協会けんぽの場合）	18.0/1000 （協会けんぽの場合）　→P97
満64歳以上の雇用保険料	満64歳以上の雇用保険の被保険者は雇用保険料が従業員負担分・会社負担分ともに免除	免除の廃止（保険料の控除が必要となる）に伴い、労働保険の申告書等の様式が変更。　→P98・166・171
賞与不支給報告書	―	賞与支払届・算定基礎届の提出の際に添付していた総括表が廃止され、日本年金機構に登録している賞与支払予定月に賞与を支給しなかった場合は、賞与不支給報告書を提出する。　→P118
社会保険申請・届出様式の押印の廃止	2020（令和2）年、押印を求めていた社会保険の申請・届出様式について、原則押印等を不要とする改正が行われた。なお、押印欄のある旧様式は引き続き使用可能。	

● 働き方改革　改正のポイント

「働き方改革関連法」が2019年4月から段階的に施行されています。
主な改正内容は次のとおりです。

改正のポイント	内　容	実施時期
残業時間の上限規制 三六協定の書式変更　→P72	残業の上限が法律によって定められた。 原則：月45時間 年360時間 特別条項ありの場合は年720時間	全企業で適用済み
年5日間の有給休暇取得の義務化　→P40	年10日以上の有給休暇が発生している労働者に対して、会社は必ず5日の有給休暇を取得させる義務。	全企業で適用済み
勤務間インターバル制度の努力義務	1日の勤務終了後、翌日出社前までに一定時間以上の休息時間（インターバル）を確保する。	全企業で適用済み
月60時間超の残業時間の割増賃金率引き上げ　→P77・91	法定外労働時間が月60時間を超える場合、割増賃金率を50%以上にしなければならない。	大企業 適用済み
		中小企業 2023年4月〜
労働時間の把握義務	管理職、裁量労働適用者も含めて、すべての労働者の労働時間を適切な方法で把握しなければならない。	全企業で適用済み
産業医の機能強化	労働者の健康管理に必要な情報を産業医に提供することを会社に義務化　ほか。	全企業で適用済み
同一労働・同一賃金　→P54	正社員と非正社員の間での給与、福利厚生などの不合理な待遇差を禁止。	全企業で適用済み
高度プロフェッショナル制度の創設	年収1,075万円以上で、一定の専門知識を持つ職種の労働者を労働時間規制、割増賃金の対象外とする制度。	全企業で適用済み
フレックスタイム制の清算期間の上限延長　→P82	フレックスタイム制の労働時間の清算期間の上限を1か月から3か月に延長。	全企業で適用済み

はじめに

「給与計算や社会保険の実務はとても複雑で時間がかかる。少しでも労力を減らしたいのですが…」

中小企業の経営者の方、経理や総務担当者の方からこのような相談をよく持ちかけられます。しかし、「この方法がベスト」といったものは存在しません。というのは、会社によって賃金規程が異なっていますし、中小企業でよく見られるように社員の個別事情を考慮した規程になっていることがあるからです。

また、これらの実務はさまざまな法律——たとえば税法や社会保険に関する法律、労働保険に関する法律——の規制を受けています。それらがたびたび改正されるといった事情があります。

本書はこういった悩みを抱える方に向けて、給与計算と社会保険・労働保険に関する実務をマニュアル化させるための基礎知識を解説したものです。

これらの業務をマニュアル化するためには、

①定型化できる業務とそうでない業務を区分する。

②毎月行うことと、毎年一定の時期に必ず行うことを定型化する。

この二つが肝心です。特に①の定型化が可能か否かの判断は、各種法律や規定の基礎知識が欠かせません。業務の一部をアウトソーシングする、また給与計算ソフトを使ってすべてパソコン上で処理するとしても、経営者や担当者には一定レベルの知識は必要です。たとえば、その入力が正しいかどうかをチェックするには基本的な知識は必要です。

本書は 312 ページもある本ですが、最初から最後まで読み通す必要はありません。給与計算に慣れていない方は基礎知識について解説している、第 1 章〜第 3 章を先に読んでください。そして必要なときに本書の必要な項目をもくじやさくいんを頼りに開いてみてください。そのうちに、あなたの会社にあったマニュアルをきっと作れるようになるはずです。

青木　茂人

今　和弘

＊本書は原則的に 2021 年 4 月 1 日現在の法律に則して編集しています。

『基本と実務がよくわかる
小さな会社の給与計算と社会保険 21-22年版』もくじ

はじめに……………………………………………………………………17

本書の使い方………………………………………………………………24

第1章 給与計算をする前にこれだけは覚えておこう

▶給与計算の大原則

労働の対価として会社が労働者に支払うもの ……………………26

給与明細書と給与計算の手順 ………………………………………28

給与規程と給与体系 …………………………………………………30

給与規程に明記すること ……………………………………………32

法定三帳簿 ……………………………………………………………34

賃金支払いの五原則 …………………………………………………36

▶「勤怠欄」の基礎知識

労働時間と休憩時間の決まり ………………………………………38

年次有給休暇の決まり ………………………………………………40

▶「控除欄」の基礎知識

社会保険と労働保険 …………………………………………………42

健康保険と介護保険のしくみ ………………………………………44

年金保険のしくみ ……………………………………………………46

雇用保険のしくみ ……………………………………………………48

労災保険のしくみ ……………………………………………………50

所得税と住民税のしくみ ……………………………………………52

コラム 給与の不合理な差別は禁止されている ………………54

もくじ

第2章 給与計算と社会保険実務の年間スケジュール

▶毎月行うこと

源泉所得税と住民税の納付 ……………………………………………56

社会保険料の納付 ………………………………………………………58

▶月ごとに行うこと

4～6月	入社にともなう事務・労働保険の年度更新・住民税の特別徴収税額の修正 …60
7～9月	標準報酬月額の決定・賞与の事務 ……………………………62
10～12月	年末調整の事務・賞与の事務 ………………………………64
1～3月	精算した所得税の納付・源泉徴収票・給与支払報告書の作成と提出 …66
コラム	インターネットの電子申告・電子納税を利用する ………………68

第3章 給与計算と賞与計算の実務

▶給与計算の事前準備

給与マスターの作成 ……………………………………………………70

時間外労働・休日労働に関する協定届（三六協定）………………………72

▶勤怠欄の作成

時間外労働（残業）時間の計算 ………………………………………76

休日出勤の計算 …………………………………………………………78

変形労働時間制とみなし労働時間制 …………………………………80

代休と振替休日の違い …………………………………………………84

▶支給欄の作成

総支給額の計算手順 ……………………………………………………86

月平均所定労働時間と月平均所定労働日数 …………………………88

割増賃金の計算 …………………………………………………………90

有給休暇の給与の計算 …………………………………………………92

欠勤控除と遅刻・早退控除の計算 ……………………………………94

▶控除欄の作成

健康保険料・厚生年金保険料・介護保険料 ……………………… 96

雇用保険料 ……………………………………………………… 98

源泉所得税 ……………………………………………………… 100

住民税 …………………………………………………………… 104

▶保険料や税金の納付

社会保険料の納付 ……………………………………………… 106

所得税と住民税の納付 ………………………………………… 108

▶賞与の計算

賞与の計算　基礎知識 ………………………………………… 112

社会保険料と雇用保険料の控除 ……………………………… 114

源泉所得税の控除 ……………………………………………… 116

社会保険料と所得税の納付 …………………………………… 118

コラム　最低賃金をチェックしよう ………………………… 120

第4章 年金と健康保険の実務

▶社会保険の被保険者と被扶養者

社会保険の被保険者になる条件 ……………………………… 122

社会保険の被扶養者となる条件 ……………………………… 124

▶社会保険の各種届出

社会保険で届出が必要となるケース ………………………… 126

社会保険の資格取得時・喪失時の手続き …………………… 128

被扶養者の資格取得時・喪失時の手続き …………………… 132

▶標準報酬月額の決定・改定

報酬月額と報酬の範囲 ………………………………………… 136

標準報酬月額を決定・改定する時期 ………………………… 138

資格取得時の標準報酬月額 …………………………………… 140

| 定時決定 | 142 |
| 随時改定 | 146 |

▶社会保険料の徴収パターン

社会保険料の徴収月	150
社会保険料が改定されたときの徴収	154
コラム 社会保険手続きの窓口は健康保険の種類で変わる	156

第5章 雇用保険と労災保険の実務

▶労働保険の適用事業所と加入義務

| 労働保険の適用事業と被保険者 | 158 |
| 雇用保険の手続きが必要となる場合 | 160 |

▶労働保険料の申告・納付

労働保険料の申告と納付	162
確定保険料・一般拠出金算定基礎賃金集計表の作成	164
労働保険概算・増加概算・確定保険料申告書の作成と保険料の納付	168
コラム 労災保険の特別加入制度	172

第6章 年末調整の実務

▶まず年末調整の流れを知ろう

年末調整の対象となる人	174
年末調整の手続きの順序と確認事項	176
源泉徴収簿の作成と税額の計算	178

▶年末調整に必要な書類

給与所得者の扶養控除等（異動）申告書	180
基礎控除・配偶者控除等・所得金額調整控除	186
保険料控除申告書の作成手順	188
生命保険料控除	189

地震保険料控除 ……………………………………………………… 193

社会保険料控除と小規模企業共済等掛金控除 …………………… 196

住宅借入金等特別控除 ……………………………………………… 200

▶源泉徴収簿と年税額の計算

源泉徴収簿への記入 ………………………………………………… 204

年税額の過不足を精算 ……………………………………………… 210

▶源泉徴収簿の作成後に行うこと

年末調整分を控除・加算して源泉所得税額を納付 ……………… 212

源泉徴収票（給与支払報告書）の提出と交付 …………………… 214

法定調書合計表の作成と提出 ……………………………………… 218

コラム 確定申告の豆知識 …………………………………… 220

第7章 社会保険と労働保険のケース別手続き

▶入社時・退職時の事務

従業員採用時の手続き ……………………………………………… 222

社会保険と雇用保険の手続き ……………………………………… 228

所得税と住民税の手続き …………………………………………… 234

退職金から所得税と住民税を控除 ………………………………… 236

▶結婚・離婚での事務

社会保険・雇用保険・所得税の各種変更手続き ………………… 240

▶妊娠・出産・育児での事務

産前産後休業と健康保険の給付 …………………………………… 242

産前産後休業中の社会保険料 ……………………………………… 250

扶養の手続き・育児休業中の給付金 ……………………………… 254

育児休業中の社会保険料 …………………………………………… 258

標準報酬月額の変更 ………………………………………………… 260

もくじ

▶介護休業での事務
介護休業給付の申請 ……………………………… 264

▶労災保険の事務
労災保険の療養給付 ……………………………… 266

労災保険の通勤災害の適用 ……………………… 270

労災保険からの給付 ……………………………… 272

休業者や死亡者の死傷病報告 …………………… 276

▶高齢者雇用時の事務
高年齢雇用継続給付制度 ………………………… 278

▶健康保険からの給付に関する事務
療養の給付と療養費 ……………………………… 280

高額療養費の給付 ………………………………… 282

傷病手当金の給付 ………………………………… 284

▶従業員が死亡したときの事務
社会保険・労働保険・税金の各種手続き ……… 286

労災保険・健康保険からの給付 ………………… 288

▶健康保険証や年金手帳を紛失したときの事務
健康保険証・年金手帳の再交付 ………………… 290

▶マイナンバーの事務
マイナンバーと給与の実務 ……………………… 292

マイナンバー 取扱いの注意点 ………………… 294

マイナンバーの収集と利用 ……………………… 296

マイナンバーの管理 ……………………………… 298

| **資料** | 給与規程（賃金規程）例 … 300 | 労働者名簿 …………………… 304 |
| | 賃金台帳（給与台帳）…… 305 | 出勤簿 ………………………… 306 |

用語のさくいん ……………… 307　　届出書式のさくいん ………… 310

本書の使い方

本書は、給与計算と社会保険の実務に必要な知識を段階を追って理解できるよう、次のように構成されています。

給与計算に慣れていない人は第1～3章を最初に読んでください。

第1章 給与計算をする前にこれだけは覚えておこう

給与計算をするうえで必要な用語、計算のしかた、社会保険・労働保険の最低限覚えておきたいしくみを解説しています。

第2章 給与計算と社会保険実務の年間スケジュール

給与計算と社会保険実務のスケジュールを「毎月行うこと」と「月ごとに行うこと」の二つにわけて解説しています。

第3章 給与計算と賞与計算の実務

時間外労働時間などが記入される「勤怠欄」、基本給や各種手当のほか割増賃金や有給休暇の給与などが記入される「支給欄」、社会保険・労働保険・税金などの額が記入される「控除欄」、それぞれの欄別にその計算のしかたを詳細に解説しています。

第4章 年金と健康保険の実務

年金・健康保険・介護保険の届出が必要となるケース、社会保険料の算出の基礎になる標準報酬月額の計算のしかたを解説しています。

第5章 雇用保険と労災保険の実務

雇用保険・労災保険の届出が必要となるケース、労働保険の申告・納付の手続きである年度更新のしかたを解説しています。

第6章 年末調整の実務

1年間納めた源泉所得税の合計額と1年間に納めるべき所得税額を一致させる手続きである年末調整を解説しています。まず大まかな流れを押さえた後、個別の実務について説明しています。

第7章 社会保険と労働保険のケース別手続き

従業員の入・退社、従業員の結婚・出産、業務災害や通勤災害での労災保険からの給付など、個別のケースにあわせた届出のしかた、実務のやり方を解説しています。

新人経理　星川由香里
簿記の知識はあるが実務経験が少ない新人社員。明るく人当たりはいいが、少しあわて者。

わたしたちがサポートします！

敏腕経理　佐藤隆史
星川の上司にあたる経理畑20年のベテラン。ていねいかつ正確な仕事ぶりで社内で一目置かれている。

第1章
給与計算をする前に これだけは覚えておこう

給与計算の大原則

そもそも「給与」とは？
労働の対価として会社が労働者に支払うもの

「給与」とは「労働の対価として支払うもの」

　給与計算の説明を始める前に「給与」とは、そもそもどういう意味なのか説明しましょう。

　給与は、**賃金**、**報酬**、**手当**、**賞与**などと言い換えられることがあります。しかし、基本的な意味はどの名称も同じで、**「労働の対価として使用者（会社）が労働者に支払うもの」**です。労働を提供する労働者に対して公平に支給されるものは「労働の対価」とされます。給与明細書では「〜手当」と書かれてあっても、それが「労働の対価として支払われたもの」ならば、すべて「給与」なのです。

　反対に、**「労働の対価」ではないもの**は、どんな名称であっても給与とはなりません。たとえば、恩恵的に支払われる結婚祝金などは、給与明細書に記載されていても原則として「給与」とはみなされません。

法律によって「給与」の名称は異なる

　この「給与」ですが、法律によって呼ぶ名称が異なります。最低の労働条件などを定めた労働基準法では給与を**賃金**と呼び、健康保険法と厚生年金保険法では給与を**報酬**または**賞与**と呼んでいます。

　もちろん、「給与」の名称が変わっても基本的な意味は同じです。しかし、次ページにあるように、法律上の「賃金」や「報酬」「賞与」では細かな定義が少し違います。たとえば、健康保険法・厚生年金保険法では、食事の提供、作業着の給付などは一定の条件のもとで「現物給付（現金ではない給付）の報酬」として認められます（右ページ下の表を参照）。

　本書ではできるだけ「給与」「賃金」という表記で統一していますが、法律の定義に矛盾しないように「報酬」「賞与」で表記することもあります。

退職金は給与、それとも給与ではない？

　次ページの図で退職金は「給与ではないもの」として扱われていますが、就業規則などで規定があったり、慣習的に支払っていたりする場合は、労働基準法上の給与にみなされます。ただし、社会保険料や労働保険料はかかりません。

　労働基準法　労働基準法は、労働者が健康で安定した生活を送るために、労働条件などの最低基準を定めた法律です。

「給与」であるもの・「給与」でないもの

「給与」であるもの

- 手当
- 賞与
- 賃金
- 報酬

これらは「労働の対価として支払うもの」という意味をもっているのね。

「給与」ではないもの（原則として）

特定の人に恩恵的に支払うもの	一時的、臨時的に支払うもの	企業設備費や事務費としての要素が強いもの
例：結婚祝金、会社が支払う災害見舞金など	例：退職金、大入り袋など	例：出張費、作業着や制服の給付など

＊条件が整えば、給与として扱われることもある。

法律ごとに「給与」の定義が異なる

法律によって「給与」の名称が変わるから注意しよう。給与実務でもよく出てくるよ。基本的な意味は変わらないけどね。

	労働基準法上の給与	健康保険法・厚生年金保険法上の給与
名称	●「賃金」と呼ぶ。	●「報酬」または「賞与」と呼ぶ。 ●年3回以下または一時的に支給されるものを「賞与」、それ以外のものを「報酬」という。
注意点	●任意的・恩恵的なもの、一時的・臨時的なもののうち、就業規則などで規定されたものは「賃金」として認められる。	●社宅、寮、食事の提供、制服や作業着の給付などは、一定の条件のもとで「現物給付の報酬」として認められる。

KEY WORD　健康保険法　健康保険法は、労働者やその被扶養者の業務外の事由による疾病や負傷、もしくは死亡、出産に関して保険給付を行うことなどを定めた法律です。

給与計算の大原則
給与を計算する手順は？
給与明細書と給与計算の手順

給与明細書の項目

次ページにある一般的な給与明細書の例を見てください。**給与明細書には、給与計算事務の流れがそのまま表現されています**。給与明細書一つひとつの項目がわかれば、給与計算全体のしくみが理解できるのです。

給与明細書に記載する項目には、大きくわけて勤怠、支給、控除の3つがあります。

◆**勤怠**

勤怠欄には、出勤と欠勤に関する項目を記載します。出勤日数、欠勤日数、有給休暇日数、労働時間、残業時間、遅刻・早退時間などがあります。

◆**支給**

支給欄には、基本給や役職手当、残業手当などの各種手当とその額が記載されます。

◆**控除**

控除欄には、給与から控除される項目とその額を記載します。控除される項目には社会保険料や税金などがあります。

給与計算の流れ

給与計算の流れは次のようになります。
① 勤怠欄の勤怠状況から各支給額を算出し、**総支給額**を決定する。
② 総支給額をもとに控除項目を算出し、**控除合計額**を決定する。
③ 総支給額から控除合計額を差し引いて**差引支給額**を決定する。

つまり、次のように計算できます。

総支給額 − 控除合計額 = 差引支給額

勤怠欄、支給欄、控除欄の内容をどのように決定すればいいのかは、第3章以降で詳しく説明していきます。ここでは、給与明細書に書かれている項目の名前と、この計算式を覚えておきましょう。

「控除」の内容は？

控除項目は、次の二つに大きくわけることができます。
① 社会保険料……健康保険料・介護保険料・厚生年金保険料・雇用保険料
（→ P42〜51 参照）
② 税金……所得税・住民税
（→ P52〜53 参照）

 基本給 給与を構成するもののうち、各種手当を除いた基本的な給付部分のこと。本給ということもあります。

給与明細書の例

給与明細書に書かれている項目はこの3つに大きく分類できるのね。

勤怠欄
出勤時間、残業時間などを記載する。

支給欄
支給する給与の内容と額を記載する。

控除欄
給与から差し引かれる項目と額を記載する。

年　月支給分
給与明細書

会社名			
部門所属	社員番号	氏名	

勤怠	出勤日数	休日出勤日数	有給休暇取得日数	有給休暇残日数	欠勤日数	
	出勤時間	遅刻・早退時間	普通残業時間	深夜残業時間	休日労働時間	

支給	基本給	役職手当	通勤手当	家族手当	住宅手当	
	残業手当					総支給額

控除	健康保険料	介護保険料	厚生年金保険料	厚生年金基金保険料	雇用保険料	
	所得税	住民税	社宅家賃	財形貯蓄		控除合計額
				差引支給額	銀行振込額	現金支給額

差引支給額の項目
従業員に実際に支給される額を記載する。

よく使われる「手取りが〇〇円」の「手取り」とは、この差引支給額のことだよ。

 手当　基本給以外に支給する給与のこと。大企業ではさまざまな手当が用意されていることが多いのですが、中小企業では種類はあまり多くありません。

給与計算の大原則
給与はどのように決まるのか？
給与規程と給与体系

給与規程と雇用契約で給与が決まる

　前節では給与計算の流れを説明しましたが、支給欄にある基本給や役職手当、残業手当といった給与の額はどのように決まるのでしょうか？

　実は、中小企業の場合には給与に関する細かい規定が整備されておらず、口頭の約束だけで給与が決定されているケースも見受けられます。しかし、本来は、
①会社が定めている**給与規程**（賃金規程）
②採用時に取り交わす**雇用契約**
③以上の①と②によって個別に基本給などを決定する
ということになっています。

給与体系は会社によって異なる

　では、給与規程はどのように決まるかというと、これは**会社は業態や職種などによって独自に給与の支給項目を決める**ことができることになっています。支給項目を体系的に構成したものを**給与体系**といい、大きく**固定的給与**と**変動的給与**の二つにわけることができます。

◆**固定的給与**

　毎月決まった額を支給する給与のこと

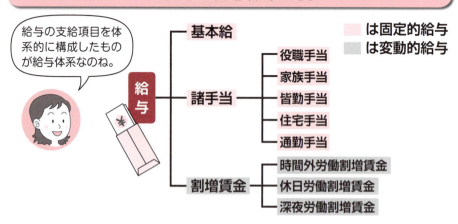

一般的な給与体系の例

給与の支給項目を体系的に構成したものが給与体系なのね。

給与
- 基本給
- 諸手当
  - 役職手当
  - 家族手当
  - 皆勤手当
  - 住宅手当
  - 通勤手当
- 割増賃金
  - 時間外労働割増賃金
  - 休日労働割増賃金
  - 深夜労働割増賃金

■ は固定的給与
■ は変動的給与

プラス知識！　**給与額の決定方法は雇用形態にあわせて変えるのが一般的**　たとえば、1日の労働時間や1か月の労働日数が少ないパートタイマーには日給制や時間給制を、労働時間や労働日数が長い正社員には月給制を採用することが多いです。

で、基本給のほかに、役職手当、家族手当などの諸手当があります。略して**固定給**とも呼ばれます。

◆**変動的給与**

　毎月の労働状況によって変動する給与で休日出勤手当、残業手当など、通常の労働時間以外に労働した時間に対して支払われるものです。**変動給**とも呼ばれます。

　また、②にある**雇用契約**というのは、たとえば正社員か、パートタイマーか、また就業時間や仕事の内容などの会社と従業員の間で交わされる労働の条件についての契約のことです。これは**労働基準法**15条により、従業員を採用するときに賃金や労働時間などの労働条件を明示することが義務づけられています。

　給与のうち、**基本給**は給与の基本となる部分で、その人の職務内容、経験年数、職務遂行能力などに応じて決定されます。基本給の計算方法は下の表にある「給与額の決定方法」によって異なります。

ノーワーク・ノーペイの原則

　会社は従業員が働かなかった時間や日については給与を支払わなくてもよいことになっています。これを**ノーワーク・ノーペイの原則**といいます。したがって、欠勤・遅刻・早退があれば、その分を固定的給与から差し引いて支払うことが認められています。

　さて、給与は給与規程と雇用契約によって決まる、といいましたが、実際これらが整備されていない会社が結構見受けられます。次節以降を参考に給与規程を定めておきましょう。

給与額の決定方法

給与額の決定方法	決定のしかた
月給制	1か月の所定労働時間に対して給与額を決める。**所定労働時間**とは、会社が定めた労働時間のこと（→P38 参照）。
日給制	1日の所定労働時間に対して給与額を決める。
時給制	1時間単位で給与額を決める。
年俸制	1年単位で給与額を決める。
歩合給 業績給	出した成果や業績に応じて給与額を決める。「出来高払い」「請負給」などとも呼ばれる。

基本給はこのような方法で決められるのね。

 日給月給制　1か月の所定労働時間に対して固定の給与額が定められていますが、欠勤、遅刻、早退などをした場合はそれに相当する額が控除される給与形態のことです。現在、月給制をうたう多くの会社は、この「日給月給制」を採用しています。

給与計算の大原則
給与の計算方法や支払い方法を規定
給与規程に明記すること

給与に関することは給与規程に明記する

給与体系は、原則として**給与規程**で定めます（給与規程のひな形はP300参照）。

給与規程とは、給与体系のほか、給与の計算方法や支払い方法など、給与に関することを規定したものです。会社は、給与規程の定めに基づいて毎月の給与や賞与の計算を行います。

就業規則の届け出が義務づけられている会社は、**就業規則の一部に給与に関する規定を盛り込まなければなりません。**この場合、就業規則とは別に給与規程を定めてもかまいません。

通常、正社員、パートタイマーなど就業のしかたが異なる従業員がいる場合は、それぞれの給与規程（就業規則）を作成します。また、一度決めた給与規程は会社側が一方的に変更することはできません。

給与規程の不備はトラブルのもと

会社は、従業員を雇うときに労働条件を明示しますが、**給与の決定や支払方法などに関しては書面にして渡さなければなりません。**

しかし、中小企業のなかには、書面にするべき労働条件を口頭で伝えているところも少なくありません。また、給与規程が不備なために、労使間でもめ事が起こるケースもよくあります。

会社は給与規程を整備し、従業員との雇用契約時にはそれを明示します。また、従業員がいつでも閲覧できるようにすることが必要です。

これも覚えておこう！ 給与規程が無効となるとき・優先されるとき

給与規程が労働基準法をはじめとした労働関連法令の規定に違反している場合は、給与規程の内容は無効となります。会社が労働組合との間で合意した**労働協約**に違反している場合も、給与規程の内容は無効になります。

規範の優先順位は、
① 法令
② 労働協約
③ 給与規程（就業規則）
④ 労働契約
となります。

就業規則 会社の労働条件や規律などを定めたものです。就業規則を作成して労働基準監督署へ届け出ることが義務づけられているのは、常時10人以上の労働者を使用する事業所です。労使間のトラブルに対応するために、労働者が10人未満の事業所でも作成しておくべきでしょう。

給与規程の絶対的必要記載事項

これらは、就業規則の一部または給与規程のなかに必ず記載する項目だよ。また、従業員を雇用するときには必ず明示しなければいけない事項でもあるんだ。

必ず記載する項目	記載内容
給与の決定	給与の構成要素（基本給や各種手当）、給与の決定方法（経験年数・職務遂行能力など）
給与の計算方法	時給制・日給制・月給制・年俸制 残業手当の計算方法や欠勤などの扱い。
給与の支払い方法	通貨で全額を直接本人に支払うか、本人の同意を得て本人が指定した金融機関の本人名義の口座に振り込む。
給与の締切日	締切日を特定する。
給与の支払日	支払日を特定する。
昇給についてのルール	昇給の有無。昇給がある場合、いつ、どういう場合に昇給するか。

＊雇用時に明示するときは、「昇給についてのルール」以外は必ず書面で明示する。

給与規程の相対的必要記載事項

これらは、定める・定めないは自由だけど、会社がその制度を行っているときは必ず記載しなければならない事項なんだよ。

項目名	記載内容
退職金の定め	退職金の決定と計算および支払方法、適用される従業員の範囲、退職金支払いの時期。
給与から控除するもの	控除項目名など。
賞与に関するもの	賞与の支給時期、支給基準、賞与の算定期間など。
その他、すべての従業員に適用される事項（手当など）	手当の内容、計算方法など。

 KEY WORD　労働協約と労働契約　労働協約は、会社と労働組合が組合員の労働条件などで合意し、文書化したものです。一方、労働契約とは、会社と個々の従業員が労働条件などで合意し、契約するものです。入社時に取り決める雇用契約も労働契約の一つです。

給与計算の大原則
労働基準法によって会社に作成と保管が義務づけられている
法定三帳簿

法定三帳簿
労働者名簿・賃金台帳・出勤簿

　労働基準法によって会社に作成と保管が義務づけられている書類があります。そのなかでも**法定三帳簿**といわれている書類は次のとおりです。

①労働者名簿

　氏名、生年月日、住所などが記入された個人の基礎データで、その他業務の種類、雇い入れの年月日など、記載する事項が決まっています。会社は、**従業員が入社したらすぐに労働者名簿を作成**します。

②賃金台帳（給与台帳）

　給与の計算期間や労働日数、基本給とその額などのデータを記載する書類で、**給与を支払うごとに記入**します。なお、労働者名簿と賃金台帳は、支店や営業所ごとに作成・保管します。

③出勤簿（タイムカードを含む）

　労働者名簿や賃金台帳と違って必要記載事項が定められていません。ただし、**従業員の労働時間などを確実に把握するためのもの**ですから、給与計算の基礎となる労働日数や労働時間、残業時間などを確認できる書類でなければなりません。

整備と保存が
義務づけられている書類

　法定三帳簿のほかに、整備と保存が義務づけられているのが「**雇い入れ、解雇、退職に関する書類**」「**災害補償に関する書類**」および「**賃金その他労働関係に関する書類**」です。**保存義務期間はすべて3年**です。これらの書類は、労働保険や社会保険の諸手続き、労働基準監督署の調査などで提示を求められることがあります。日ごろから管理しておくことが必要です。

書類の保存期間は？

書類の保存期間は次のように決められています。
- **労働者名簿**など、雇い入れ、解雇、退職に関する書類……従業員の退職、解雇、死亡の日から3年間
- **賃金台帳**など、賃金その他労働関係に関する書類……従業員の最後の給与について記入した日、あるいはその完結の日から3年間
- **出勤簿**……従業員が最後に出勤した日から3年間
- **災害補償に関する書類**……災害補償の終了日から3年間

災害補償に関する書類　会社は、従業員の業務上の災害による病気やケガ、障害、死亡に対して補償をしなければなりません。その際、労災保険の手続き等で使用した書類をいいます（→P266〜）。

34

法定三帳簿とは

●労働者名簿

（労働者名簿のひな形は P304 参照）

●賃金台帳

●出勤簿（タイムカード）

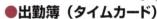

（賃金台帳のひな形は P305 参照）　　（出勤簿のひな形は P306 参照）

 労働基準監督署 労働基準法やそれに関連する法令の実施を監督・指導する行政機関。厚生労働省の各都道府県労働局の管内に数か所設置されています。

給与計算の大原則

給与を支払うための原則とは？

賃金支払いの五原則

労働基準法に定められた「賃金支払いの五原則」

　従業員が安定した生活を送るには、給与を確実に受け取るしくみが必要です。そのため、労働基準法では、会社に対して給与を支払う際、次の五つの原則を守ることを義務づけています。

原則1　通貨で支払う

　給与は「通貨」＝「現金」で支払わなければなりません。原則として小切手や定期券、会社で取り扱っている商品、株式などの現物で支払うことはできません。

　ただし、会社と労働組合との間で合意した労働協約で定められていれば、現物で支給することができます。また、本人の同意を得たうえで、本人が指定した金融機関の本人名義の口座に振り込むことはできます。

原則2　本人に直接支払う

　給与は従業員本人に直接支払わなければなりません。代理人と名乗って従業員の配偶者や親などが支払いを求めても、支払ってはいけないことになっています。

　ただし、従業員本人が病気などで直接受け取れないときは、従業員の妻子などに支払うことが認められます。

 KEY WORD　通貨払いの原則の例外　退職金については、従業員の同意を得たうえで郵便為替や小切手での支払いができます。

原則3　全額を支払う

給与は全額を支払わなければなりません。会社側の都合による残業代や基本給の後払い、貸付金との相殺などは認められません。

ただし、法令で定められた社会保険料や税金、労使協定などで定めた社宅費、労働組合費などは控除することはできます。

原則4　毎月1回以上支払う

給与は毎月1回以上支払わなければなりません。そのため年俸制の場合は、1年の給与額を12分割して、毎月1回支払うといった対処をする必要があります。

原則5　一定の期日に支払う

毎月の特定した日に給与を支払わなければなりません。「毎月第4水曜日に支払う」「毎月20日から25日の間に支払う」といった、日にちが変動する支払日は無効です。

ただし、「毎月25日に支払うが、今月はその日が金融機関の休日と重なるので、24日に前倒しにする」といった変更なら認められます。

 KEY WORD　**労使協定**　会社側と従業員の過半数の代表者が協議して決めたことを書面にしたものです。労使協定を結ぶもので代表的なのは三六協定です。→詳細はP72

「勤怠欄」の基礎知識
休憩時間の与え方は？
労働時間と休憩時間の決まり

法定労働時間と所定労働時間

　ここからは給与明細書の「勤怠欄」に記入する労働時間と休憩について説明していきます。まずは、労働時間です。
　労働時間とは、「労働者が使用者に労務を提供し、使用者の指揮命令下にある時間」です。実際に労働している時間のほか、作業の指示待ち時間なども「労働時間」に含まれます。
　これに対して、休憩時間、私用や組合活動の時間などは「労働時間」にあたりません。
　労働基準法では、この労働時間について、1日および1週間の限度を定めています。これを**法定労働時間**といいます。
　法定労働時間は原則として1日で8時間まで、1週間で40時間までとされていて、この時間を超えて勤務させる場合は**時間外労働**（→P72参照）にあたるとして**割増賃金**を支払わなければなりません。
　法定労働時間に対して、会社が定めている労働時間（たとえば朝9時〜午後5時までの営業時間）を**所定労働時間**といいます。所定労働時間は、法定労働時間の範囲内でなくてはいけません。

休憩時間の与え方

　労働時間にルールがあるように、休憩時間にもルールがあります。労働基準法では、休憩時間の与え方を次のように定めています。
①労働時間が6時間を超える場合
　　→少なくとも45分
　労働時間が8時間を超える場合
　　→少なくとも1時間
　の休憩時間を与えること。
②労働時間の途中に与えること。
③一斉に与えること。
④休憩時間は従業員の自由に利用させること。

休憩時間の与え方の例外
　次の業種は一斉に与えなくてもよいとされています。
運送・販売・理容・金融・保険・広告・映画・演劇・興行・郵便・信書便・電気通信・保健衛生・旅館・飲食店・娯楽場・官公庁など。

　法定労働時間の例外　法定労働時間は、一定の業種で従業員が10名未満の支店や営業所等に限り、44時間まで認められます。また、1か月単位および1年単位の変形労働時間制（→詳細はP80）などを導入して、一定期間で週平均40時間とすることは認められています。

労働時間とは？

労働時間となるもの
実労働時間
（外での営業活動を含む）
作業の指示待ち時間
仕事上の電話待ち時間など

労働時間とならないもの
休憩時間
私用
組合活動など

労働時間の定義からすると、作業の待ち時間は労働時間になるんだよ。

法定労働時間と所定労働時間

労働基準法で定められた労働時間の上限。
原則として1日8時間、1週間40時間。

法定労働時間 8時間 ○

会社内で定めた労働時間。
法定労働時間内で設定する。
法定労働時間を超えた所定労働時間は無効となる。

所定労働時間 7.5時間 ○
 9時間 ×
 1時間オーバー

休憩時間の与え方

労働時間が
6時間を超える場合 ➡ 少なくとも **45分**
8時間を超える場合 ➡ 少なくとも **1時間**

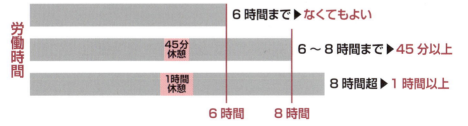

労働時間
6時間まで ▶ なくてもよい
45分休憩　6〜8時間まで ▶ 45分以上
1時間休憩　8時間超 ▶ 1時間以上
6時間　8時間

休憩時間は労働時間の途中で与えること　労働時間の最後にまとめて休憩時間を与えることは違法です。また、必ずしも休憩時間の開始を12時にする必要はありません。

「勤怠欄」の基礎知識
有給休暇の与え方は？
年次有給休暇の決まり

有給休暇を与えなければならない従業員とは

　年次有給休暇（いわゆる有給休暇）とは、給与の支払いを受けながら休暇をとれる制度のことです。会社は、**雇い入れの日から6か月間継続して勤務し、全労働日の8割以上出勤した従業員**に対して、有給休暇を与えなければなりません。

　6か月以後は、1年ごとに出勤率を計算し、その1年間で8割以上の出勤率があった場合に有給休暇を与えます。

　有給休暇は**2年間有効**で、その間は原則として従業員が自由に有給休暇をとることができ、会社は従業員が申請したとおりに有給休暇を与えなければなりません。これを従業員の**時季指定権**といいます。ただし、その申請された日に休暇をとられると事業の正常な運営ができなくなる場合に限って、会社が有給休暇の取得日を変更することが認められています。これを会社の**時季変更権**といいます。

　有給休暇の付与は原則として1日単位ですが、従業員が請求すれば半日単位で与えることもできます。また、労使協定を結ぶことにより従業員は1年5日分を限度として時間単位で有給休暇を使うことができます。

計画的付与とは

　なお、会社側は労使協定を結んだうえで、年末年始、ゴールデンウィーク、夏休みなどに有給休暇日をあてることができます。これを**計画的付与**といいます。期間は5日を超える部分に限られます。たとえば、繰り越した有給休暇も含めて有給休暇の日数が15日あれば10日まで計画的付与ができます。

年次有給休暇の時季指定義務

　働き方改革の一環で労働基準法が改正され、2019年4月からすべての企業において、年10日以上の有給休暇が付与される従業員に対して、年5日については必ず取得させることが会社に義務づけられました。これを**年次有給休暇の時季指定義務**といいます。

　また、労働者ごとに有給休暇の時季、日数、基準日を記載した**有給休暇管理簿**の作成、保存が義務化されました。

 KEY WORD　争議行為　使用者と従業員の間で、労働条件などをめぐって争いが起きたとき、従業員側が自分たちの主張を通すために行うのが争議行為で、労務の提供を拒否するストライキなどがあります。こうしたとき、使用者側も工場や事業所などを閉鎖するロックアウトなどを行使して対抗します。

有給休暇を与える日数

❶ 正社員または週所定労働日数が5日以上または週所定労働時間数が30時間以上のパートタイマー

勤続年数							
6か月	1年6か月	2年6か月	3年6か月	4年6か月	5年6か月	6年6か月
10日	11日	12日	14日	16日	18日	20日

❷ ❶以外のパートタイマー（週所定労働時間が30時間未満で、週所定労働日数が4日以下または年間所定労働日数が216日以下）

週所定労働日数	年間所定労働日数	勤続年数						
		6か月	1年6か月	2年6か月	3年6か月	4年6か月	5年6か月	6年6か月
4日	169～216日	7日	8日	9日	10日	12日	13日	15日
3日	121～168日	5日	6日	6日	8日	9日	10日	11日
2日	73～120日	3日	4日	4日	5日	6日	6日	7日
1日	48～72日	1日	2日	2日	2日	3日	3日	3日

※年間所定労働日数が48日未満のパートタイマーには有給休暇を付与しなくてよい。

出勤率が期間中の全労働日の80％に満たない場合は有給休暇が付与されない

ただし、次のような場合は労働日にあたらない
- 会社の都合による休業日
- 台風や交通機関の停止による休業など、やむを得ない休業日
- ロックアウトやストライキなどの争議行為による休業日
- 休日労働の日（所定休日に労働させたその日）

また、次のような休業は出勤日とみなされる
- 業務上の災害によるケガや病気のために休業した日
- 育児休業または介護休業をした期間
- 産前産後の休業期間
- 年次有給休暇を取得した日は出勤日とみなされる

時季指定義務のポイント

有給休暇は従業員の申し出によっての取得が原則だったけど、年5日取得していない従業員に対して会社が時季を指定して取得させることが義務化されたんだ

● 従業員の申し出による取得（原則）　　　　● 会社の時季指定による取得（新設）

従業員が会社に取得時季を申し出る。　　　会社が従業員に対して取得時季の意見を聴取し、その意見を尊重して取得時季を会社が指定する。

従業員「4月5日に休みます」会社　＋　従業員「4月10日に休んでください」会社

※時季指定を行う場合、就業規則等への定めが必要。

年次有給休暇の比例付与　勤務時間が短いパートタイマーなどにも、通常の正社員の所定労働日数と比例して有給休暇が与えられることを、年次有給休暇の比例付与といいます。

「控除欄」の基礎知識
そもそも「社会保険」とは？

社会保険と労働保険

広義の社会保険と狭義の社会保険

　給与明細書の「控除欄」には、健康保険料や厚生年金保険料、雇用保険料、所得税などが記載されます。ここからはこれらの項目について解説していきます。

　健康保険や厚生年金保険のことを**社会保険**といいますが、社会保険には、
①**広義の社会保険**
②**狭義の社会保険**
の二つがあります。混乱しないようにここで整理しておきましょう。

　広義の社会保険とは日本の社会保障制度の一つで、病気や傷害、事故、失業、老後の生活などのリスクに備えて、**国民の生活を保障するために設けられた公的な保険制度**です。運営者は国や地方公共団体などで、運営費用は被保険者からの保険料、会社の事業者等からの保険料、国庫からの負担金などからあてられます。

　国民が相互に助け合うという考えのもとでつくられた制度なので、リスクにあったときに国から必要な給付を受けることができる代わりに、対象となる国民は社会保険に加入して保険料を負担する義務

があります。しかし、社会保険の一つの労災保険に限っては、従業員を雇用する会社のみが保険料を支払い、被保険者である従業員は保険料を負担しません。

広義の社会保険は5種類ある

　広義の社会保険には、
①**医療保険**
②**年金保険**
③**介護保険**
④**雇用保険**
⑤**労災保険**
の五つがあります。

　このうち、①医療保険と②年金保険、③介護保険は日々の社会生活のなかで必要となる保険で、**狭義の「社会保険」**に区分されます。④雇用保険と⑤労災保険は労働にともなって必要になる保険で、**労働保険**に区分されます。

　本書では、今後はこの区分にしたがって、
●医療保険、年金保険、介護保険
　→**社会保険**
●雇用保険と労災保険
　→**労働保険**
と呼びわけます。

KEY WORD　**公的な保険**　「公的な」といった場合、国や地方自治体、企業などによって運営されているという意味になります。これに対し、個人で加入する保険や年金のことを個人年金や個人保険といいます。

社会保険・労働保険の種類

社会保険（広義）

病気、傷害、事故、失業、老後の生活など国民の生活をおびやかす事態になったとき、生活を保障する目的で設けられた公的な保険

社会保険（狭義）
社会生活上のリスクを保障する社会保険

医療保険 （健康保険）	業務以外のケガや病気、出産、死亡に対する保障
年金保険	老後の生活、障害、死亡に対する保障
介護保険	高齢者や老化で介護が必要な人に対する保障

労働保険
労働上のリスクを保障する社会保険

雇用保険	雇用に対する保障 失業中の生活援助 休職中の雇用促進活動 育児中、介護中、高齢などの在職時の援助
労災保険	業務上、通勤中のケガや病気、傷害、死亡に対する保障

広義の社会保険は、狭義の社会保険と労働保険の二つに区分されるんですね。

そうなんだ。経理事務で「社会保険」といった場合には、健康保険と年金保険、介護保険の三つを指すことが多いんだ。

社会保険の資格取得・喪失の届出、保険料の徴収 健康保険、介護保険、厚生年金保険の運営者は異なりますが、資格取得・喪失の届出は日本年金機構（地域に年金事務所を設置）および、加入する厚生年金基金、健康保険組合が受理します。

「控除欄」の基礎知識

病気やケガ、死亡、出産時などに給付を受け取れる

健康保険と介護保険のしくみ

会社で働く従業員の医療保険は「健康保険」

では、社会保険の一つ、医療保険と介護保険について見ていきましょう。

医療保険は、病気やケガ、死亡、出産をしたときに、医療費や手当金の給付を受けることができる保険です。職域や年齢などに応じて

①健康保険

②船員保険

③共済組合

④国民健康保険

⑤後期高齢者医療制度

の五つにわかれます。このうち、民間企業で働く従業員が対象となるのは①の健康保険です。

健康保険の被保険者は、ケガや病気になったときに病院の窓口で**健康保険被保険者証**（いわゆる**健康保険証**）を提示し、医療費を一部免除してもらうことができます。

そのほかにも、出産したときに給付される**出産育児一時金**や**出産手当金**、病気やケガで会社を休んだときに給付される**傷病手当金**など、さまざまな給付があります。ます。被扶養者である家族にも健康保険が適用されるケースがあります。

ただし、被保険者が請求をしなければ給付は行われません。給付を受けられるケースを把握し、該当する従業員がいたらそれを伝えるようにしましょう。

介護サービスが受けられる「介護保険」

介護保険は、介護が必要な人に訪問介護や老人福祉施設の利用などの**各種サービスを提供する制度**です。被保険者の年齢によって、次のようにサービス内容がわかれています。

●第1号被保険者

65歳以上の人。原因に関係なく、要支援・要介護状態になったときに介護サービスが受けられます。

●第2号被保険者

40歳以上65歳未満の人。初老期認知症、脳血管疾患、がん末期等、老化による病気が原因で要支援・要介護状態になったときに介護サービスが受けられます。

なお、40歳になったら原則として誰でも介護保険の被保険者になります。

 KEY WORD　**健康保険と介護保険の運営者（保険者）**　健康保険の運営者は、主に中小企業が加入する全国健康保険協会（通称：協会けんぽ）と、企業グループや業界が個別につくる健康保険組合です。介護保険の運営者は、市区町村です。

医療保険の種類

民間企業が関係する医療保険はこれ！

健康保険	健康保険の適用事業所で働く従業員など
船員保険	船員として船舶所有者に使用される人
共済組合	国家公務員、地方公務員、私学の教職員
国民健康保険	健康保険、船員保険、共済組合などに加入していない人
後期高齢者医療制度（長寿医療制度）	75歳以上の人、および65歳〜74歳で一定の障害状態にある人

健康保険の給付の種類

給付の事由		被保険者本人	被扶養者
病気やケガをしたとき	健康保険被保険者証で治療を受けるとき	療養の給付 入院時食事療養費 入院時生活療養費 保険外併用療養費 訪問看護療養費	家族療養費 家族訪問看護療養費
	立替払いのとき・医療が高額になったとき	療養費 高額療養費 高額介護合算療養費	家族療養費 高額療養費 高額介護合算療養費
	緊急時などに移送されたとき	移送費	家族移送費
	療養のために会社を休んだとき	傷病手当金＊	
出産したとき		出産育児一時金＊ 出産手当金＊	家族出産育児一時金
死亡したとき		埋葬料＊ 埋葬費＊	家族埋葬料

＊は、退職後、在職中から継続給付しているとき、または退職後の一定期間内に適用されるもの。

介護保険料の納付

被保険者が負担する保険料

40歳以上65歳未満〈第2号被保険者〉	会社の給与から控除される。
65歳以上〈第1号被保険者〉	原則として支給される公的年金から天引きされる。
被保険者である従業員に40歳以上65歳未満の被扶養者がいる場合	個別に負担する必要なし。

全国健康保険協会（協会けんぽ） 2008年10月に設立された厚生労働省所轄の健康保険事業や保険給付を行う法人のことです。

「控除欄」の基礎知識

老齢・障害・遺族の給付がある

年金保険のしくみ

会社の従業員が加入する厚生年金保険

　年金保険は、老齢時の生活、障害状態になったときの生活、被保険者の死亡後の遺族の生活を支えるために設けられた制度です。

　年金保険制度は、次ページの上の図のような構造になっています。まず、20歳以上60歳未満のすべての人は、基礎年金といわれる1階部分の国民年金（基礎年金）に加入しなければなりません。

　そのうえで、民間企業で働く70歳未満の従業員は、会社に常用的に勤めていれば、2階部分にあたる厚生年金保険にも加入します（なお、公務員等が加入する共済年金は平成27年10月から厚生年金保険に一元化されました）。保険料は、**国民年金**の保険料も含めて被保険者の給料から天引きされ、保険料の半分を会社が負担します。会社によっては、**厚生年金基金**が上乗せされていることもあります。

規定の納付期間を満たせば給付を受けられる

　年金保険制度で給付される内容は次の3種類です。

①老齢年金

　厚生年金保険に加入している人が65歳に達したときに、一定期間以上の保険料を納付していた期間等がある場合に**老齢基礎年金**と**老齢厚生年金**が支給されます。

　また、60歳から65歳までの間に**特別支給の老齢厚生年金**が支払われることがあります（ただし、生年月日によって支給開始年齢等が異なります）。

②障害年金

　厚生年金保険に加入している間に、初めて病院に受診した病気やケガによって、障害の状態にあると認められた場合に支給されます。障害には**1級～3級の等級**があり、1・2級に該当する場合は**障害基礎年金**と**障害厚生年金**が、3級に該当する場合は**障害厚生年金**が支給されます。また、3級より程度が軽い障害が残った場合は**障害手当金**という一時金が支払われます。

③遺族年金

　厚生年金保険に加入している人が死亡した場合などの要件に該当したときに、その死亡した人の遺族に支給されます。**遺族厚生年金**を受け取れる遺族とは、死

老齢厚生年金の支給開始年齢　厚生年金保険の支給開始年齢は、当初は60歳からでしたが、昭和16年4月2日生以降の人から段階的に繰り下げられます。男性は昭和36年4月2日生以降、女性は昭和41年4月2日生以降の人が、65歳から支給開始となります。

亡した人によって生計を維持されていた妻（夫）、子、父母、孫、祖父母で、妻以外の遺族には年齢等の条件があります。

遺族厚生年金を受け取れる遺族が子のある妻または子の場合は遺族厚生年金のほかに遺族基礎年金もあわせて支給されます。

公的年金制度のしくみ

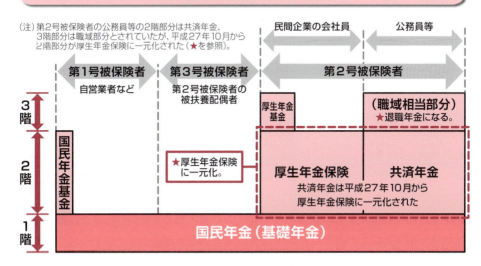

給付される年金

給付のしくみは次のとおり！

	老齢の給付	障害の給付	遺族の給付
	一定の年齢に達すると受け取れる年金	病気やケガにより障害の状態になったときに受けられる年金	一家の大黒柱が死亡したとき一定の遺族が受けられる年金
厚生年金保険に加入している人	老齢厚生年金 / 老齢基礎年金	障害厚生年金 / 障害基礎年金	遺族厚生年金 / 遺族基礎年金
国民年金のみに加入している人	老齢基礎年金	障害基礎年金	遺族基礎年金

KEY WORD　**厚生年金基金**　公的年金を補完する目的で作られた企業年金制度です。会社が厚生年金基金に加入している場合は、会社が厚生年金基金の上乗せ給付部分の掛金を負担します。

「控除欄」の基礎知識

従業員の雇用を守る

雇用保険のしくみ

求職者だけでなく在職中の従業員にも給付する

ここからは労働保険に属する制度である**雇用保険**と労災保険について見ていきましょう。まずは雇用保険についてです。

雇用保険は、従業員の雇用の安定や促進を目的としてつくられた公的保険です。よく知られているのは失業したときに給付される**一般求職者給付（失業給付）**です。

求職者向けのほかにも、就業中の従業員向けの給付には次のようなものがあります。

①**教育訓練給付**
従業員が教育訓練を受けるときの費用を援助する給付。

②**高年齢雇用継続基本給付**
高年齢者が働き続けるのを援助する給付。

③**育児休業給付**
育児休業期間中に支払われる給付。

④**介護休業給付**
介護休業期間中に支払われる給付。

会社側にもさまざまな給付がある

雇用保険はまた、従業員の失業を防ぐために会社側にもさまざまな助成金や給付金を支給しています。主に中小企業を対象として、

①**キャリアアップ助成金**
有期契約労働者等、いわゆる非正規雇用の労働者の企業内でのキャリアアップ等を促進するため、これらの取り組みを実施した事業主に対して助成をする。

②**特定求職者雇用開発助成金**
高年齢者・障害者・母子家庭の母などの就職困難者を雇用した会社に賃金の一部を助成する。

③**トライアル雇用助成金**
職業経験、技能、知識などから安定的な就職が困難な求職者を一定期間試行雇用した場合に助成する。

などがあります。

雇用保険料は被保険者と会社が負担します。従業員を一人でも雇用する会社は、原則として雇用保険の適用事務所となり、雇用保険料を納めなければなりません。**会社に雇用された従業員は一定の条件を満たせば雇用保険の被保険者となり、負担する保険料は給与から控除されます。**

KEY WORD **労働保険料の徴収** 労災保険と雇用保険は、保険制度は別ですが、保険料は労働保険としてまとめて申告・納付します。→詳しくはP159

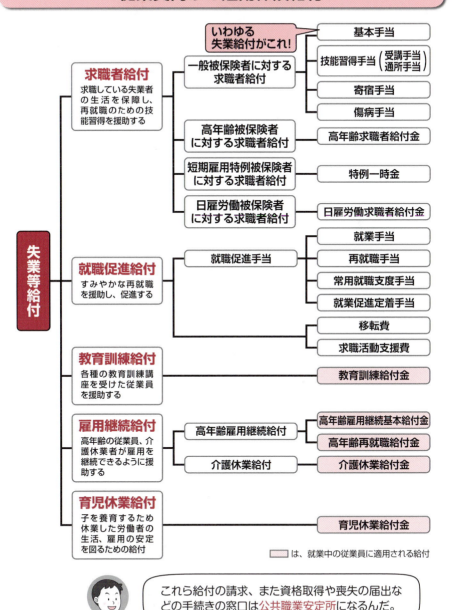

KEY WORD 公共職業安定所　厚生労働省が設置する公的な職業紹介所のことです。愛称は「ハローワーク」。略して「職安」ともいわれます。

「控除欄」の基礎知識

従業員の業務上の病気やケガを補償する

労災保険のしくみ

すべての事業に適用される「労災保険」

　労災保険（正式名称、**労働者災害補償保険**）は、**業務中または通勤中の災害による病気やケガ、障害、死亡などに対して補償を行う制度**です。あわせて、災害にあった被保険者の社会復帰や被保険者の遺族への援助なども行います。

　従業員の保護を目的とした労災保険は、原則として従業員を使用するすべての事業に適用され、**一人でも従業員を雇用する事業所は、事業を始めた日から原則として労災保険の適用事業所となります**。従業員を雇っているのに労災保険に加入していなかった事業所で労災事故が起こった場合、その事業所は違反金を国に支払わなければなりません。

給与を受ける従業員はすべて適用を受ける

　注意したいのは、労災保険加入の手続きは会社単位ではなく事業所ごとに行うという点です。支店を持っている会社は、本社以外にも支店ごとに労災保険の加入手続きをしなくてはなりません。

　労災保険には、従業員の加入要件がありません。正社員やパートタイマー、臨時雇いなどの雇用形態に関係なく、会社から**給与の支払いを受ける人はすべて労災保険の適用を受ける**ことになります。極端な例でいえば、たまたまその日に限ってその事業所に使用されていたという人でも、そこで災害にあってケガをすれば労災保険の給付が受けられます。

　労災保険の保険料は会社が全額負担し、従業員の給与からは控除されません。また、使用者である事業主は原則として労災保険に加入できませんが、一定範囲の中小企業の事業主等は特別加入として入ることができます。

労災保険が適用されない事業

　例外として国の直轄事業、国や地方の官公署については労災保険の適用はありません。独自に労災保険と同等の制度が設けられ、そこで働く労働者を保護しているからです。また、個人経営の農業、水産業で従業員数5人未満の場合、個人経営の林業で従業員を常時には使用しない場合も労災保険が除外されます。

健康保険と労災保険の違い　健康保険と労災保険との使いわけには注意！　健康保険の範囲は、業務中や通勤中以外のケガ、出産、仕事に関係ない病気などであるのに対して、労災保険の範囲は通勤途中や仕事中でのケガや仕事内容が関係する病気などです。

労災保険制度

主な保険給付	傷病で治療を受けた場合	療養（補償）給付
	療養のため休業する場合	休業（補償）給付
	療養を開始後1年6か月で治癒せず、傷病等級に該当する場合	傷病（補償）年金
	障害が残った場合	障害（補償）年金
		障害（補償）一時金
	常時または随時介護が必要な場合	介護（補償）給付
	死亡した場合	遺族（補償）年金
		遺族（補償）一時金
		葬祭料（葬祭給付）
	脳・心臓に異常がある場合	二次健康診断等給付

＊業務上災害による給付を「〜補償給付」といい、通勤災害による給付を「〜給付」という。

社会復帰促進等事業	社会復帰促進事業
	被災労働者等援護事業
	安全衛生確保等事業

労災保険の加入申請、労災保険料の申告、労災保険給付の申請などの窓口はどこなんですか？

会社の所在地を管轄する労働基準監督署だよ。

労災保険給付の受給権が生ずるとき

労災保険の適用を受ける従業員は、業務災害や通勤災害が発生したときに例外なく、労災保険給付の受給権が生じます。雇用保険とは異なり、一定期間以上継続して使用されていたかどうかは要件にならず、極端な場合には災害が発生したときにたまたまその事業場に使用されていたというだけでも給付が受けられることになります。

一般拠出金 これは労働保険といっしょに申告・納付するもので、石綿健康被害救済費用にあてるため、事業主が負担する拠出金のことです。

「控除欄」の基礎知識

会社が徴収・納付する

所得税と住民税のしくみ

所得税と年末調整

ここでは、「控除欄」に記載されている**所得税**と**住民税**について解説します。

会社が人を雇って給与を支払う場合には、その支払いの都度、一定額の所得税を徴収（**天引き**）することになっています。この天引きのことを**源泉徴収**といい、源泉徴収した所得税のことを**源泉所得税**といいます。源泉所得税は原則として**翌月10日**までに税務署に納めなければなりません。

会社は、毎月の給与や賞与から所得税の源泉徴収をしますが、その年1年間の源泉所得税の合計額は、その年1年間に納めなくてはならない所得税額と同額にはならないのが普通です。

そこで、1年間の給与支給総額が確定する年末に、その年に納めなければいけない所得税額を正確に計算して、実際に源泉徴収した所得税との差額を求めます。もし納めるべき所得税額のほうが少なければ追加徴収し、逆に多ければ還付して精算します。この手続きを**年末調整**といいます。

住民税の特別徴収

住民税とは、**都道府県民税**と**市区町村民税**を合わせた呼び方で、**所得があった人や法人に課せられる地方税**です。個人の給与所得に課税される住民税は、給与から徴収されて会社が納める方法（**特別徴収**）が一般的です。

会社は原則として、従業員の個人住民税を特別徴収しなければなりません。地方税法では、前年中に給与所得があった個人住民税の納税義務者（従業員等）が、その年の4月1日現在において会社からの給与の支払いを受けている場合は、特別徴収の方法により、個人住民税を納税することになっています。

所得税と住民税の大きな違いは、所得税がその年の所得に応じて課税されるのに対して、住民税は前年の所得に応じて課税額が決まるという点です。

給与計算の担当者は、所得税と住民税、二つの税のしくみと違いをよく頭に入れておきましょう。

 申告納税制度 納税者本人が税制を理解して、自ら税額の申告と納税を行う制度です。これに対して、国や地方公共団体が税額を確定して納税者に納付の通知を行う制度を賦課課税制度といいます。

所得税と住民税

	所得税	住民税
どこに納める税金？	所得に応じて国に納める税金。	所得に応じて、住んでいる地方公共団体に納める税金。
いつの所得が課税されるか？	その年の所得に課税される。	前年の所得に課税される。
どのように徴収されるか？	その都度支払われる給与や賞与の額に応じて源泉徴収する。	前年の所得をもとに決められた税額を、毎年6月から翌年5月までの給与支払い時に分割して特別徴収する。

＊新型コロナウイルス感染症の影響により、法人税、所得税、消費税、源泉所得税等の申告・納付ができない場合には、申請により期限の個別延長が認められる。詳しくは国税庁のホームページを参照。なお、住民税等についても同様の措置がある。

住民税の特別徴収

住民税の特別徴収とは、会社が従業員の納める税額を毎月の給与の支払い時に徴収して、その徴収した税金を市町村に一括して納入する制度のことなんだ。

 源泉徴収・特別徴収と徴収納付　第三者が納税義務者本人から税を徴収して国や地方公共団体に納めることを徴収納付といいます。「源泉徴収」は所得税を徴収納付するときに使う用語で、「特別徴収」は住民税などの地方税を徴収納付するときに使う用語です。

給与の不合理な差別は禁止されている

労働基準法で定めた男女同一賃金の原則

　労働基準法では、第4条において「使用者は、労働者が女性であることを理由として、賃金について、男性と差別的取扱いをしてはならない」と規定しています。女性であるからといって、給与について男性と差別化することは禁止されているのです。これを男女同一賃金の原則といいます。

　給与についての男女差別とは、たとえば次のようなものです。
①男女別に給与表を定めている。
②給与規程に、「家族手当、住宅手当などを男性だけに支給する」といった規定をしている。
③女性だけに、昇給の制限をしている。

　このような規定違反は、刑罰の対象となります。

　この規定が禁止するのは、「女性であること」のみを理由として給与差別をすることです。したがって、勤続年数、職務内容、技能、能率、年齢などの違いによって給与に差が出ることは、男女の違いによる差別には当たらないとしています。

　しかし、勤続年数、職務内容、技能、能率といった違いを隠れみのにして、「本質は女性であるための給与差別をしている」として従業員が会社側に対して賃金差額相当分の損害賠償を請求する例があります。事実、会社側が敗訴して損害賠償を支払うケースがありました。「女性であること」を理由とした給与差別については、差別と解釈される範囲を広くとらえておくべきでしょう。

正社員と非正規社員との間の不合理な処遇の差別も禁止

　働き方改革によって、同一労働・同一賃金の義務化が大企業ではすでに導入され、中小企業では2021年4月からスタートしました。これは正社員と同じ条件で業務を行っているのに、パートやアルバイト、契約社員、派遣社員というだけで、賃金や待遇を差別することを禁止するものです。賃金や待遇に差がある場合、非正規社員に対して事業者はその理由を説明することが義務づけられます。

第2章
給与計算と社会保険実務の年間スケジュール

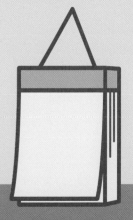

毎月行うこと

毎月行う定型業務は？①

源泉所得税と住民税の納付

源泉所得税は所定の計算書を使って納付する

佐藤さん、経理部が毎月やらなければならない**給与計算**に関わる定型業務って何があるんですか？

そうだね。給与計算に関して毎月やらなければいけないことでは、

①**源泉所得税の納付**
②**住民税の特別徴収税額の納付**
③**社会保険料の納付**

が大きな仕事といえるね。

それぞれ業務を行う時期はいつなんですか？

まず、源泉所得税だけど、給与支払い月の**翌月10日**までに納税しなければならないんだ。

じゃあ、**5月の給与分から徴収**した所得税額は**6月10日までに支払う**必要があるんですね。

そうなんだ。税務署から送られてくる「**給与所得・退職所得等の所得税徴収高計算書**」という用紙に記入して、金融機関、税務署の窓口で納付するんだよ。この計算書、一般的には「納付書」と呼ばれているんだよ。

源泉所得税の納付が済んだら月の前半は一息つけますねー。

そうもいかないんだよ。住民税の特別徴収税額も、**給与支払月の翌月10日**までに納めなくてはならないんだ。

市町村ごとに納付する住民税

じゃあ、源泉所得税の納付作業と同時進行ですね。そういえば、住民税額はどうやって計算するんでしたっけ？

えっ、知らなかった？　会社が申告して納付する源泉所得税と違って、**住民税は社員の住所地がある市町村が計算して通知**してくれるんだよ。

私たちは通知された額を徴収して納付するだけでいいんですね。

うん。うちの会社は給与支払いを金融機関にお願いしているんだ。各社員の振込先を金融機関に登録し、期日までに金額を入力してオンラインで給与金額を送信するんだよ。住民税の納付もその金融機関がやってくれるんだ。

わかりました！

＊住民税の徴収は特別徴収が原則。その他に普通徴収という方法もある（P104参照）。

インターネットを使った納税　源泉所得税は国税庁が運営する国税電子申告・納税システム e-Tax（イータックス）を、法人都道府県税や法人事業税などは地方税のポータルサイト eLTAX（エルタックス）を利用して申告・納税できます（P68参照）。

給与所得・退職所得等の所得税徴収高計算書（納付書）

通常は、税務署から送付される納付書を使用する。

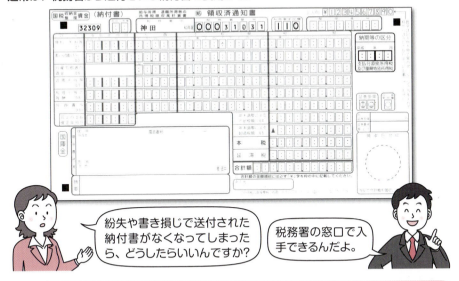

住民税の特別徴収税額の納入書（例）

毎年5月末までに、従業員のその年の1月1日現在の住所地の市町村から、「特別徴収税額決定通知書」とともに納入書が送付される。

源泉所得税と住民税の申告・納付の延長 新型コロナウイルス感染症の影響により、法人税、所得税、消費税、源泉所得税等の申告・納付ができない場合には、申請により期限の個別延長が認められます。詳しくは国税庁のホームページを参照。なお、住民税等についても同様の措置があります。

毎月行うこと

毎月行う定型業務は？②

社会保険料の納付

社会保険料は納入告知書の額を確認して月末に納付

星川：社会保険料の納付も毎月行うんですよね？

佐藤：そのとおりだよ。

星川：**社会保険の納入告知書**ですけど、健康保険料の額が私の計算した額より高いんですよ。厚生年金保険料は合ってるけど……どうしてでしょうか？

佐藤：どれどれ……、ふ～む。給与マスター（→P71）は調べてみたかい？

星川：給与マスターはここにありますけど……。何を調べるんですか？

佐藤：年齢を調べてくれるかい？ 健康保険料だけ変わっているなら、介護保険の変更かもしれないな。確か、営業課の斉藤さん、介護保険の第2号被保険者になる40歳になったんじゃないかな？

星川：あ、ありました。先月に40歳になっています。社会保険料は前月分を今月分の給与から徴収するから、この納入告知書から変わっているんですね！

佐藤：介護保険料は、納入告知書では健康保険料に含まれているから見落

としやすいね。額が合わなかったら、給与マスターなどでデータの確認だね。

佐藤：社会保険料は、月末までに会社の負担分といっしょに納付すればいいんですね。

星川：そう、金融機関から口座振替されるんだよ。

雇用保険は月々徴収し、年に一度支払う

佐藤：雇用保険料も毎月徴収するけど、いつ納めるんでしたっけ？

佐藤：忘れたのかい？ **年度更新**（→P162）といって、雇用保険料は労災保険料とともに年に1回納めればいいんだよ。

星川：あ、そうでした。でもなぜ年に1回じゃなく、月ごとに徴収するんですか？

佐藤：雇用保険料の従業員負担分は、たとえば月収20万円なら月々600円くらいだ。でも、年1回の徴収にすると、一度に7,200円余りになる。一度に徴収すると従業員の負担感が大きいからね。

星川：なるほど～。そういうことなんですね。

プラス知識！　**金融機関での預金口座振替を利用すると便利**　銀行などで社会保険の預金口座振替による納入手続きを採用している場合は窓口で納付する必要はありません。

保険料納入告知額・領収済額通知書

納入告知額と合わないときはここを確認しよう。

●納入告知額を確認してから納付する

納入告知額通知書（以下、納入告知書）は、領収済額通知書とともに毎月中旬ごろに送付されてくる［口座振替による納付の場合］。

◇健康保険料が合わないとき
年齢によって、健康保険料・介護保険料の支払い等が変更となった可能性がある。
- **40歳**：介護保険の第2号被保険者となり、介護保険料がかかる。
- **65歳**：介護保険の第1号被保険者となり、原則として給与からの天引きがなくなる。
- **75歳**：後期高齢者医療保険に移行するので、健康保険料の支払いは不要となる。

◇厚生年金保険料が合わないとき
70歳になると厚生年金保険の資格を喪失するので保険料が不要になる。

◇従業員1～数人分の保険料が合わないとき
資格取得や資格喪失のデータ変更が、納入告知書の作成に間に合わなかった可能性がある。変更されたデータは翌月の納入告知書に反映される。
また、育児休業中は届出をすれば社会保険料が免除される。その分を差し引いているかどうかを確認すること。

◇多額の違いがあるとき
前月以前に賞与を支払っていないか確認を。納入告知書には賞与にかかる社会保険料が毎月の保険料に合算されて通知される。

◇少額の違いがあるとき
端数計算の計算方法の違いなどが考えられる。

社会保険の納付額 納付する金額は「従業員負担分＋会社負担分」です。厚生年金保険料といっしょに納付する子ども・子育て拠出金は全額会社負担です。

月ごとに行うこと

4〜6月の給与計算事務は？

入社にともなう事務・労働保険の年度更新・住民税の特別徴収税額の修正

新入社員入社にともなう手続きと書類

星川：今日から4月。新入社員の入社日とあって、フレッシュな顔が目立ちますねえ。私も入社したての1年前を思い出すなあ〜。

佐藤：おいおい、懐かしがっている場合かなあ。入社にともなう給与計算事務はちゃんと把握しているかい？

もちろんですよ。まず新入社員の**労働者名簿**（→P304）や**賃金台帳**（→P305）、給与マスターを作って、それから、え〜と……。

いろいろな書類をそれぞれの期限までに作成しなければならないだろ。新入社員に記入してもらう書類は、チェックする時間を入れて早め早めに提出してもらったほうがいい。

そうでした。新入社員に書いてもらう書類では、どんな点をチェックすればいいんですか？

たとえば被扶養者の届出では、被扶養者の年収や本人との続柄、同居の有無など被扶養者の範囲となるかどうかなどがチェック項目だ。入社にともなう事務はたくさんあるぞ。

わかりました。段取りよく進めます！

労働保険の年度更新・住民税の特別徴収税額の通知書

新入社員に関わる事務が一段落したら、**年度更新**にとりかかろう。

毎年6月1日から7月10日までに行う、**労働保険の年度更新**ですね！

後輩が入ったせいか、なんだか張り切ってるなあ。労働保険料の確定申告と納付は、前年の保険年度をもとにしているから、今年の4月入社の新入社員は対象にならないよ。

この時期、ほかに気をつける業務はありますか？

5月中に**住民税の特別徴収税額決定通知書**（→P104）が送付されてくるから、漏れなどをチェックする。6月分の給与から新しい税額に基づいた住民税を控除するんだよ。

4月から6月にかけて、やることが目白押しですね。入社時を懐かしんでる暇はないですね〜。ファイト！

住民税額のデータ変更の注意点　住民税額は6月から翌年5月までの分が通知されます。ただし、6月分には端数が加算されるため、ほかの月よりも少し税額が大きくなります。

4月～6月にやること

毎月の定型業務 | 非定型の業務

4月

毎月の定型業務
- ～10日　3月分の源泉所得税額の納付／3月分の住民税の特別徴収税額の納付
- ～月末　3月分の社会保険料（健康保険料・厚生年金保険料・介護保険料）の納付

非定型の業務
- ●入社時：新入社員入社時の手続き
  新入社員が入ってきたら、健康保険・厚生年金被保険者資格取得届などの書類を作成する（詳しくはP222）。本人に記入してもらう書類については、提出期限を伝えておく。入社前にあらかじめ渡しておき、入社時に提出してもらってもよい。

5月

毎月の定型業務
- ～10日　4月分の源泉所得税額の納付／4月分の住民税の特別徴収税額の納付
- ～月末　4月分の社会保険料（健康保険料・厚生年金保険料・介護保険料）の納付

非定型の業務
- ●5月：住民税の特別徴収税額の通知
  1月31日までに給与支払報告書を役員や従業員の住所地の市区町村に提出する。この給与支払報告書によって各人の住民税が計算され、住民税特別徴収税額の通知書が会社に送付される。住民税特別徴収税額は給与から天引きされる住民税について、6月から翌年5月までの12か月で納付する。従業員が確定申告した場合は、確定申告書に基づいて住民税が計算される。

6月

毎月の定型業務
- ～10日　5月分の源泉所得税額の納付／5月分の住民税の特別徴収税額の納付
- ～月末　5月分の社会保険料（健康保険料・厚生年金保険料・介護保険料）の納付

非定型の業務
- ●6月1日～7月10日：労働保険の年度更新
  前年4月から本年3月までの給与等に基づいて、労働保険料の確定申告を行う。同時に、本年4月から翌年3月までの労働保険料の概算申告も行う。これらの申告は原則として1枚の申告書で行うことができる。
- ●6月：賞与の計算・支給・納付事務
  多くの会社では、6月または7月に賞与の支給がある。6月に賞与の支給を行った場合、賞与分の源泉所得税の納税の期限は7月10日、社会保険料の納付期限は7月末。

賞与にも源泉所得税と社会保険料がかかるのよね。忘れずに納付しなくちゃ！

第2章　給与計算と社会保険実務の年間スケジュール　月ごとに行うこと

納期特例分の住民税の納付時期　納期の特例を受けた住民税の特別徴収税額の納付時期は、①～12月10日、②～6月10日の年2回です。→詳細はP109

61

月ごとに行うこと
7〜9月の給与計算事務は？
標準報酬月額の決定・賞与の事務

「算定」と「月変」の改定時期の違いは年金にも響く

星川さん、何をしてるんだい？

標準報酬月額（→P136）の**定時決定**（→P142）の手続き（**算定**）ですよ。

算定か。それは早いなあ、（のぞきこんで）……と、ちょっと待って！

あれ、何か間違っていますか？

総務課の鈴木さんだけど、4月から昇給で2万5,000円アップしてる。それまでの標準報酬月額より2等級以上上がったわけだから、「算定」ではなくて標準報酬月額の**随時改定**（→P146）の手続き（**月変**）だろ。記入する用紙が違うよ。

「算定」と「月変」の時期が重なることがあるんだ！すみません!!

4月から給与に大幅な変動があった場合は3か月目、つまり6月の給与の支払い後、すみやかに「月変」の届出を行うよね。7月1日～10日に届け出る「算定」とは時期が重なるけど、標準報酬月額の改定時期は2か月も違ってくるから注意しよう。

標準報酬月額は将来の年金額にも影響しますよね。ほかの社員の分も再確認します。

業務の期限は7月に集中する

7月の上旬までは、「月変」や「算定」のほかに、**労働保険の年度更新**も済ませなくちゃならないから、忙しいですね。うちの会社は7月に賞与が出るから、賞与の業務も同時進行だし。

確かにバタバタするね。賞与の支払いの後、**「被保険者賞与支払届」**（→P118）の提出をすれば少し落ち着くかな。

ですね～。賞与も出るし、8月には有給をとって友人と小旅行！

気が早いね（笑）。でも、8月は毎月の定型業務に少しずつ変更がある月だから気を引き締めよう。源泉所得税では、7月の賞与分もいっしょに納めなくてはならないし、社会保険料の支払いでは7月の賞与分も加算される（→P114）。

それに、「月変」で7月に改定された社会保険料を初徴収する月でもありますよね。きっちり業務を終えて旅行に行くから安心してください！

 標準報酬月額 毎月納付する社会保険料を計算するときの基礎となる金額のことです。詳しくはP136。

7月～9月にやること

毎月の定型業務

7月
- ～10日
  - 6月分の源泉所得税額の納付
  - 6月分の住民税の特別徴収税額の納付
- ～月末
  - 6月分の社会保険料（健康保険料・厚生年金保険料・介護保険料）の納付

8月
- ～10日
  - 7月分の源泉所得税額の納付
  - 7月分の住民税の特別徴収税額の納付
- ～月末
  - 7月分の社会保険料（健康保険料・厚生年金保険料・介護保険料）の納付

9月
- ～10日
  - 8月分の源泉所得税額の納付
  - 8月分の住民税の特別徴収税額の納付
- ～月末
  - 8月分の社会保険料（健康保険料・厚生年金保険料・介護保険料）の納付

非定型の業務

● **6月1日～7月10日：労働保険の年度更新**
前年の4月から本年3月までの給与等に基づいて、労働保険料の確定申告を行う。同時に、本年4月から翌年3月までの労働保険料の概算申告も行う。

● **6月の給与支払い後、すみやかに：標準報酬月額の随時改定（月変）**
4月の昇給などで給与の変更があった場合は、6月に標準報酬月額の随時改定（月変）を行う。7月から新しい標準報酬月額による社会保険料が適用される。

● **7月1日～10日：標準報酬月額の定時決定（算定）**
4～6月の3か月間の給与をベースに健康保険料、厚生年金保険料の区分（標準報酬）の見直しを行う。これを標準報酬月額の定時決定（算定）という。算定によって改定された標準報酬月額は、9月からの社会保険料に適用される。

● **7月：賞与の計算・支給・納付事務**
多くの会社では、6月または7月に賞与の支給がある。7月に賞与の支給を行った場合、賞与分の源泉所得税の納税の期限は8月10日、社会保険料の納付期限は8月末。

「7月は業務が集中するよ。早めに着手しよう！」

第2章 給与計算と社会保険実務の年間スケジュール｜月ごとに行うこと

 KEY WORD　随時改定を行う条件　固定的給与が変動して随時改定を行うには、①標準報酬月額に2等級以上の差が生じた、②計算の対象となる3か月の支払基礎日数がすべて17日以上ある、などの条件があります。

月ごとに行うこと
10〜12月の給与計算事務は？

年末調整の事務・賞与の事務

年末調整の準備は11月からスタート

🧑‍🦰 星川 佐藤さん、10月は忙しくもなく、毎月行う給与計算の事務だけでしたよね。11月もこんな調子ですか？

👨 佐藤 のんきなことを言ってるなあ。これから**年末調整**（→P52、第6章）というビッグイベントがやってくる。いやでも気合いが入るぞ。

🧑‍🦰 えっ、でも年末調整って12月に行うものですよね。気合い入れるのが早くないですか？

👨 11月から年末調整の準備を始めるんだよ。この時期に準備をしておくとグンと楽になる。逆に怠ると、12月は賞与の業務とも重なって、たいへんだぞ。

🧑‍🦰 そんな〜、おどかさないでくださいよ。そういうことなら早く年末調整の準備を始めなくちゃ。あ〜、でも何から手をつけたらいいんだろ！

👨 あわてることはないよ。そろそろ税務署から申告書や必要書類が送られてくるよ。年末調整の対象となる従業員をピックアップしておいて、申告書や必要書類を配ろう。

🧑‍🦰 わかりました。申告書はいつまでに回収すればいいんですか？

👨 遅くとも12月初旬までには回収しておきたいな。また、確定している給与の総支給額、社会保険料、所得税額の総額を、12月分を除いて集計しておいてくれないか。

年末調整は、その年最後の給与などの支給時に行う

🧑‍🦰 初歩的な質問をしていいですか？ 年末調整って、12月分の給与で行うんですか？ それとも賞与で行うんですか？

👨 どちらで行うという決まりはないよ。ただ、その年の所得税が確定する最後の給与等の支給時に年末調整を行うのが一般的だね（→P210）。

🧑‍🦰 うちの会社は賞与が12月10日で、給与が25日だから……、給与の支給時に行うんですね！

👨 そうだね。賞与の支給前後から忙しくなるぞ。何度も言うけど、それまでに下準備はきっちり済ませておこう。

 KEY WORD **年末調整** 毎月徴収する源泉所得税と本来納付しなければならない所得税を年末に一致させる（精算する）手続きのことです。詳しくは第6章で。

10月～12月にやること

毎月の定型業務 | 非定型の業務

10月

～10日
9月分の源泉所得税額の納付
9月分の住民税の特別徴収税額の納付

～月末
9月分の社会保険料（健康保険料・厚生年金保険料・介護保険料）の納付

> 「算定」で改定された標準報酬月額による社会保険料は、9月分から翌年8月分まで適用される。

11月

～10日
10月分の源泉所得税額の納付
10月分の住民税の特別徴収税額の納付

● **11月：年末調整の準備**
年末調整の対象となる役員や従業員に年末調整の告知をする。申告書や添付書類などを配布する際は、あらかじめ期限を設けておく。そうすることで煩雑な作業がスムーズに行える。従業員が多い場合は、早めの10月に準備するとよい。

～月末
10月分の社会保険料（健康保険料・厚生年金保険料・介護保険料）の納付

12月

～10日
11月分の源泉所得税額の納付
11月分の住民税の特別徴収税額の納付

● **12月：賞与の計算・支給・納付事務**
12月に冬の賞与を支給する場合、12月の賞与分の源泉所得税の納付期限は翌1月10日、社会保険料の納付期限は翌1月末になる。

● **12月：年末調整**
1年間の給与のデータに基づいて年末調整を行う。資料が集まっていないと作業がなかなか進まない。年末調整の対象者に対して周知を徹底することが大切。

～月末
11月分の社会保険料（健康保険料・厚生年金保険料・介護保険料）の納付

> 12月は年末調整で忙しくなりそう。手順を頭に入れて早めに準備しておかないとね。

第2章 給与計算と社会保険実務の年間スケジュール──月ごとに行うこと

年末調整を行う時期 1月～12月の給与支払総額が確定したら本来納付すべき所得税が計算できます。したがって、12月の最後の給与等が支払われた時点で年末調整を行います。

月ごとに行うこと

1〜3月の給与計算事務は？

精算した所得税の納付・源泉徴収票・給与支払報告書の作成と提出

1月は年末調整後の事務が残っている

星川　年末調整が済んで一段落したと思ったら、年が明けてもまだまだ忙しいですね。年末調整で精算した所得税を納めなくちゃいけないし……。

佐藤　**源泉徴収票・給与支払報告書**（→P214）を作って提出するのも忘れないように。期限は1月末までだよ。

星川　源泉徴収票・給与支払報告書は、年末調整で使った源泉徴収簿から転記すればいいんですか？

佐藤　基本的にはね。ただし、摘要欄に書き込むときは、扶養控除等申告書などの申告書から記入することも多いよ。

星川　そうか、気をつけなきゃ。源泉徴収票は、社員や税務署に渡すとして……、給与支払報告書は2枚ありますけど、1枚は控えですか？

佐藤　源泉徴収票・給与支払報告書に控えはないよ。給与支払報告書は2枚1セットにして社員の住所がある市町村ごとにとりまとめ、表紙に**「給与支払報告書総括表」**（→P214、217）を付けて提出するんだ。

3月は退職者が多くなる

星川　2月になると**確定申告**（→P220）が始まりますよね。確定申告をする人ってどんな人ですか？

佐藤　年末調整をしなかった社員や、年末調整でできなかった控除をする社員などだね。毎年確定申告をしている人はわかっているだろうけど、今年が初めての人もいるから、念のため社内メールで周知しておいてくれないか。

星川　はい。ところで2月、3月はどんな業務をするんですか？

佐藤　2月は毎月の定型業務が主になるね。3月は退職者が多いから、退職に関わる業務でけっこう忙しくなるぞ（→P228）。退職金などを支給するから、**給与規程**（→P300）はよく読んでおいてほしいな。退職に関する手続きには、社会保険、雇用保険、退職金にかかる所得税と住民税の手続きがあるんだ。退職者に渡して記入してもらう書類、退職者から受け取る書類などたくさんあるから、退職予定者が会社にいる間にできるだけ済ませておこう。

 KEY WORD　**給与支払報告書**　会社が1年間に支払った給与の総額、所得税額、年末調整のデータなどを書き込んだ書類のことです。

1月〜3月にやること

毎月の定型業務		非定型の業務
〜10日　12月分の源泉所得税額（年末調整で精算した所得税額）の納付 　　　　　12月分の住民税の特別徴収税額の納付 〜月末　12月分の社会保険料（健康保険料・厚生年金保険料・介護保険料）の納付	1月	●〜1月31日： **年末調整後における源泉所得税の処理** 1月に納付する源泉所得税は年末調整で精算した税額を納付する。 ●〜1月31日： **源泉徴収票・給与支払報告書の作成と提出** 源泉徴収票・給与支払報告書を作成する。2枚の給与支払報告書は従業員のその年の1月1日現在の住所地の市区町村へ提出する。源泉徴収票は、3枚複写式なら1枚は本人へ交付する。4枚複写式なら1枚は本人に交付し、もう1枚はほかの法定調書とともに税務署へ提出する。
〜10日　1月分の源泉所得税額の納付 　　　　　1月分の住民税の特別徴収税額の納付 〜月末　1月分の社会保険料（健康保険料・厚生年金保険料・介護保険料）の納付	2月	―
〜10日　2月分の源泉所得税額の納付 　　　　　2月分の住民税の特別徴収税額の納付 〜月末　2月分の社会保険料（健康保険料・厚生年金保険料・介護保険料）の納付	3月	●3月：**退職者に関する手続き** 退職に関する各種の書類を作成する（→P228〜）。退職金の支払いなどの手続きを行う。

 源泉徴収票・給与支払報告書の入手方法　最寄りの税務署で入手できます。所轄の税務署によっては源泉徴収票・給与支払報告書を年末調整関係書類に同封して送付するところもあります。

インターネットの電子申告・電子納税を利用する

オフィスのなかにいて手続きできる

　インターネットで各種申告をすることを電子申告、税金を納めることを電子納税といいます。社会保険や労働保険の各種手続きや、税金の申告・納税では、多くが電子申告や電子納税ができるようになっています。

　電子申告、電子納税の利点は、オフィスのなかにいて手続きできるところです。金融機関や行政などの窓口の時間を気にすることなく、待ち時間もありません。

　電子申告・電子納税システムを利用するには、前もって利用のための手続きが必要です。下記を利用する以外にも、健康保険・厚生年金保険料などの納付では、金融機関のインターネットバンキングなどが利用できます。

●電子申告・電子納税システム

名称 ホームページアドレス	電子手続きができる内容
e-Gov （電子政府の総合窓口） https://www.e-gov.go.jp/	●健康保険・厚生年金保険の被保険者に関する手続き 　資格取得届、資格喪失届、健康保険被扶養者（異動）届　など ●雇用保険の被保険者に関する手続き 　資格取得届、資格喪失届、高年齢雇用継続基本給付　など ●健康保険料・厚生年金保険料の算定に関する手続き 　月額算定基礎届、月額変更届　など ●労働保険の年度更新
e-Tax （国税電子申告・納税システム） https://www.e-tax.nta.go.jp/	●源泉所得税の納税 ●法定調書の作成・提出 　源泉徴収票、退職所得の源泉徴収票　など
eLTAX （地方税ポータルシステム） https://www.eltax.lta.go.jp/	●給与支払報告書の提出 ●住民税の納税など

第3章
給与計算と賞与計算の実務

給与計算の事前準備

給与計算を要領よく進めるには？

給与マスターの作成

給与計算の前にチェックしておくべきこと

　第3章では給与と賞与の計算方法を順を追って説明していきます。まず、最初に給与計算を進める前に準備しておきたい**給与マスター**についてです。

　給与計算を要領よく進めるために、次のような情報を常に更新しておくべきです。

●**人事、家族などの情報の変更**

　人事異動や昇格・降格などがないか、扶養家族の数や住所に変更がないかを確認します。

●**支給項目・控除項目の変更**

　人事情報や家族情報などの変更を確認したら、それにともなって支給欄や控除欄に記入する内容に変更がないかどうかを確認します。支給項目では、基本給、残業手当の単価、家族手当や通勤手当など、控除項目では社会保険料、所得税や住民税などです。

　人事情報や支給項目、控除項目の変更の確認がとれていれば、給与締切日にすぐに出勤簿やタイムカードを集計する作業に入ることができます。なお、集計に際しては、時間の端数処理などについて会社の規定に従って行います。

給与マスターを活用する

　従業員の情報管理には、次ページで紹介する**給与マスターを活用する**とよいでしょう。給与マスターとは、給与計算に必要な項目を従業員別にまとめたものです。**従業員情報に変更があれば、そのたびに給与マスターを更新**しておきます。

　給与計算では、この給与マスターを手元に置いて最新の情報を確認しながら進めていくと、正確かつ迅速に行うことができます。

　給与マスターに記載する主な項目は次のとおりです。

●**基本給**
●**固定的給与の手当額（家族手当など）**
●**変動的給与の単価（残業手当など）**
●**社会保険料**
●**住民税額**
●**その他各種控除額**
●**扶養親族の数など**

　なお、パソコンの給与計算ソフトのなかには給与マスターが付属しているものがあります。

給与マスター　本書ではこの名称を使っていますが、パソコンソフトでは「給与マスター台帳」「社員マスター」「マスター」といった名称が使われているものがあります。

給与計算をスムーズにする給与マスター

給与マスターはパソコンソフトに付属しているものが便利だけど、表計算ソフトを利用しても作れるよ。
変更があったらその都度修正して最新のデータにしておこう。

給与マスター　No.

23年 4月～ 年 月							作成日 ×年 4月 1日	
氏　名			性別	部門所属	社員番号	区　分		
柴田　いずみ			女	経理課	25	**常用**・臨時　役員・高齢者（満64歳以上）		

入社年月日	平成23年 4月 1日	住所	東京都北区赤羽1-2-3　Tel 03（1234）3221			
生年月日	平成2年 3月 27日					
保険証番号	健康保険 ちはや		雇用保険	1111-222222	税額表	**月額表**・日額表
	基礎年金保険番号 1234-432112		厚生年金保険			**甲欄**・乙欄・丙欄

家族の状況

氏　名	続柄	生年月日	扶養(赤)	扶養手当	同居の別	日付	交通機関	区　間	経由	通用期間	購入金額	月額
柴田公平	夫	1.5.6	無	無	同	23/4	JR	赤羽～品川			25,140	8,820
		． ． ．						～				
		． ． ．						～				

科　目		当初の金額	変　更　金　額					
基本給	月給	200,000 円	24/1 205,000 円	円	円	円	円	円
	日給							
	時給							
残業単価	普通残業							
	深夜残業							
	休日労働							
通勤手当	手当額	8,820						
	非課税額	8,820						
	課税額							
役職手当		0						
家族手当		0						
住宅手当		5,000						
市町村税		0						
健康保険料		9,970						
介護保険料		0						
厚生年金保険料		16,412						

特記事項

プラス知識！　給与計算ソフト　パソコンの給与計算ソフトは、無料のものから数十万円するものまでさまざまです。ソフトのなかには機能が制限された試用版を公開しているものがあります。

給与計算の事前準備

時間外の労働についての取り決め
時間外労働・休日労働に関する協定届（三六協定）

三六協定は従業員と合意のうえで結ぶ

　第1章でも説明したように、労働基準法では、労働時間について「1日8時間、週40時間まで」を限度としています。これが**法定労働時間**です。また、休日については「毎週少なくとも1日、または4週間に4日以上」を与えなければならないとしています。これを**法定休日**といいます。

　法定労働時間を超えた労働を**時間外労働**（残業といわれるもの）、法定休日に働くことを**休日労働**といいます。

　従業員に時間外労働や休日労働をさせるためには、会社があらかじめ従業員との間で「**時間外労働・休日労働に関する協定**」を書面で締結して、労働基準監督署に届け出ておかなくてはなりません。このことは**労働基準法第36条**に規定されていることから、**三六協定**と呼ばれています。

延長できる労働時間には限度がある

　なお、「時間外労働で延長することのできる時間」は、右ページの表で示した限度時間を超えてはなりません。特別の事情がある場合に限り、**特別条項**として
①その事情
②その期間
③限度時間を超えて延長する労働時間を定めることができますが、あくまでも臨時的なものに限られます。

残業時間の上限規制が法律で定められた

　2019年4月から段階的に施行されている**働き方改革関連法**によって、残業時間の上限時間数が法律で定められました。これまでも、例えば「原則月45時間、年360時間」という時間外労働の上限がありましたが、法律で定められておらず、罰則もありませんでした。この法改正によって時間外労働の限度が法律で定められ、これを超える時間外労働はできません。この限度時間を超えて時間外労働を延長する場合は、**三六協定の特別条項**を作成し、三六協定届とあわせて届け出る必要があります。

　この残業時間の上限規制は、大企業では先に適用され、中小企業でも2020年4月1日より施行されました。

三六協定に違反した場合の罰則　三六協定を結ばない、あるいは結んだとしても労働基準監督署への届出をせずに残業させた場合は、6か月以下の懲役または30万円以下の罰金が科されます。

延長できる労働時間の限度

 一定期間の時間外労働には次の表にある限度時間があります。「時間外労働をさせる時間」は限度時間の範囲で決めなければなりません。

●延長できる労働時間の限度

期　間	限度時間	期　間	限度時間
1週間	15時間（14時間）	1か月	45時間（42時間）
2週間	27時間（25時間）	2か月	81時間（75時間）
4週間	43時間（40時間）	3か月	120時間（110時間）
		1年間	360時間（320時間）

（　）は、対象期間が3か月を超える1年単位の変形労働時間制の労働者の場合

働き方改革関連法による残業時間の上限規制

改正前

「原則月45時間、年360時間」という時間外労働の上限があったが、法律で定められていなかった。

改正前も「原則月45時間」という原則を外した特例を三六協定で定められたが、限度時間を超えた時間については上限がなかった。
●月45時間超は年6か月まで。
●1年・1か月ごとの上限はなし。

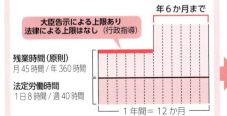

改正後

「原則月45時間、年360時間」という時間外労働の上限が法律で定められ、違反者には罰則がかせられる。

限度時間を超える時間外労働についても上限設定。
●月45時間超は年6か月まで。
●年720時間以内。
●2～6か月の月平均80時間以内（休日労働を含む）
●月100時間未満（休日労働を含む）
　月残業80時間＝1日残業4時間程度。
法律による上限あり（違反者には罰則あり）

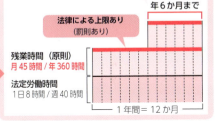

労使協定の当事者は？

労使協定とは、労働基準法で禁止している条文のうち、特定の事項を免除してもらうために、労使間で協定を締結するものです。三六協定も労使協定の一つです。

労使協定で会社が締結を結ぶ従業員の代表者とは、「従業員の過半数が加入する労働組合がある場合はその労働組合、そのような労働組合がない場合は従業員の過半数を代表する人」です。労使協定では必ず書面を作成しますが、労働基準監督署に届ける義務があるかどうかは労使協定の内容によって異なります。

 変形労働時間制　1か月単位、1年単位などの一定期間で、平均して1日8時間、週40時間の法定労働時間を超えない範囲で働かせることができる制度です。→詳細はP80

改正 三六協定届

新制度による三六協定の用紙は次のとおり。2021年4月以降はこの用紙を使用します。

時間外労働をさせる理由、業務、従業員の人数を明記する。

所定労働時間を明記する（任意）。

「1日」「1か月」「1年」で時間外労働をさせる時間数を書く。「延長できる限度時間」を超えないようにする。

有効期間（1年）を明記する。

様式第9号（第16条第1項関係）

時間外労働　　に関する協定届
休日労働

事業の種類	事業の名称	事業の所在地（電話番号）	協定の有効期間
建設業	ナツメ建設株式会社	〒000-0000 東京都○○区○○町2-2-2 （電話番号：03-0000-0000）	○○○○年4月1日から1年間

時間外労働

	時間外労働をさせる必要のある具体的事由	業務の種類	労働者数（満18歳以上の者）	所定労働時間（1日）（任意）	1日 法定労働時間を超える時間数	1日 所定労働時間を超える時間数（任意）	1か月（①については45時間、②については42時間まで）法定労働時間を超える時間数	1か月 所定労働時間を超える時間数（任意）	1年（①については360時間、②については320時間まで）起算日 ○○○○年4月1日 法定労働時間を超える時間数	1年 所定労働時間を超える時間数（任意）
① 下記②に該当しない労働者	受注の集中	設計・監理	5人	8時間	2時間	2.5時間	15時間	25時間	150時間	200時間
	臨時の受注、納期変更	施工	10人	8時間	3時間	3.5時間	30時間	40時間	250時間	350時間
② 1年単位の変形労働時間制により労働する労働者										

休日労働

休日労働をさせる必要のある具体的事由	業務の種類	労働者数（満18歳以上の者）	所定休日（任意）	労働させることができる法定休日の日数	労働させることができる法定休日における始業及び終業の時間

上記で定める時間数にかかわらず、時間外労働及び休日労働を合算した時間数は、1箇月について100時間未満でなければならず、かつ2箇月から6箇月までを平均して80時間を超過しないこと。☑（チェックボックスに要チェック）

協定の成立年月日　○○○○年○○月○○日

協定の当事者である労働組合（事業場の労働者の過半数で組織する労働組合）の名称又は労働者の過半数を代表する者の　職名　監理部　氏名　市川桂子

協定の当事者（労働者の過半数を代表する者の場合）の選出方法　投票による選挙

上記協定の当事者である労働者が事業場の全ての労働者の過半数で組織する労働組合である又は上記協定の当事者である労働者の過半数を代表する者が事業場の全ての労働者の過半数を代表する者であること。☑（チェックボックスに要チェック）

上記労働者の過半数を代表する者が、労働基準法第41条第2号に規定する監督又は管理の地位にある者でなく、かつ、同法に規定する協定等をする者を選出することを明らかにして実施される投票、挙手等の方法による手続により選出された者であつて使用者の意向に基づき選出されたものでないこと。☑（チェックボックスに要チェック）

○○○○年○○月○○日

○○労働基準監督署長殿

使用者　職名　代表取締役　氏名　斉藤祐二

職名がある場合は、職名・個人名を明記する。役職がない場合は、○○係、経理担当、店員、役職なしといった、個人名とともにその立場が明らかになる地位などを書く。協定書を兼ねる場合は労働者代表の署名または記名・押印などが必要。

労働者代表の選出は、使用者の指命・意向によってはいけない。労働者による公正な投票、挙手などの方法で選ぶ。

協定書を兼ねる場合は使用者の署名または記名・押印などが必要。

時間外労働および休日労働は、法令の規定を超えないことを約束する。

プラス知識！　時間外労働の限度時間の適用除外　建築、自動車運転の業務、医師、研究開発など業務量の変動が著しい事業などでは、限度時間に独自基準が設定されています。

改正 三六協定届（特別条項）

臨時的な特別の事情で原則1か月 45 時間、1年 360 時間の限度時間を超えて残業をさせる場合、特別条項が必要になります。

特別条項を定められる「臨時的な業務」とは、「納期のひっ迫」「大規模なクレーム対応」など突発的、期間限定的な業務に限られる。「業務が繁忙なとき」「業務上やむを得ないとき」など事由が限定されないものは認められない。

第3章 給与計算と賞与計算の実務 ／ 給与計算の事前準備

（様式第9号の2 記入例）

- 臨時的に限度時間を超えて労働させることができる場合：**突発的な仕様変更**
- 業務の種類：**施工**
- 労働者数：**10人**
- 1日 延長することができる時間数：**6時間** / 所定労働時間を超える時間数：**6.5時間**
- 1箇月 限度時間を超えて労働させることができる回数：**4回** / 延長することができる時間数：**60時間** / 労働時間と休日労働を合算した時間数：**70時間** / 限度時間を超えた労働に係る割増賃金率：**35%**
- 1年 延長することができる時間数：**550時間** / 所定労働時間を超える時間数：**670時間** / 限度時間を超えた労働に係る割増賃金率：**35%**

- 限度時間を超えて労働させる場合における手続：**労働者代表者に対する事前申し入れ**
- 限度時間を超えて労働させる労働者に対する健康及び福祉を確保するための措置 ①、③：**対象労働者に医師による面接指導を実施。対象労働者に11時間の勤務間インターバルを確保。**
- 上記で定める時間数にかかわらず、時間外労働及び休日労働を合算した時間数は、1箇月について100時間未満でなければならず、かつ2箇月から6箇月までを平均して80時間を超過しないこと。 ☑
- 協定の成立年月日：〇〇〇〇年　〇月　〇〇日
- 職名：**監理部**　氏名：**市川 佳子**
- 投票による選挙 ☑
- 使用者 職名：**代表取締役**　氏名：**斎藤 祐二**

注釈

- **職名がある場合は、職名・個人名を明記する。役職がない場合は、〇〇係、経理担当、店員、役職なしといった、個人とともにその立場が明らかになる地位などを書く。協定書を兼ねる場合は労働者代表の署名または記名・押印などが必要。**
- **労働者代表の選出は、使用者の指命・意向によってはいけない。労働者による公正な投票、挙手などの方法で選ぶ。**
- **協定書を兼ねる場合は使用者の署名または記名・押印などが必要。**
- **時間外労働および休日労働は、法令の規定を超えないことを約束する。**

プラス知識！　協定届に記載される人数に変更がある場合は？　人数が増える可能性がある場合にはやや多めの人数を記入します。記載人数よりも人数が減る分には問題ありません。

75

勤怠欄の作成

給与計算で最初にする作業

時間外労働（残業）時間の計算

勤怠欄の内容を理解しておく

　ここからは給与明細にある「勤怠欄」「支給欄」「控除欄」ごとに、それぞれの項目をどう記入すればいいかを説明しましょう。まずは「勤怠欄」に記載する内容からです。

　勤怠欄には、時間外労働、いわゆる残業に関する項目がいくつかあります。どんな残業のときにどの項目を使えばいいのかを見ていきましょう。

法定内残業とは

　時間外労働時間（残業時間）とは、会社が規定した労働時間を超えて働いた場合の労働時間です。一口に残業といっても、勤怠欄を見ると「**普通残業**」「**深夜残業**」というように複数の項目にわかれているのがわかります。

　労働日の残業には、大きくわけて**法定内残業**と**法定外残業（時間外労働）**があります。

　法定内残業とは、会社の就業規則などで定めた所定労働時間は超えるけれど、1日8時間の法定労働時間内にはおさまる残業時間のことです。たとえば、所定労働時間が7時間の場合、1時間の残業なら法定労働時間内なので法定内残業になります。

法定外残業とは

　一方、法定労働時間を超えて残業することを**法定外残業（時間外労働）**といいます。たとえば、所定労働時間が法定労働時間と同じ8時間の場合、所定労働時間を少しでもオーバーした労働時間は法定外残業となります。

法定外残業には割増賃金を支払う

　労働基準法では**法定労働時間を超えた残業について割増賃金を上乗せして支払う**ことを義務づけています。

　法定内残業については割増賃金の規定がありません。ですから、法定内残業をした場合、1時間あたりに通常支給する給与分を支払う必要はありますが、割増賃金を上乗せするかどうかは、会社が決めてかまいません。

 割増賃金 1時間あたりに通常支給する給与×割増率です。残業の種類、働く時間帯によって一定の割増率を乗じた割増賃金を加えることが定められています。→詳細はP90

残業時間は計算方法が違う項目にわける

法定内残業で割増賃金が発生しない場合は、「出勤時間」に入れる。
＊法定内残業で独自に割増賃金をつける場合は、別に「法定内残業」などの項目を設ける。

深夜時間に法定外残業をした時間数を書き入れる。時間外労働の割増賃金（25％以上）と深夜労働の割増賃金（25％以上）を上乗せする。
＊夜勤などで深夜時間に所定内労働を行う場合は、深夜労働の割増賃金のみの「深夜割増」などの項目を設ける。

勤怠欄	出勤時間	普通残業時間	深夜労働時間	
	184時間	23時間	6時間	

法定労働時間を超えた残業時間は、法定外残業（時間外労働）としてこの項目に入れ、25％以上の割増賃金を上乗せする。

法定内残業と法定外残業

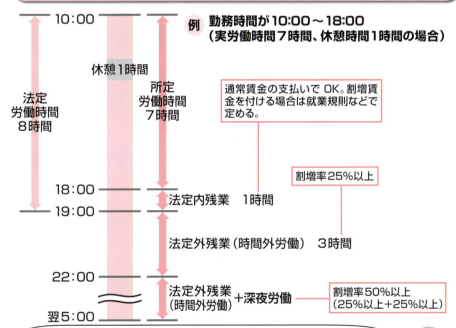

例　勤務時間が10:00〜18:00
（実労働時間7時間、休憩時間1時間の場合）

通常賃金の支払いでOK。割増賃金を付ける場合は就業規則などで定める。

割増率25％以上

割増率50％以上
（25％以上＋25％以上）

大企業では時間外労働が1か月60時間超の場合、割増賃金の割増率は60時間までは25％以上、60時間超の分は50％となっている。中小企業では2023年4月からこれが適用される予定です。

　時間外労働時間や休日労働時間の端数の扱い　時間外労働時間や休日労働時間は、正確な労働時間を集計するために、1か月単位で端数処理をします。その日ごとに端数処理することは認められません。

勤怠欄の作成

法定休日と所定休日の違いは？

休日出勤の計算

休日には所定休日と法定休日がある

　時間外労働時間の計算に続いて、休日出勤の計算について説明します。

　休日出勤は、厳密には次の3つにわけられます。
①所定休日に法定時間内で労働した場合
②所定休日に法定時間外で労働した場合
③法定休日に労働した場合

　では、法定休日と所定休日とは何でしょうか。

　労働基準法では、原則として休日を毎週1日以上与えなければならないとしています。これを**法定休日**といいます。なお、業種や業態によって週休制を採用するのが難しい場合は、**4週間に4日の休日を法定休日とする**ことも認められています。

　対して、**所定休日**とは、会社ごとに決めている休日です。今では多くの会社が週休2日制を採用していますが、たとえば週休2日制で土日が休みの場合、どちらか1日が法定休日で、もう1日が所定休日となります。

休日労働に割増賃金を支払う場合

　労働基準法は、週1日または4週間に4日の法定休日における労働（**法定休日労働**）については、**35％以上の割増賃金**の支払いを義務づけています。週休2日制の会社では、法定休日ではなく所定休日に働かせた場合は、休日労働の割増賃金を支払う義務はありません。

　ただし、所定休日に労働したことで週の労働時間数が週の法定労働時間の40時間を超えた場合は、超えた分は**法定外残業（時間外労働）**にあたります。会社は、**割増率25％以上の割増賃金**を支払わなければなりません。

手続きで休日を代えることもできる

　休日の振り替えといって、事前の手続きで通常の労働日と休日とを入れ替えることができます。この場合、もともと法定休日だった日に働いても休日労働の割増賃金の対象とはなりません。詳しくは、P84を参照してください。

サービス残業　時間外労働や休日労働をしたにもかかわらず、相応の割増賃金等が支払われないこと。労働基準法違反です。

法定休日と所定休日の記入

> 所定休日に週40時間以内で働いていれば、特に社内規定がない限り、この項目に組み入れて割増賃金なしで処理する。

勤怠欄		出勤時間	普通残業時間		休日労働時間
		184時間	23時間		8時間

> 所定休日に働いた時間で週40時間を超えている分は法定外残業（時間外労働）。この項目に組み入れて、25％以上の割増賃金を上乗せする。

> 法定休日に労働した時間数はこの項目に組み入れて、35％以上の割増賃金を上乗せする。

法定休日とは

- 毎週1日以上
- 業種や業態によって週休制が難しい場合は、4週間に4日以上［変形週休制］
  就業規則などで、4週間の起算日を決めておかなければならない。

法定休日の決め方

原則

1週目	2週目	3週目	4週目	1週目	2週目	3週目	4週目
1日	1日	1日	1日	1日	1日	1日	1日

1週間に1日以上

変形週休制

1週目	2週目	3週目	4週目	1週目	2週目	3週目	4週目
2日	2日	0日	0日	1日	2日	0日	1日

4週間で4日以上

所定休日とは

- 会社が決めた休日。就業規則などで定めておく。

週休2日制の例

月	火	水	木	金	土	日
出勤日	出勤日	出勤日	出勤日	出勤日	休日	休日

このうちどちらか1日が法定休日で、もう1日が所定休日。
たとえば、日曜日を法定休日にすれば、土曜日が所定休日となる。

法定休日の特定 シフト制、変形労働制を採用している会社では法定休日を明示しませんが、週休2日制では、実務上ほとんどの会社が法定休日とする曜日を定めています。法律上は「法定休日を明示する必要はない」としています。

勤怠欄の作成

労働時間に種類はあるのか？

変形労働時間制とみなし労働時間制

時季によって残業時間が極端に増える場合

　これまで説明したように、1日や1週間の法定労働時間を超えると割増賃金を払わなければなりません。しかし、それを一律に決めてしまうと不都合が出てきます。

　たとえば、「月末はとても忙しいけれど、月の初めは比較的ひま」「夏場は繁忙期で、冬場は閑散期」というように、時季によって繁閑の差が激しい仕事では、時間外労働が極端に増える時季ができてしまいます。

変形労働時間制とは？

　そこで、**繁忙期は法定労働時間を超えて働く代わりに、閑散期には法定労働時間より短く働くことで、平均すると法定労働時間内でおさまるのであればOK** という制度があります。これを **変形労働時間制** といいます。この制度を採用することにより、割増賃金を最小限度に抑えることができるのです。

　変形労働時間制には次のようなものがあります。

- 1か月単位の変形労働時間制
- 1年単位の変形労働時間制
- フレックスタイム制
- 1週間単位の変形労働時間制

　変形労働時間制を採用するには、**原則として労使協定を締結することが必要に**なります。

みなし労働時間制とは？

　会社は原則として従業員を管理下におき、業務を指示する立場にあります。しかし、社外で活動することの多い営業社員や、仕事の時間配分を会社側が指示しにくい研究者やデザイナーなど、労働時間の管理自体が難しい業務もあります。

　そのため、**一定時間働いたものとして労働時間を算定することが認められています**。これを **みなし労働時間制** といいます。

　みなし労働時間制には、事業所外労働によるみなし労働時間制と裁量労働時間制があります。それぞれを採用できる条件や業種については、P83を参照してください。

KEY WORD　**シフト制**　従業員が個別に勤務時間帯を選んで働く勤務体制のことです。営業時間が長く、売り場に常にスタッフが一定数いることが求められる接客業などで採用されています。

各種変形労働時間制度の採用要件

	労使協定の締結	労使協定の届出	就業規則変更の届出（従業員10人以上）	1週間平均労働時間	1日の上限	1週の上限
①1か月単位の変形労働時間制	(必要)注1	(必要)注1	必要	40時間(44)注2	—	—
②1年単位の変形労働時間制	必要	必要	必要	40時間	10時間	52時間
③フレックスタイム制	必要	(必要)注3	必要	40時間(44)注2	—	—
④1週間単位の変形労働時間制	必要	必要	必要	40時間	10時間	—

(注1) 1か月単位の変形労働時間制は就業規則への定め、または労使協定の締結のどちらかにより採用可能。
　　　労使協定締結による採用の場合でも従業員10人以上の事業場は就業規則の定め（変更）が必要になる。
(注2) (　)の時間は法定労働時間が週44時間の特例対象事業場の時間。フレックスタイム制の場合は、清算期間が1か月を超えない場合のみ。
(注3) 清算期間が1か月を超える場合は届出が必要。

1か月単位の変形労働時間制

1か月以内の一定期間（変形期間）を平均し、1週間あたりの労働時間が法定労働時間を超えない範囲で、労使協定、就業規則等に各日、各週の所定労働時間を具体的に定めておけば、特定の日や週に法定労働時間を超えて労働させることができるんだ。

$$法定労働時間の総枠 = \frac{1週間の法定労働時間 \times 変形期間の日数}{7}$$

例 変形期間を1か月（30日）とした場合
労働時間の総枠＝40時間×30日÷7＝171.4時間

つまり、1か月（30日間）で171.4時間以内であれば、法定労働時間を超える日や週があっても割増賃金を払う必要がない。

主な条件
- 労使協定または就業規則で規定しておくことが必要。労使協定を締結した場合は、労働基準監督署に届け出なければならない。
- 変形期間は、1週間、10日間、2週間などと定めるが、1か月の期間を超えてはならない。

1年単位の変形労働時間制

1か月を超える1年以内の一定期間（変形期間）について、繁閑期に応じて所定労働時間の多い時季と少ない時季を設定する制度のこと。その期間中、平均して1週間あたりの労働時間が40時間を超えなければ、特定の日に法定労働時間を超えて労働させたり、特定の週に40時間を超えて労働させることができるんだ。

$$法定労働時間の総枠 = \frac{40時間 \times 変形期間の日数}{7}$$

プラス知識！　テレワーク　事業外の場（自宅など）で、パソコンなどを使った業務をする勤務形態のことです。サテライトオフィス、在宅勤務とも呼ばれます。原則として労働時間制についての制限はなく、変形労働時間制、事業外労働によるみなし労働時間制を採用してもOKです。

フレックスタイム制

3か月以内*の一定期間（清算期間）について、平均して1週間あたりの労働時間が法定労働時間を超えなければ、従業員が各日の始業および終業時刻や労働時間の長さを自らの裁量で決定できる制度のこと。

$$法定労働時間の総枠 = \frac{1週間の法定労働時間 \times 清算期間の日数}{7}$$

例

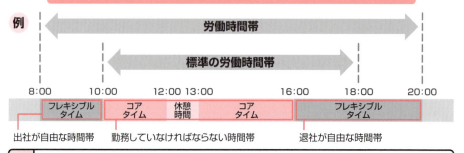

主な条件
- 労使協定を締結する。なお、労働基準監督署への届出は必要ない。
- 就業規則などで始業および終業時刻を従業員本人の決定に委ねる旨を定めなければならない。
- 労使協定で、対象となる従業員の範囲、清算期間、清算期間における総労働時間などを取り決めなければならない。

*平成31年4月の労働基準法の改正により、フレックスタイム制の清算期間の上限が1か月から3か月に延長された。

1週間単位の変形労働時間制

日ごとの業務に著しい繁閑の差が生じ、かつ繁閑日を特定できないような職場で、1週間に平均して40時間内であれば、1日の労働時間を10時間まで延長できる制度のこと。

1週間単位の変形労働時間制の適用を受けることができるのは、
① 常時使用する従業員が30人未満で
かつ
② 小売業、旅館業、料理店および飲食店の事業に限られている。

その他の主な条件
- 労使協定を締結し、かつ労働基準監督署に届け出なければならない。
- 1週間の各日の労働時間をあらかじめ書面で通知しておかなければならない。

プラス知識！ **コアタイムとフレキシブルタイムの設定** フレックスタイム制において、コアタイム（絶対労働時間）とフレキシブルタイム（選択労働時間）は、設定しても設定しなくてもかまいません。設定する場合は、それぞれの開始時間および終了時間を労使協定で定めます。

みなし労働時間制の種類

	事業場外労働による みなし労働時間制	裁量労働時間制	
		専門業務型裁量労働制	企画業務型裁量労働制
内容	①事業場外の労働で、労働時間の算定が難しいときは、就業規則などで定めた所定労働時間数を労働したものとみなす。 ②通常では、所定労働時間を超えて労働する必要があるという業務では、その必要な時間数を労働したものとみなす。 ③②は労使協定で定める。さらに必要な時間数が法定労働時間を超えている場合は、労働基準監督署に届け出る。	①専門業務で会社が時間配分や仕事の進め方を具体的に指示しにくいような場合に、あらかじめ決めた時間を労働時間とみなす。 ②①の時間は労使協定で定め、労働基準監督署に届け出る。	①重要な事業運営に関する決定、企画、立案、調査および分析の業務で、仕事の進め方や時間配分などを会社側が具体的に指示しないものについて、あらかじめ決めた時間を労働時間とみなす。 ②①は労使委員会で一定の事項を決議し、その決議を労働基準監督署長に届け出る。
条件	●従業員が事業外で働いていて、指揮・管理がおよばない状態にあること。 ●従業員の労働時間を算定することが困難なこと、など。	●仕事の進め方や時間配分について、会社側が従業員に具体的な指示をしないこと。 ●従業員の健康および福祉を確保するための措置をすること、など。	●本社、本店、そのほか独自に事業運営にかかわる計画を行っている支店、支社であること。 ●労使委員会を組織し、労使委員会での決議や対象従業員の同意などを経ていること。
対象業務	条件に当てはまれば、特に規定はない(外回りの営業社員、新聞記者・雑誌記者などに適用)。	新商品や新技術の研究開発。研究業務、中小企業診断士。情報処理システムの分析や設計。マスコミ業の取材や編集。衣服、工業製品、広告等のデザイン考案。映像業界のプロデューサーやディレクター、コピーライター、証券アナリスト、システムコンサルタント、大学教授、インテリアコーディネーター、ソフトウエア開発、公認会計士、弁護士、建築士、税理士、不動産鑑定士など。	経営状態・経営環境等について調査および分析を行い、経営に関する計画を策定する業務など。

第3章 給与計算と賞与計算の実務 | 勤怠欄の作成

KEY WORD **労使委員会** 事業場において、賃金、労働時間などの労働条件に関する事項を調査審議し、事業主に対して意見を述べることを目的としている委員会のことです。使用者と、その事業場の労働者の代表者で構成します。

勤怠欄の作成
休日に出勤したときの処理はどうする？
代休と振替休日の違い

代休とは？ 振替休日とは？

本来休日だった日に労働させた場合、その日に代えて別の日に休日を与えることがあります。これには**代休**と**休日の振り替え**の二つの方法があります。

代休とは、休日に休日労働をさせ、代わりにほかの労働日に休ませるというものです。

一方、**休日の振り替え**とは、休日とほかの労働日を前もって入れ替えることをいいます。従業員が休日に出勤することが決まれば、出勤する休日をあらかじめ労働日にしておき、代わりにほかの労働日を休日（**振替休日**）とするのです。

「休日の振り替え」が コスト削減に

法定休日に従業員を働かせることが多い会社は、「休日の振り替え」を上手に活用すると、確実に給与額を抑えることができます。たとえば、もともと法定休日だった日に労働させる場合、休日の振り替えでは、法定休日が労働日に変わるので割増賃金を支払う必要はありません。しかし、振り替えたことによりその週の労働時間が1週間の法定労働時間を超えた場合には25％以上の割増賃金を支払う必要があります。これに対し、代休の場合は、休日労働が法定休日だと35％以上の割増賃金を支払う必要があります。法定外の労働の場合は、1週間の法定労働時間を超えた部分について25％の割増賃金の支払いが必要になります。

休日の振り替えを 行うためのルール

休日の振り替えを行うには、**あらかじめ休日の振り替えを行うことを就業規則などに定めておく**ことが必要です。また、休日の振り替えを行う際は、その前日までに振替日を指定して従業員に伝えるといった決まりを守らなければなりません。

また、代休の場合は、休日にする日を会社が指定してもよいし、従業員が申請してもよいことになっています。

また、代休の日も振替休日も法定休日と同じように給与を支払う必要はありません。

 労働日 従業員が雇用主に対して労働の義務を負う日のことです。

代休と振替休日の違い

> 休日の振り替えは、行うときの条件が決まっているので注意！

	代休	振替休日
行うことのできる要件	特に規定はない。	就業規則などで休日の振り替えをすることを規定しておく。**注意**
行うときの決まり	特に規定はない。後日会社が代休を指定してもよいし、従業員から申請してもよい。	事前に会社が振り替える休日を指定して従業員に伝える。
給与の支払い方法	●休日出勤した日が法定休日の場合は、休日出勤の割増賃金（35％以上）を上乗せする。 　ここに書き入れて割増賃金を支払う。→ 休日出勤日数 **1日** / 休日労働時間 **8時間** ●休日出勤した日が所定休日の場合は、法定時間（1日8時間、週40時間）を超えた時間分だけ時間外労働の割増賃金（25％以上）を上乗せする。 　通常の出勤の項目に書き入れる。→ 普通残業時間 ●代休の日は給与を支払う必要はない。	●出勤日は、法定休日であろうと休日出勤にならないので割増賃金は上乗せしない。 　通常の出勤の項目に書き入れる。→ 出勤日数 **23日** / 出勤時間 **184時間** ●出勤日の労働時間が法定労働時間（1日8時間、週40時間）を超えた時間分だけ時間外労働の割増賃金（25％以上）を上乗せする。 ●振替休日は給与を支払う必要はない。

代休と振替休日をとった場合の例

本来

月	火	水	木	金	土	日	月	火
出勤日	出勤日	出勤日	出勤日	出勤日	休日	休日	出勤日	出勤日
労働	労働	労働	労働	労働	休み	休み	労働	労働

出勤することになった。

代休

月	火	水	木	金	土	日	月	火
出勤日	出勤日	出勤日	出勤日	出勤日	休日	休日	出勤日	出勤日
労働	労働	労働	労働	労働	労働	休み	労働	休み

土曜日に休日出勤して、代わりに火曜日に休日を与えた。

振替休日

月	火	水	木	金	土	日	月	火
出勤日	出勤日	出勤日	出勤日	出勤日	出勤日	休日	出勤日	休日
労働	労働	労働	労働	労働	労働	休み	労働	休み

事前に土曜日を出勤日にして、休日を火曜日に振り替えた。

 KEY WORD 　普通残業時間　1日あるいは1週間の法定労働時間を超えて働いた分の労働時間のことです。

支給欄の作成

給与の支給額を求める

総支給額の計算手順

総支給額を計算する手順

勤怠欄に記入する出勤時間、普通残業時間、休日労働時間が計算できたら、次に支給欄を作成します。最終的に総支給額を求めるには、次のように①～③の手順で行います。
①固定的給与を計算する。
②変動的給与を計算する。
③遅刻・早退・欠勤の控除額を計算する。

このように①～③を求めたら、総支給額を次のように計算します。

①＋②－③＝総支給額

固定的給与の計算

固定的給与とは、毎回の支給額が一定のものです。月給制の場合、基本給、役

給与明細書の支給欄（例）

	基本給	役職手当	通勤手当	家族手当	住宅手当
支給欄	180,000		8,650		12,000
	普通残業手当	休日労働手当	深夜労働手当	出張手当	皆勤手当
	42,000		12,000		

- 基本給：勤続年数、技能経験、能力などをもとに決定される。
- 役職手当：課長、部長などの役職についたら付加される。
- 通勤手当：通勤にかかる費用を支給する。
- 家族手当：家族を扶養している場合に支給する。
- 住宅手当：住宅費の補助金として支給する。
- 普通残業手当：時間外労働手当。法定外残業（時間外労働）をしたときに、25％以上の割増賃金を上乗せする。
- 休日労働手当：法定休日に勤務したときの手当。35％以上の割増賃金を上乗せする。
- 深夜労働手当：時間外労働で深夜勤務をしたときの手当。50％以上（25％以上＋25％以上）の割増賃金を上乗せする*。
- 出張手当：出張した場合に支給する。
- 皆勤手当：一定の出勤成績を残したときに支給する。

＊夜間のガードマンなど、法定労働時間内に深夜勤務がある場合は「深夜勤務手当」などの項目で、25％以上の割増賃金を上乗せする。

遅刻・早退・欠勤の控除額　これらが控除欄ではなく支給欄にあるのは、社会保険料や税金は総支給額を基礎として算出するためです。

職手当、通勤手当、家族手当、住宅手当などがそれにあたります。固定的給与は毎月の給与額が変わらないので、基本的に毎回計算する必要はありません。給与マスターなどから引き写せばよいだけです。

ただし、日給制や時間給制を取り入れている場合は、日数や時間数で基本給が変動します。このように、会社の給与形態などによっても支給額の求め方が変わってきます。したがって、給与計算の担当者は、自社の給与計算のルールを把握しておかなければなりません。

変動的給与の計算

変動的給与とは、その月ごとの勤務時間や勤務状況に応じて支給額が変わるものです。**残業手当、休日労働手当、深夜労働手当、出張手当、皆勤手当**などがそれにあたります。これらは、勤怠項目の出勤日数、時間外労働日数などをもとに計算します。

なお、遅刻・早退・欠勤の控除額は、控除項目ではなく支給項目に入ります。

KEY WORD **皆勤手当** 精勤手当、精皆勤手当などとも呼ばれます。会社によっては、一定の期間に一定以上の出勤率や無遅刻率を残した場合に支給します。

支給欄の作成

割増賃金・有給休暇の賃金・不就労控除の計算①

月平均所定労働時間と月平均所定労働日数

月平均所定労働時間が必要な理由

　割増賃金の単価や遅刻・早退での控除額を求めるときに必要になるのが、**月平均所定労働時間**です。これは、**1か月あたりの平均所定労働時間**のことです。

　1か月あたりの所定労働時間が月によって変動する場合、同じ時間の残業をしても月によって割増賃金の額が違ってしまうということになります。同様に、同じ時間の遅刻・早退をしても、月によって控除額が変わってしまいます。そこで、1年間の総労働時間を12か月で割って、1か月あたりの平均所定労働時間を算出し、どの月も同じ労働時間数で割るようにします。

　月平均所定労働時間を算出するにあたっては、まず1年間の総労働時間を計算します。

　1年間の総労働時間は、

> **1年間の総労働時間＝
> 年間労働日数×1日の所定労働時間**

で算出します。

　年間労働日数は、

> **年間労働日数＝
> 365日（366日）－所定休日**

で求めることが一般的です。**所定休日**とは、土曜、日曜、国民の祝日、年末年始、盆休みなど会社が決めた休日のことです。所定休日は、就業規則などで定めておく必要があります。

　1年間の総労働時間を求めたら、それを12か月で割った数が月平均所定労働時間となります。

月平均所定労働日数は欠勤控除の計算で使用する

　似たような言葉に、**月平均所定労働日数**があります。1年間の総労働日数を12か月で割ったもので、1か月あたりの平均所定労働日数のことです。

　計算式では、

> **月平均所定労働日数＝
> 365日（366日）－所定休日
> ―――――――――――――
> 12か月**

となります。月平均所定労働日数は、欠勤控除の計算（→P94）に用います。

所定休日の日数を数える方法　所定休日の日数のカウントは、意外と時間がかかる作業です。毎年、休日・国民の祝日・振替休日の日数が変わるし、年末年始休暇はその間の土・日曜日によって日数が毎年変更になる会社が多いからです。（次ページに続く）

月平均所定労働時間と月平均所定労働日数の求め方

$$月平均所定労働時間 = \frac{年間労働日数 \times 1日の所定労働時間}{12か月}$$

$$年間労働日数 = 365日（366）日 - 所定休日$$

$$月平均所定労働日数 = \frac{365日（366日）- 所定休日}{12か月}$$

次の例で月平均所定労働時間と月平均所定労働日数を求めてみよう！

例 就業規則で、次のように定められている会社の場合

所定休日が	
毎土曜日および毎日曜日 ………	計101日
休日・国民の祝日 ………………	15日
年末年始休暇 ……………………	5日
夏期休暇 …………………………	5日
1日の所定労働時間 ……………	8時間

● 月平均所定労働時間

$$= \frac{\{365日 -（101日 + 15日 + 5日 + 5日）\} \times 8時間}{12か月} = 159.33時間$$

割増賃金の単価や遅刻・早退控除の計算に用いる（→P90）。

＊端数を切り捨てても、小数点以下第2位程度まで残して計算してもどちらでもかまわない。

● 月平均所定労働日数

$$= \frac{365日 -（101日 + 15日 + 5日 + 5日）}{12か月} = 19.91日$$

欠勤控除の計算に用いる（→P94）。

端数の処理は賃金規程で定める必要があります。

所定休日のカウントをする場合、年末に新しいカレンダーを入手したら、所定休日にあたる日を塗りつぶしてそれをカウントするのが一番確実な方法です。

支給欄の作成

割増賃金・有給休暇の賃金・不就労控除の計算②

割増賃金の計算

割増賃金を支払うケース

　法定労働時間を超えて働いたり、法定休日や深夜に働いたりしたときは、割増賃金を支払わなければならないことはP76で説明したとおりです。

　割増賃金は、「通常の労働に対して支払う賃金」に割増率を乗じて算出します。割増率は、次ページのように労働の種類によって定められています。

　「通常の労働に対して支払う賃金」とは、会社の月平均所定労働時間または月平均所定労働日数に対して支払われる賃金のことです。この賃金は、基本給だけでなく各種手当を含めた金額になります。

割増賃金の計算から除外する手当

　次の手当などは「通常の労働に対して支払う賃金」から除外します。
- 通勤手当
- 家族手当
- 住宅手当
- 子女教育手当
- 別居手当
- 臨時に支払われる賃金
- 1か月を超える期間ごとに支払われる賃金

　通勤手当・家族手当・住宅手当などを除外するのは、個人の事情に応じて金額が変動するためです。たとえば、扶養する家族が多い人は家族手当が高額になります。

　ただし、これらの手当が除外となるかどうかは、名称ではなく実態で決まります。「通勤手当」「家族手当」という名前でも、すべての従業員に一律同額で支給されているような場合は除外しません。

　また、○○手当という別の名称で支給していても、扶養家族数をもとに決められている場合は、個人の事情に応じて金額が変動する手当ですから、割増賃金の計算の対象となる給与には含まれません。

　そのほか、**結婚手当**や**出産手当**、**災害見舞金**など臨時に支払われる手当、1か月を超える期間ごとに支払われる**賞与**も、割増賃金を算定する際の賃金から除外します。

　一定期間の出勤成績で支給する**皆勤手当**も実態で判断します。査定の対象となる期間が1か月以内なら「通常の労働に対して支払う賃金」に含みますが、1か月を超えるなら除外します。

KEY WORD　**家族手当・子女教育手当・別居手当**　家族手当は扶養家族がいる場合に支払われる手当、子女教育手当は従業員の子どもの教育援助として支払われる手当です。別居手当は、単身赴任など勤務の都合で自宅とは違う場所で居住しなければならない状況で働かせる場合に支払われる手当です。

割増賃金の計算式

割増賃金 ＝ 通常の労働に対して支払う賃金 × 割増率

● 割増賃金の割増率

労働の種類		割増率
時間外労働手当	法定労働時間を超えて労働した場合（時間外労働・法定外残業）	25％以上 ＊1か月に60時間を超える労働に対しては50％以上（中小企業は2023年より適用）。
休日労働手当	法定休日に労働した場合（休日労働）	35％以上
深夜労働手当	深夜（午後10時から翌朝5時まで）に労働した場合	25％以上
時間外労働手当＋深夜労働手当	時間外労働が深夜の時間帯におよんだ場合	25％以上＋25％以上＝50％以上
休日労働手当＋深夜労働手当	休日労働が深夜におよんだ場合	35％以上＋25％以上＝60％以上

＊会社は給与規程などで独自に割増率を定めることができるが、法定の割増率を下回ってはいけない。

● 通常の労働に対して支払う賃金に含まれるもの・除外するもの

含まれるもの	除外するもの
基本給	個人事情に左右される手当　例 家族手当・通勤手当など
役職手当	臨時に支払われる給与　例 結婚手当・出産手当など
皆勤手当	1か月を超える期間ごとに支払われる給与など

例 月平均所定労働時間が159.3時間
通常の労働に対して支払う賃金が250,000円

> 20時間の時間外労働をして、そのうち3時間が深夜労働におよんだ場合

→ 時間外労働のみ……………20時間
　深夜労働……………………3時間

時間外労働手当 ＝ $\dfrac{250,000円}{159.3時間}$ ×1.25×20時間＝**39,234.14円**
　　　　　　　　　　　　　　　　　➡ **39,234円**

時間外労働手当＋深夜労働手当 ＝ $\dfrac{250,000円}{159.3時間}$ ×0.25×3時間＝**1,177.02円**
　　　　　　　　　　　　　　　　　➡ **1,177円**

> 1円未満の端数は50銭未満切り捨て、それ以上は切り上げします。

端数処理の原則　割増賃金の支給、遅刻・早退の控除での端数処理では、従業員の不利にならないように配慮することが原則です。たとえば、支給の場合は切り上げ、控除の場合は切り下げをすると決めて、トラブルのもととならないようにします。

支給欄の作成

割増賃金・有給休暇の賃金・不就労控除の計算③

有給休暇の給与の計算

有給休暇の給与の支払方法は3つ

年次有給休暇、いわゆる有給休暇は、給与の支払いを受けながら休暇がとれる制度です（→P40参照）。労働基準法によって、有給休暇中の給与の支払方法は次の3つと決められています。

①平均賃金を支払う。
②所定労働時間に労働した場合の賃金額を支払う。
③健康保険法による標準報酬日額を支払う（→P242）。

いずれの方法にするかは、あらかじめ就業規則などで定めておく必要があります。さらに、③は、労使協定で合意を得ておかなければなりません。

どの支払方法がよいかはケース・バイ・ケースで一概にはいえませんが、たとえば労働時間が短くて健康保険の被保険者資格がないパートタイマーにも適用できるのは、「①平均賃金を支払う方法」「②所定労働時間に労働した場合の賃金額を支払う方法」です。特に①の平均賃金は、所定労働時間が決まっていないパートタイマーなどにも適用できます。

平均賃金の計算方法

平均賃金は、労働基準法によって算出が定められているもので、有給休暇の支払いのときのほかに、解雇予告手当や休業手当などを支払う際の算定基準となる額です。平均賃金は、これを算定すべき事由が起こった日の直近の給与締切日より前3か月間に支払われた給与総額を、3か月間の総日数で割って算出します。

しかし、労働日数の少ない日給制や時間給制、歩合給制では、この計算方法が不公平になることもあります。その場合の平均賃金は、3か月間に支払われた給与総額を、総日数ではなく労働日数（実際に労働した日）で割って算出します。

なお、平均賃金の算定期間に業務上のケガなどで休業した期間があった場合はその分を算定期間から除外します。

また、給与総額には次のような給与等は含まれません。

● 臨時に支払われた賃金
● 賞与など、3か月を超えるごとに支払われる賃金
● 就業規則等で定められていない現物給付

平均賃金が必要なケース 平均賃金による給与の支払いが必要なのは、①解雇予告手当を支払う、②会社側の都合による休業手当を支払う、③業務上災害に対して災害補償を支払う、④減給の制裁を行う、⑤有給休暇中の給与を平均賃金で支払う、の5つのケースです。

92

平均賃金の求め方

●基本的な計算方法

$$平均賃金 = \frac{算定期間中の賃金総額（控除前の金額）}{3か月間の総日数^*}$$

＊直前の締切日から過去3か月間の暦日数。

この二つを比較して高いほうの額が平均賃金になる。

●日給制・時間給制・歩合給制の計算方法

$$平均賃金 = \frac{算定期間中の賃金総額（控除前の金額）}{算定期間中に労働した日数} \times 0.6$$

次の給与等が計算対象となる期間に支払われていれば、その額を給与総額から除外するんだよ。

- ●臨時に支払われた賃金
- ●賞与など、3か月を超えるごとに支払われる賃金
- ●法令や就業規則、労働協約等で定められていない現物給付

●休業期間があった場合の計算方法

$$平均賃金 = \frac{算定期間中の賃金総額（控除前の金額）-休業期間中の賃金}{3か月間の総日数-休業期間の日数}$$

次のような期間は、平均賃金の算定期間から除外するよ。

- ●業務上の傷病による療養のための休業期間
- ●産前産後の休業期間
- ●会社の責に帰すべき事由による休業期間
- ●育児休業期間・介護休業期間
- ●試用期間

解雇予告手当 雇用してから3か月に満たない従業員の算定期間は、雇用後の期間となります。

支給欄の作成

割増賃金・有給休暇の賃金・不就労控除の計算④

欠勤控除と遅刻・早退控除の計算

欠勤、遅刻・早退した分の給与を差し引く

　従業員が欠勤、遅刻・早退をしたことによって働かなかった日や時間については、会社は給与からその分をカットすることができます。これが**欠勤控除**、**遅刻・早退控除**（**遅早控除**）です。ひとくくりに**不就労控除**として取り扱う会社もあります。

　欠勤控除、遅刻・早退控除については、法令での定めはありません。したがって、欠勤や遅刻・早退した分を控除するかどうかは会社で決めることができます。しかし、欠勤控除、遅早控除を行う場合には、その計算方法を就業規則等に明記しておく必要があります。

欠勤控除、遅刻・早退控除の計算方法

　控除する場合は、会社で独自に計算方法を決めることができます。一般的な処理のしかたは次のとおりです。

●欠勤控除

　月平均所定労働日数（または対象月の所定労働日数）を基準にして、日割計算をする。

●遅刻・早退控除

　月平均所定労働時間（または対象月の所定労働時間）を基準にして、時間割計算をする。

　たとえば、欠勤控除の場合、日割計算の日数を「月平均所定労働日数」にするか、「対象月の所定労働日数」にするかで計算結果が違ってきます。これらもあらかじめ就業規則に定めておく必要があります。

出勤日数分の給与を支給するという方法もある

　欠勤控除は、「休んだ日の分の給与を差し引く」という方法ですが、「出勤した日数分の給与を支払う」という方法をとることもできます。この場合、

$$支給額 = \frac{基本給 + 各種手当}{月平均所定労働日数} \times 出勤日数$$

といった計算式で計算されます。この方式を採用する場合でも、あらかじめ就業規則に明記しておく必要があります。

欠勤控除の端数処理　欠勤控除の端数処理は切り捨てが基本です。四捨五入したり、切り上げたりすると欠勤でない分まで控除してしまうことになり、ノーワーク・ノーペイの原則から外れてしまうからです。

欠勤控除の一般的な計算方法

給与項目は、「基本給のみ」「基本給と○○手当」などのように、就業規則で定めることができる

$$欠勤控除額 = \frac{欠勤控除の対象となる月の給与項目}{月平均所定労働日数または対象月の所定労働日数} × 欠勤日数$$

例　3日間欠勤した場合
（給与項目は「基本給のみ」で22万円、月平均所定労働日数が20日のとき）

$$\frac{220,000円}{20日} × 3日 = 11,000円 × 3日 = 33,000円$$

欠勤控除として差し引く

右の例で欠勤控除の額を計算してみよう。

遅刻・早退控除の一般的な計算方法

給与項目は、「基本給のみ」「基本給と○○手当」などのように、就業規則で定めることができる

$$遅刻・早退控除額 = \frac{遅刻・早退控除の対象となる月の給与項目}{月平均所定労働時間または対象月の所定労働時間} × 遅刻・早退の時間数$$

例　遅刻・早退が2時間の場合
（給与項目は、「基本給＋役職手当＋家族手当」で計25万円、月平均所定労働時間が174時間のとき）

$$\frac{250,000円}{174時間} × 2時間 = 1,436円 × 2時間 = 2,872円$$

（端数は切り捨てが原則）

遅刻・早退控除として差し引く

右の例で遅刻・早退控除の額を計算してみよう。

「遅刻3回で欠勤1日」という就業規則はOK？

欠勤控除や遅刻・早退控除は、ノーワーク・ノーペイの原則（→P31）に沿った控除（労働力の提供を受けていない時間分の対価を差し引く）です。「遅刻3回で欠勤1日扱いとする」といった決まりは、遅刻した時間分を超えて控除することになります。こういった規則は明らかに労働基準法違反となります。

遅刻・早退控除の端数処理　遅刻・早退控除の端数処理も切り捨てが基本です。これもノーワーク・ノーペイの原則によるものです。

控除欄の作成

給与から天引きするもの①
健康保険料・厚生年金保険料・介護保険料

法令で認められている控除とは？

勤怠欄、支給欄の記入が終わったら、次に控除欄の記入になります。

給与は全額支払うのが原則ですが、給与から社会保険料や雇用保険料、所得税、住民税を天引きすることは法令で認められています。このような控除を**法定控除**といいます。ここでは、**社会保険料（健康保険料、厚生年金保険料、介護保険料）**の控除について見ていきましょう。

社会保険料は個々の報酬額で決まる

会社が支払う給与等を社会保険では**報酬**といい、1か月分の報酬を**報酬月額**といいます。健康保険と厚生年金保険をそれぞれ一定の等級で区分した保険料額表に、各従業員の報酬月額を当てはめると、個々の**標準報酬月額**を出すことができます（詳しくはP136〜）。社会保険料はこの標準報酬月額に保険料率を乗じて算出します。この保険料を**会社と被保険者本人が折半**して負担するので、被保険者本人の給与から徴収するのは保険料の半額です。

年齢による資格取得・喪失に注意

社会保険料には、被保険者の資格年齢があります。資格を得る、あるいは資格を失う年齢に近づいた被保険者がいるときは注意して、保険料の徴収漏れや徴収のし過ぎがないようにしましょう。

介護保険料を、給与から徴収する第2号被保険者は、40歳以上65歳未満です。厚生年金保険料は、70歳になると被保険者の資格がなくなります。また、健康保険料は、75歳になると後期高齢者医療制度に加入するので健康保険被保険者の資格がなくなります。後期高齢者医療保険の資格取得日は**75歳の誕生日の当日**で、健康保険の被保険者資格の喪失日も75歳の誕生日です。社会保険料は、資格取得日の月から資格喪失日の前月までかかります。社会保険料では、当月分の給与から前月分の社会保険料を徴収するしくみになっているので、実際は資格取得日の月は徴収せず、翌月から控除を始めます。資格喪失日の月は、その月で控除を停止します（資格取得日や資格喪失日→P128）。

天引き 給与を支払う際に、あらかじめ社会保険料や税金などを差し引いておくことを天引きといいます。

社会保険料の求め方

- 健康保険料 ＝ 標準報酬月額 × 健康保険料率
- 介護保険料 ＝ 標準報酬月額 × 介護保険料率
- 厚生年金保険料 ＝ 標準報酬月額 × 厚生年金保険料率

標準報酬月額に各保険料率を乗じた額が保険料になるのね。

給与から控除する社会保険料

- 給与から控除する健康保険料 ＝ 健康保険料 × $\frac{1}{2}$
- 給与から控除する介護保険料 ＝ 介護保険料 × $\frac{1}{2}$
- 給与から控除する厚生年金保険料 ＝ 厚生年金保険料 × $\frac{1}{2}$

保険料は、会社と被保険者が $\frac{1}{2}$ ずつ負担するんだ。

改正 保険料率

- 健康保険料率
  - 全国健康保険協会管掌（協会けんぽ）
    30／1000〜130／1000の範囲で都道府県ごとに設定
  - 健康保険組合管掌
    30／1000〜130／1000の範囲で各組合が設定

- 介護保険料率
  18.0／1000
  （協会けんぽの場合）

- 厚生年金保険料率（全国一律）
  183.00／1000（平成29年9月分〜）

＊厚生年金保険料率は毎年9月に3.54／1000ずつ引き上げられ、平成29年に183／1000で固定されました。

健康保険料額表（協会けんぽの場合）や厚生年金保険料額表によって、標準報酬月額がわかれば一目で保険料や折半額がわかるようになっているんだ。

実務では

例 標準報酬月額が150,000円の場合の各保険料

令和3年3月分（4月納付分）からの健康保険・厚生年金保険の保険料額表

・健康保険料率：令和3年3月分〜 適用　　・厚生年金保険料率：平成29年9月分〜 適用
・介護保険料率：令和3年3月分〜 適用　　・子ども・子育て拠出金率：令和4年4月分〜 適用

（東京都）　　　　　　　　　　　　　　　　　　　　　　　　　　　　　　　　　　（単位：円）

標準報酬		報酬月額	全国健康保険協会管掌健康保険料				厚生年金保険料（厚生年金基金加入員を除く）	
等級	月額		介護保険第2号被保険者に該当しない場合 9.84%		介護保険第2号被保険者に該当する場合 11.64%		一般、坑内員・船員 18.300%※	
		円以上 〜 円未満	全額	折半額	全額	折半額	全額	折半額
1	58,000	〜 63,000	5,707.2	2,853.6	6,751.2	3,375.6		
2	68,000	63,000 〜 73,000	6,691.2	3,345.6	7,915.2	3,957.6		
3	78,000	73,000 〜 83,000	7,675.2	3,837.6	9,079.2	4,539.6		
4(1)	88,000	83,000 〜 93,000	8,659.2	4,329.6	10,243.2	5,121.6	16,104.00	8,052.00
5(2)	98,000	93,000 〜 101,000	9,643.2	4,821.6	11,407.2	5,703.6	17,934.00	8,967.00
6(3)	104,000	101,000 〜 107,000	10,233.6	5,116.8	12,105.6	6,052.8	19,032.00	9,516.00
7(4)	110,000	107,000 〜 114,000	10,824.0	5,412.0	12,804.0	6,402.0	20,130.00	10,065.00
8(5)	118,000	114,000 〜 122,000	11,611.2	5,805.6	13,735.2	6,867.6	21,594.00	10,797.00
9(6)	126,000	122,000 〜 130,000	12,398.4	6,199.2	14,666.4	7,333.2	23,058.00	11,529.00
10(7)	134,000	130,000 〜 138,000	13,185.6	6,592.8	15,597.6	7,798.8	24,522.00	12,261.00
11(8)	142,000	138,000 〜 146,000	13,972.8	6,986.4	16,528.8	8,264.4	25,986.00	12,993.00
12(9)	150,000	146,000 〜 155,000	14,760.0	7,380.0	17,460.0	8,730.0	27,450.00	13,725.00
13(10)	160,000	155,000 〜 165,000	15,744.0	7,872.0	18,624.0	9,312.0	29,280.00	14,640.00
14(11)	170,000	165,000 〜 175,000	16,728.0	8,364.0	19,788.0	9,894.0	31,110.00	15,555.00
15(12)	180,000	175,000 〜 185,000	17,712.0	8,856.0	20,952.0	10,476.0	32,940.00	16,470.00

（東京都の例）

介護保険料の徴収 40歳〜65歳未満の第2号被保険者の保険料は給与から徴収され、65歳以上の第1号被保険者の保険料は、原則として公的年金から徴収されます。したがって、介護保険料の給与からの天引きは65歳の誕生日の前日の属する月までです。

控除欄の作成

給与から天引きするもの②
雇用保険料

雇用保険料は毎月変わる

　次に雇用保険料について説明しましょう。**雇用保険料**は**労働保険料**の一つです（→ P42）。雇用保険の保険料は、前節の社会保険料とは算出方法が違うことに注意してください。

　社会保険料は、定められた標準報酬月額で1年を通して保険料を算出するので、原則として1年間保険料が変わりません。また、徴収した保険料は毎月納付手続きをします。

　一方、**雇用保険料は、毎月の給与総額に雇用保険料率を乗じて算出**します。給与総額は毎月の手当の変動などで増減するので、雇用保険料もそれに応じて変わります。また、徴収した保険料は年に1回、まとめて申告・納付します。

　雇用保険料の被保険者の本人の負担分は、毎月の給与総額から控除します。次ページのように、事業の種類によって、雇用保険率や会社負担分と被保険者負担分の比率が変わります。給与計算では、被保険者である従業員の負担分だけを算出して控除します。

満64歳以上の保険料免除は廃止

　保険年度の初日（毎年4月1日）に満64歳になっている雇用保険の被保険者は、雇用保険料が従業員負担分・会社負担分ともに免除されていましたが、令和2年4月以降、免除のしくみは廃止となり、保険料の控除が必要となりました。

雇用保険料の申告と納付

　なお、**労災保険の保険料は全額会社が負担**するので、給与から控除することはありません（ただし、申告に際しては、毎月の給与額等が計算の基礎になるので、賃金台帳等を使用して集計できるようにしておきましょう）。

　労災保険料と雇用保険料は毎年6〜7月にいっしょに申告・納付します（→ P162）。雇用保険料は月々にわけて控除しますが、納付そのものは一度しか行いません（→ P168）。

雇用保険は強制保険　雇用保険は政府が運営する強制保険制度です。従業員を一人でも雇用する会社は原則として強制的に適用されます。

事業別雇用保険料率

雇用保険料率は「一般の事業」「農林水産・清酒製造業」「建設業」によって次のように定められているんだ。この率は変わることがあるから注意しよう。

	雇用保険料率	会社負担分	被保険者負担分
一般の事業	9／1000	6／1000	3／1000
農林水産・清酒製造業	11／1000	7／1000	4／1000
建設業	12／1000	8／1000	4／1000

被保険者負担分の雇用保険料の求め方

● 一般の事業の場合

被保険者負担分 ＝ 毎月の給与総額 × $\dfrac{3}{1000}$

じゃあ、次の例で計算してみよう。

例 一般事業で給与総額が350,253円の雇用保険料の求め方

雇用保険料のうち
被保険者負担分＝350,253円× $\dfrac{3}{1000}$ ＝ 1,050.759

1円未満の端数処理は
源泉控除の場合＊は 50 銭以下を切り捨て、50銭1厘以上を切り上げる。

→ 1,051円

＊ただし、労使間で合意があるような場合は、これ以外の処理方法も認められている。

労災保険も強制保険 労災保険も従業員を一人でも雇用する会社は原則として強制的に適用されます。ただし、国家公務員、地方公務員および船員は独自の労働災害補償制度があります。

控除欄の作成
給与から天引きするもの③
源泉所得税

源泉徴収税額表を使って税額を算出する

　会社は従業員の給与や賞与を支払う際に、従業員の所得税を給与や賞与から天引きして、あとでまとめて国に支払うことになっています。このしくみのことを**源泉徴収**といい、天引きする所得税のことを**源泉所得税**といいます。

　毎月の給与の源泉所得税は、**給与所得の源泉徴収税額表**（以下、源泉徴収税額表）を使って算出します。計算は次の手順で行います。

①非課税給与額を差し引く。

　給与のなかには、一定額の通勤手当など課税の対象とならない給与（**非課税給与**）があります。総支給額から非課税給与を差し引いた額が**課税給与額**です。

②社会保険料額を差し引く。

　課税給与額から、控除項目に書き入れた社会保険料額を差し引き、残りの給与額を求めます。これが課税対象額となります。

③「給与所得者の扶養控除等（異動）申告書」（→ P174）が提出されているか。

　この申告書が提出されている場合には源泉徴収税額表の甲欄を、提出されていない場合には乙欄を見て税額を求めます。同じ課税対象額でも源泉徴収税額が異なります（乙欄のほうは税額がかなり高額になります）。

　なお、源泉所得税額表には、**月額表**と**日額表**があり、給与の支払い期間や雇用形態によって使いわけます（P102 参照）。

④控除対象扶養親族等の人数を確認する。

　「給与所得者の扶養控除等（異動）申告書」に記載されている扶養親族等の数を確認します。扶養親族の数に応じて税額が少なくなるしくみになっています。

　控除対象扶養親族等の数とは、源泉控除対象配偶者と控除対象扶養親族の合計人数です。このとき、本人が勤労学生、障害者、寡夫（寡婦）、ひとり親に該当するときは＋1名とします。また、源泉控除対象配偶者や控除対象扶養親族に障害者または同居特別障害者に該当する人がいる場合は、その人数分を加えます（P103 に計算例）。

　ただし、「給与所得者の扶養控除等（異動）申告書」の提出がなく、源泉徴収税額表の乙欄に該当する場合は、扶養親族の人数が何人でも税額は変わりません。

給与所得者の扶養控除等（異動）申告書　通常、従業員には雇用時にこの申告書を提出してもらいます。ただし、1か所の雇用先にしか提出できないので、2か所以上の会社で働いている従業員からは申告書の提出を受けないことがあります。

給与所得の源泉所得税の求め方

「給与所得の源泉徴収税額表」は税務署から毎年送られてくるよ。

❶ 当月の給与総額 − 非課税給与 − 社会保険料の合計額

❷ ❶の金額を「給与所得の源泉徴収税額表」に当てはめて税額を求める

非課税給与となる主な手当等とその基準

非課税対象項目は、一定の基準や金額を超えると課税扱いとなることもある。一定の金額を超えた場合、超える分の金額が課税対象となることに注意しよう。

●通勤手当
次に示す額までは非課税となる。

❶ **マイカーや自転車などで通勤している場合**

片道の通勤距離	1か月あたりの支給額の非課税限度額
2km 未満	（全額課税）
2km 以上 10km 未満	4,200 円
10km 以上 15km 未満	7,100 円
15km 以上 25km 未満	12,900 円
25km 以上 35km 未満	18,700 円
35km 以上 45km 未満	24,400 円
45km 以上 55km 未満	28,000 円
55km 以上	31,600 円

❷ **電車やバスなどの交通機関を利用している場合**
最も経済的で合理的なルートの料金で実費または定期券の額。
ただし15万円が上限。※

❸ **マイカーや自転車などと、電車やバスなどの交通機関を併用している場合**
それぞれの利用範囲で❶と❷を合計した額。ただし15万円が上限。※

※平成28年1月までさかのぼって適用される。

●深夜勤務の夜食代
夜食の支給ができないときに限り、1食あたり300円まで非課税となる。

●職務に必要な技術、資格や知識などの習得費用
仕事に必要な技術、資格、知識を習得するために出席する研修会費用、授業料などは原則全額非課税となる。

16歳未満の年少扶養親族はカウントしない 平成23年1月1日より、扶養控除の対象者について年齢制限が定められています。控除対象となる扶養親族は16歳以上で、0歳〜15歳の扶養親族は扶養控除の対象になりません（ただし、障害者控除は対象となります）。

給与所得の源泉徴収税額表の種類

	月額表	日額表
給与の期間や雇用形態	●10日ごと、半月ごと、1か月ごとに支払う給与 ●月の整数倍に支払う給与（2か月ごとや3か月ごとなど）	●その日ごとや1週間ごとに支払う給与 ●日雇い労働者や短期間（2か月以内）雇用するアルバイトなどに支払う給与* ＊日雇い労働者や短期間のアルバイトなどには、丙欄を適用する。

給与所得の源泉徴収税額表　月額表

（二）　　　　　　　　　　　　　　　　　　　　　　　　（167,000円～289,999円）

その月の社会保険料等控除後の給与等の金額		甲									乙
|| 扶養親族等の数									
		0人	1人	2人	3人	4人	5人	6人	7人	
以上	未満	税					額				税額
円	円	円	円	円	円	円	円	円	円	円
167,000	169,000	3,620	2,000	390	0	0	0	0	0	11,400
169,000	171,000	3,700	2,070	460	0	0	0	0	0	11,700
171,000	173,000	3,770	2,140	530	0	0	0	0	0	12,000
173,000	175,000	3,840	2,220	600	0	0	0	0	0	12,400
175,000	177,000	3,910	2,290	670	0	0	0	0	0	12,700
177,000	179,000	3,980	2,360	750	0	0	0	0	0	13,200
179,000	181,000	4,050	2,430	820	0	0	0	0	0	13,900
181,000	183,000	4,120	2,500	890	0	0	0	0	0	14,600
183,000	185,000	4,200	2,570	960	0	0	0	0	0	15,300
～	～	～	～	3,080	～					34,400
245,000	248,000	6,420	4,810	3,200	1,570	0	0	0	0	35,400
248,000	251,000	6,530	4,920	3,300	1,680	0	0	0	0	36,400
251,000	254,000	6,640	5,020	3,410	1,790	170	0	0	0	37,500
254,000	257,000	6,750	5,140	3,510	1,900	290	0	0	0	38,500
257,000	260,000	6,850	5,240	3,620	2,000	390	0	0	0	39,400
260,000	263,000	6,960	5,350	3,730	2,110	500	0	0	0	40,400
263,000	266,000	7,070	5,450	3,840	2,220	600	0	0	0	41,500
266,000	269,000	7,180	5,560	3,940	2,330	710	0	0	0	42,500
269,000	272,000	7,280	5,670	4,050	2,430	820	0	0	0	43,500
272,000	275,000	7,390	5,780	4,160	2,540	930	0	0	0	44,500
275,000	278,000	7,490	5,880	4,270	2,640	1,030	0	0	0	45,500
278,000	281,000	7,610	5,990	4,370	2,760	1,140	0	0	0	46,600
281,000	284,000	7,710	6,100	4,480	2,860	1,250	0	0	0	47,600
284,000	287,000	7,820	6,210	4,580	2,970	1,360	0	0	0	48,600
287,000	290,000	7,920	6,310	4,700	3,070	1,460	0	0	0	49,500

＊月額表は甲欄と乙欄のみ。日額表には、日雇い労働者や短期間のアルバイトなどに適用する丙欄が入る。

KEY WORD　**控除対象配偶者と控除対象扶養親族**　年間の合計所得額が48万円以下の生計を一にする配偶者とその親族のことです。親族とは、6親等内の血族と3親等内の姻族（配偶者の血族）のことです。

税額表の甲欄を適用する場合の扶養親族等の数の求め方

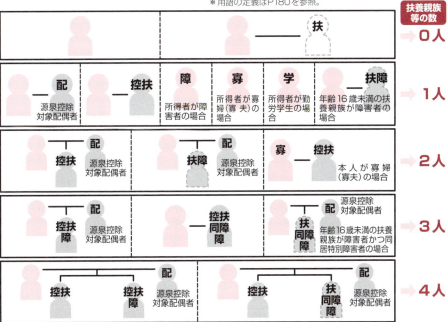

源泉所得税額の求め方

例 Aさんの場合
- 「給与所得者の扶養控除等(異動)申告書」の提出あり
- 扶養親族等2人、総支給額35万円、通勤手当(非課税給与)2万5,000円、社会保険料4万5,000円

❶ 課税対象額を求める。

課税対象額	＝	総支給額	－	非課税給与額	－	社会保険料
280,000円		350,000円		25,000円		45,000円

❷ 課税対象額を源泉徴収税額表に当てはめる。
「その月の社会保険料等控除後の給与等の金額」と扶養親族等の該当人数が交差する数字を見る。

Aさんの源泉所得税 → **4,370円**

 同居特別障害者 同居している特別障害者のことです。特別障害者とは、特に障害の程度が大きい人です。

控除欄の作成

給与から天引きするもの④
住民税

住民税は市区町村に納める

住民税とは都道府県民税と市区町村民税を合わせた呼び方で、その都道府県と市区町村に住む個人や法人に課せられる地方税です。

個人に課税される住民税額は前年の1月1日から12月31日までの1年間の所得に基づいて算出されます。住民税額は市区町村で計算して通知してくれるので、会社や納税者は所得税のように自分で税額を計算する必要はありません。

徴収方法には普通徴収と特別徴収の2種類がある

住民税の徴収方法には、普通徴収と特別徴収があります。

普通徴収とは、納税者が直接市区町村へ税金を納める方法です。普通徴収では、市区町村は確定申告書や源泉徴収票に記載された所得金額をもとに住民税額を算出し、納税通知・納付書を個別に納税者に送付します。それを受けて、納税者は一括または年4回（6・8・10・翌1月）にわけて、市区町村に直接納付します。

特別徴収が原則

これに対して、会社が従業員などの納めるべき住民税を毎月の給与から控除して、従業員に代わって市区町村に納める制度が特別徴収です。所得税を源泉徴収している会社は、原則として従業員の住民税を特別徴収することになっています。

会社は、それぞれの従業員の1月1日現在の住所がある市区町村に、前年の給与額などを記載した「給与支払報告書」（→P214）を1月31日までに送付します。給与支払報告書は、年末調整の際に作成します。

給与支払報告書に基づいて市区町村は住民税額を算出し、5月31日までに「特別徴収税額決定通知書」を会社に送付します。

特別徴収税額決定通知書には、6月から翌年5月までに徴収する住民税額が記載されています。会社は毎月の給与から税額を控除して翌月の10日までに当該市区町村に納付します。税額は、1年分の住民税を12か月で割っているので毎月均等ですが、100円未満の端数分は最初の6月分に組み入れます。

KEY WORD　地方税　都道府県や市町村などの地方公共団体が課税する税金です。住民税のほかに、不動産取得税、たばこ税などがあります。対して、所得税のように国が課税する税金を国税といいます。

住民税の特別徴収の流れ

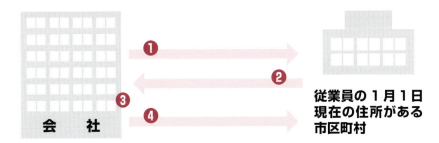

従業員の1月1日現在の住所がある市区町村

① 毎年1月31日までに、「給与支払報告書」を送付する。
② 住民税額を算出し、5月31日までに「特別徴収税額決定通知書」を送付する。
③ 毎年6月〜翌年5月まで住民税を給与から控除する。
④ 翌月10日までに納付する＊。

＊従業員が10人未満の場合は、市区町村の承認が得られれば年に2回の納付ができる。(→P108)
＊住民税は特別徴収が原則だが、特別徴収を実施していない会社もあるため、全国的に普通徴収から特別徴収への変更を促すような広報活動が展開されている。

法定控除以外の控除は協定が必要

　これまでに説明してきた控除は法定控除といって、法令に基づいて控除することが認められているものです。この法定控除以外にも、会社では寮費、財形貯蓄費、生命保険料などを給与から天引きすることがあります。
　ただし、こういった項目は会社が無断で控除することはできず、必ず事前に会社と従業員の代表者等が同意して労使協定を取り交わす必要があります。
　ちなみに、労使協定を行う際は必ず協定書を作成し、決まった事柄を書面に残さなければなりません。協定による控除を取り決める際は、協定書に、控除する項目、控除を行う給与の支払日、賞与での控除の有無などを明記します。
　トラブルを防ぐために、労使協定で取り決めた協定による控除の内容は、すべての従業員の目にとまるように就業規則などに盛り込んでおくとよいでしょう。
　なお、協定による控除で控除したものは、各々の支払い先へ規定の支払日に支払うよう手配します。

源泉所得税と住民税の申告・納付の延長　新型コロナウイルス感染症の影響により、法人税、所得税、消費税、源泉所得税等の申告・納付ができない場合には、申請により期限の個別延長が認められます。詳しくは国税庁のホームページを参照。なお、住民税等についても同様の措置があります。

保険料や税金の納付

天引きした保険料や税金の納付①

社会保険料の納付

社会保険料は前月分を徴収・納付する

　ここからは、給与から控除した保険料や税金を納付する事務について説明しましょう。

　社会保険料（健康保険料、介護保険料、厚生年金保険料）については、従業員の給与から徴収した分と会社負担分を合わせて、**毎月月末までに年金事務所**または**健康保険組合**に納付します。実務としては、指定の金融機関から口座振替で納付します。

　毎月、年金事務所（または健康保険組合）からは、今回納付する社会保険料と、前回領収した社会保険料を記した「**保険料納入告知額・領収済額通知書**」が送られてきますので、金額の確認が必要です。

　気をつけたいのは、前月分の保険料を当月分の給与から控除し、当月末までに会社の負担分と合わせて納付するということです。

　たとえば、7月分の社会保険料については8月に送られてくる「保険料納入告知額・領収済額通知書」に金額が記載してあります。会社は、8月に支払う給与から被保険者負担分の保険料を控除し、会社の負担分と合わせて8月末までに納付する、という流れになります。

　なお、通知書の項目には介護保険料がありませんが、介護保険料は健康保険料の額のなかに含まれています。

子ども・子育て拠出金は会社が全額負担する

　通知書には、健康保険料、厚生年金保険料のほかに、**子ども・子育て拠出金**という項目があります。子ども・子育て拠出金とは児童手当の財源の一部として会社が拠出するお金のことです。子ども・子育て拠出金は**厚生年金保険の標準報酬月額に子ども・子育て拠出金の拠出金率を乗じた額で、会社が全額を負担**します。

　会社は、児童を養育している家庭かどうかに関係なく、厚生年金保険の対象となるすべての従業員の人数分の子ども・子育て拠出金を納付しなければなりません。「保険料納入告知額・領収済額通知書」には子ども・子育て拠出金の額も記載されているので、社会保険料といっしょに納付することになります。

プラス知識！ **子ども・子育て拠出金**　児童手当の財源には、国、地方自治体、そして事業主の拠出する子ども・子育て拠出金の3つがあります。厚生年金保険の被保険者を雇う会社には、子ども・子育て拠出金を負担する義務があります。

社会保険料納付の流れ

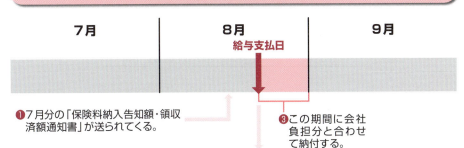

❶ 7月分の「保険料納入告知額・領収済額通知書」が送られてくる。

❷ 従業員の負担分を給与から源泉徴収する。

❸ この期間に会社負担分と合わせて納付する。

保険料納入告知額・領収済額通知書

たとえば、7月の社会保険料は8月に送られてくる通知書に金額が記載されているんだ。

＊子ども・子育て拠出金率は0.36％（令和3年4月現在）。

納入告知書　指定の金融機関からの口座振替を利用していない場合は、会社に「納入告知書」が送付されます。それをもとに、最寄りの金融機関、年金事務所または健康保険組合で社会保険料を納付します。

保険料や税金の納付

天引きした保険料や税金の納付②

所得税と住民税の納付

所得税の納付

社会保険料に続いて税金の納付について説明します。

所得税については、給与所得から源泉徴収した分を、**給与を支払った翌月10日までに管轄の税務署に納付**します。納付期限までに納付しない場合、**不納付加算税と延滞税**がかかるので注意しましょう。「**給与所得・退職所得等の所得税徴収高計算書（納付書）**」に必要事項を記入して、金融機関や管轄の税務署に納付金額とともに提出すれば、手続きは完了です。

なお、**国税電子申告・納税システム（e-Tax）**で、オンラインでの納付もできます。

住民税の納付

住民税については、給与所得から特別徴収した分を、**給与を支払った翌月10日までに各市町村に納付**します。

手続きの流れは次のようなものです。
①**税額通知書と納入書が送付される。**
毎年5月に、従業員のその年の1月1日現在の住所地である市区町村から「**特別徴収税額決定通知書**」が送られてきます。6月から翌5月までの1年分の納入書もいっしょです。
②**毎月納入書に必要事項を記入して納付する。**
それぞれの納入書に、納付金額を添えて金融機関に納付します。なお、納付先は1年間変わりません。従業員が転居して住所地が変わっても、納付先は1月1日現在の住所地である市区町村のままです。

地方銀行などでは、中小企業に対応した住民税代行サービスを行っているところもあります。市区町村ごとに納付する手続きが手間であれば、地元の銀行に問い合わせてみるのもよいでしょう。

まとめて納付できる特例がある

給与の支払いを受ける人が常時9人以下の場合は、**所得税を半年分まとめて納付できる特例**があります（給与の支払いを受ける人とは、給与を受け取るすべての人のことで、従業員のほか、役員も含まれます）。その年の1月から6月に

国税電子申告・納税システム（e-Tax）（https://www.e-tax.nta.go.jp/）から。また、納付手続きが簡単な「ダイレクト納付」（https://www.e-tax.nta.go.jp/tetsuzuki/tetsuzuki4_1.htm）という方法もある。

源泉徴収した所得税は7月10日までに、7月から12月に徴収した所得税は翌年1月20日までに、それぞれ納付すればよいことになります。この**特例を受けるには、税務署に申請して承認を受けることが必要**です。

住民税でも、給与の支払いを受ける人が常時9人以下の場合は、住民税を半年分まとめて納付できます。これも事前に市区町村に申請し、承認を受けることが必要です。

承認があれば、6月から11月に徴収した額を12月10日までに、12月から5月に徴収した額を6月10日までにそれぞれ納めることですみます。

所得税と住民税の納付例

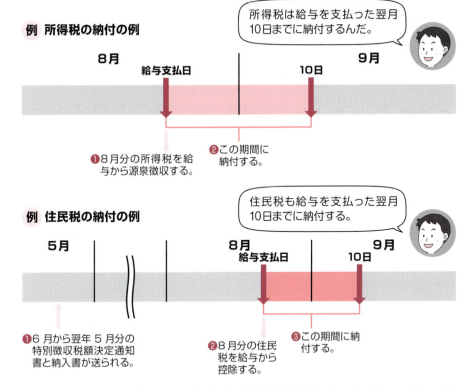

※新型コロナウイルス感染症の影響により、法人税、所得税、消費税、源泉所得税等の申告・納付ができない場合には、申請により期限の個別延長が認められる。詳しくは国税庁のホームページを参照。なお、住民税等についても同様の措置がある。

クレジットカードでの税金の支払い インターネット上でのクレジットカードの支払い機能を利用して国税の納付ができるようになりました。詳しくは「国税クレジットカードお支払サイト」を参照してください（https://kokuzei.noufu.jp/）。

給与所得・退職所得等の所得税徴収高計算書(納付書)

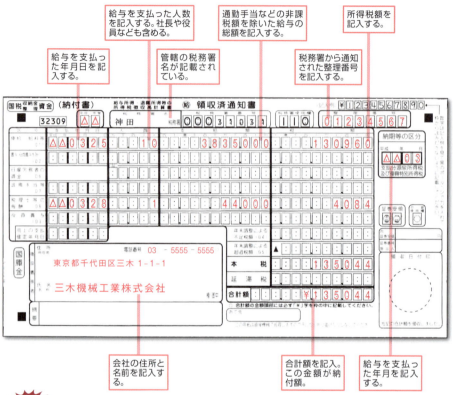

注意

- 納付先は事業所がある住所を管轄する税務署。
- 管轄の税務署または金融機関に納付する。
- 納付するべき所得税額がない(0円)場合であっても納付書を提出する。この場合は直接税務署に提出する。
- 納付期限までに納付しなければ、不納付加算税と延滞税がかかる。
  不納付加算税…自ら不納付を申告した場合は5%、税務署から指摘された場合は10%。
  延滞税…納付期限から2か月までは年2.8%(年によって異なる)、それ以降は年14.6%。

 不納付加算税と延滞税 納付期限までに未納付の源泉所得税にかかる制裁的な税金のことです(源泉所得税以外にはこの制度はありません)。延滞税も同じ性質ですが、源泉所得税以外の税金にも同様の制度があります。

住民税の特別徴収税額の納入書

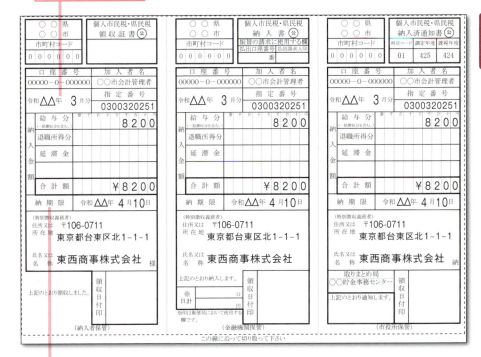

6月から翌年5月までの1年間の納入書が送られてくる。この納入書で金融機関に納付する。

納付期限は給与を支払った翌月10日まで。

納付期限日が休日の場合はどうする？

納付期限日が土曜、日曜、祝日といった金融機関の休日の場合は、休日の翌日の営業日が納付期限になります。たとえば、住民税と源泉所得税の納付期限日の10日が日曜日なら、翌日の月曜日が納付期限日になります。

これは、毎月末日が納付期限となる社会保険料の納付についても同様です。

住民税納入書 住民税納入書は地方自治体によって書式が多少異なります。上の書式はあくまでも一例です。

賞与の計算
給与の計算とどこが違うのか？
賞与の計算 基礎知識

賞与も給与に含まれる

　ここからは賞与の計算について見ていくことにしましょう。賞与や期末手当など（以下、賞与）とは、いわゆるボーナスで、名称はどうであれ労働の対価として支払う給与の一つです。日本の会社では、夏と冬の年2回、賞与が支払われるところが多いようです。

　賞与の額を決める基準は会社によってさまざまで、「基本給の〇か月分」としているところもあれば、会社の業績や従業員それぞれの成果に連動しているところなどがあります。

　賞与は、給与と違って会社が必ず支払うべきものではありませんが、支給することが慣行となっている場合は支払う義務が生じます。また、就業規則や給与規程などに支払時期、支給基準などが具体的に規定されている場合は、その規定に基づいて支給しなければなりません。

　賞与の支払いは、「通貨で」「本人に直接」「全額を」支払うのが原則です。これは、「賃金支払いの五原則」（→P36）のうちの、「毎月1回以上支払う」「一定の期日に支払う」以外の原則と同じです。例外の適用も同様で、労働協約が締結されていれば現物支給ができますし、本人の同意のうえでの口座振り込みや、一定の控除なども認められています。

賞与明細書のしくみ

　賞与の計算は、月々の勤怠状況を記入しない点を除いて、毎月の給与計算と同じく「総支給額－控除合計額＝差引支給額」という流れで行います。

　賞与は法令で支給が定められているものではないので、支給項目を決める基準は会社が自由に決めてかまいません。

　控除するものには、原則として各種社会保険料、雇用保険料や源泉所得税があります。雇用保険料を除いて、社会保険料や所得税を求める基準や計算方法は、毎月の給与計算の場合と違います。また、住民税は控除しません。

　賞与から法定控除以外の控除を行う場合は、協定による控除として（→P106）、あらかじめ労使協定によって、①賞与から控除すること、②控除する項目名、の2点を書面で取り決める必要があります。

賞与に関する規定①　就業規則や給与規程のなかに、賞与に関する規定を盛り込む際、「会社の業績の著しい低下、そのほかやむを得ない事由がある場合には、支給時期を延期、または支給しないことがある」などの、賞与を支給しないケースをあらかじめ記載してもかまいません。

賞与に関する規定（例）

賞与に関する規定は給与規程（賃金規程）に定めるんだよ。たとえば、次のようにね。

（賞与）第18条

❶ 賞与は、原則として 7 月及び 12 月の支給日に在籍する従業員に対し、会社の業績等を勘案して支給する。ただし、会社の業績の著しい低下、その他やむを得ない事由がある場合には支給時期を延期し、又は支給しないことがある。

❷ 前項の賞与の額は、会社の業績及び従業員の勤務成績等を考慮して各人ごとに決定する。

❸ 賞与に対する算定期間は次の期間とする。
① 7月の算定　前年12月から当年 5月まで
② 12月の算定　当年 6月から当年11月まで

第3章　給与計算と賞与計算の実務｜賞与の計算

賞与明細書の例

○○○○年 7 月 支給分

賞与明細書

会社名	みなと産業株式会社
部門所属	営業
部門所属	21
氏名	熊谷　美子

支給	支給額						課税支給額計		総支給額
	300,000						300,000		300,000

控除	健康保険料	介護保険料	厚生年金保険料	雇用保険料		社会保険料計	
	14,760		27,450	900		43,110	
	所得税			財形貯蓄	労働組合費	小　計	控除合計額
	10,491			15,000		25,491	68,601
	調整額			差引支給額		銀行振込額	現金支給額
				231,399			231,399

各種社会保険料・源泉所得税を控除する。計算方法は、給与の場合と異なる。

法定控除以外に賞与から控除する項目は、あらかじめ労使協定で決定しておく（例：社員旅行費積み立て、生命保険料など）。

賞与に関する規定②　賞与に関する規定には、賞与の時期・賞与の支給対象となる従業員・賞与の計算方法などを明確にしておくとトラブルが少なくてすみます。また、労使協定で決定した協定控除があれば明記します。

113

賞与の計算
賞与から天引きするもの①
社会保険料と雇用保険料の控除

社会保険料の計算

賞与から社会保険料(健康保険料、厚生年金保険料、介護保険料)を控除する際は、**賞与の支払い回数に注意してください**。

社会保険を規定する健康保険法・厚生年金保険法では、会社が従業員に支払う給与や賞与のうち、「年3回以下または一時的に支給するもの」を**賞与**、それ以外のものを**報酬**と定義しています。したがって、もし、賞与でも期末手当でも名称にかかわらず、**年4回以上支払われていれば、社会保険上は「報酬」とみなされます**。毎月の給与に組み入れて、標準報酬月額を決める対象額とします(→P136)。

年3回以内に支払われる賞与は、社会保険上の「賞与」とみなされ、**標準賞与額**に保険料率を乗じて社会保険料を算出します。標準賞与額とは、賞与支給額から1,000円未満を切り捨てた額です。標準賞与額に乗じる保険料率は、毎月の給与にかかるそれぞれの保険料率と同じです。

標準賞与額には上限があり、健康保険料と介護保険料はその年度(4月から翌3月)の総額が573万円まで、厚生年金保険料は1か月150万円までを上限としています。つまり、これより多い賞与が支払われても、保険料は増えないことになります。

なお、**結婚祝金、見舞金、解雇予告手当、退職金、出張旅費**などは賞与の社会保険料を計算するときの対象とはなりません。

雇用保険料の計算

雇用保険料の計算は、毎月の給与計算のときと基本的に同じです。賞与の支給総額に被保険者負担分の雇用保険料率(→P99)を乗じて算出します。毎月の雇用保険料と同じく、**退職金、結婚祝金、死亡弔慰金(しぼうちょういきん)、災害見舞金**などは雇用保険料を算出する際の対象とはならないので**除外**します。

なお、労災保険料は、毎月の給与計算と同様に会社が全額負担しますので、賞与からの控除はありません。

健康保険料 3月の給与や賞与からの控除 健康保険料率は毎年3月に改正されますが、3月の給与から控除する健康保険料は2月分の保険料ですので、従来の保険料率で計算します。賞与を3月に支払う場合は新しい保険料率で計算します。

社会保険料と雇用保険料の算出方法

たとえば、厚生年金保険料は標準賞与額に厚生年金保険料率を掛ければいいのね。

賞与の社会保険料 ＝ 標準賞与額 × それぞれの保険料率

- 健 康 保 険 料 ＝ 標準賞与額 × 健康保険料率
- 介 護 保 険 料 ＝ 標準賞与額 × 介護保険料率
- 厚生年金保険料 ＝ 標準賞与額 × 厚生年金保険料率

この保険料を、会社と被保険者で折半するので、賞与からは保険料の半額を控除する。

● **標準賞与額**
　賞与の総支給額から1,000円未満を切り捨てた額

● **標準賞与額の限度**
　健康保険 ➡ 年度（4月～翌3月）で573万円まで
　厚生年金保険 ➡ 1か月150万円まで
　　　　　　　　（同じ月に2回以上支払われた場合はその合計額）

雇用保険の場合は、賞与の総支給額に雇用保険料率を掛けるのね。

賞与から控除する雇用保険料 ＝ 賞与の総支給額 × 雇用保険料率（被保険者負担分）

資格取得時と40歳到達時の保険料控除に注意

社会保険料がかかるのは、資格取得月から資格喪失月の前月までです。資格を取得した月以降に支払われた賞与は基本的に社会保険料控除の対象となりますが、次の2点には気をつけてください。

- 資格取得月であっても、資格取得日以前に支給された賞与には社会保険料がかかりません。
- 介護保険料がかかる40歳到達時（誕生日の前日）と同じ月に支払われた賞与の場合は、40歳到達時前に支払われたものでも介護保険料がかかります。
- 資格喪失月や、介護保険料の控除対象とならない65歳到達時と同じ月に支払われた賞与からは、ともに社会保険料（介護保険料）を控除しません。

KEY WORD 　**災害見舞金**　火災や地震などの被害にあった人に対して贈る見舞金。会社が従業員に出す災害見舞金は、所得税や社会保険料、雇用保険料の対象とはなりません。

賞与の計算

賞与から天引きするもの②

源泉所得税の控除

源泉所得税の計算に必要なデータ

賞与から源泉所得税を控除する際は、次のデータが必要になります。

①扶養親族の人数

提出されている「扶養控除等申告書」で扶養親族の人数を確認します。

②前月中の給与から社会保険料を控除した額

あらためて計算するまでもなく、前月の賃金台帳（給与台帳）から確認します。

③賞与から社会保険料を控除した額

前項で算出した社会保険料を、総支給額から控除しておきます。

所得税計算の手順

大まかな手順としては、まず「賞与に対する源泉徴収税額の算出率の表」の甲

改正 賞与にかかる所得税額の一般的な計算方法

注意
● 16歳未満の年少扶養親族はカウントしない！（→P101）
● 扶養親族の数の求め方はP100、103を参照。

❶「賞与に対する源泉徴収税額の算出率の表」から賞与の金額に乗ずべき率を出す。

❷賞与から社会保険料等を控除した額 × ❶で出した率＝賞与から控除する源泉所得税額

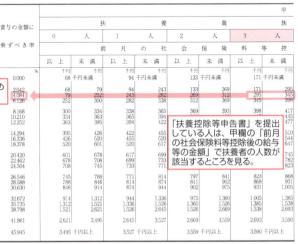

その欄のある行の左端が求める所得税率になる

「扶養控除等申告書」を提出している人は、甲欄の「前月の社会保険料等控除後の給与等の金額」で扶養者の人数が該当するところを見る。

KEY WORD　算定期間　賞与を計算する対象となる期間。「7月の賞与の算定期間は12月～5月」というように、就業規則などに明記しておくとよいでしょう。

欄に①と②のデータを当てはめて賞与の所得税率を出します。もし、①で「扶養控除等申告書」が提出されていない場合は、乙欄に②のデータを当てはめて所得税率を出します。次に、③にその所得税率を乗じて所得税額を出します。

給与所得の源泉徴収税額表（月額表）を使って計算するケース

ほとんどの人は前述の手順でよいのですが、賞与支払月の前月に給与の支払いがなかった場合には、毎月使う「給与所得の源泉徴収税額表（月額表）」で所得税額を計算します。

まず、賞与から社会保険料を控除した額を賞与の算定期間で割り、毎月の給与の所得税を算出するときに使う「給与所得の源泉徴収税額表（月額表）」（→P102）に当てはめて、1か月分の所得税額を出します。次に、この所得税額を賞与の算定期間で乗じて算定期間分の所得税額を算出します。

また、賞与額が前月の給与の10倍を超えている場合にも、給与所得の源泉徴収税額表（月額表）を使用します。前述のケースとは計算方法が異なりますので、国税庁の「源泉徴収のあらまし」等で確認してください。

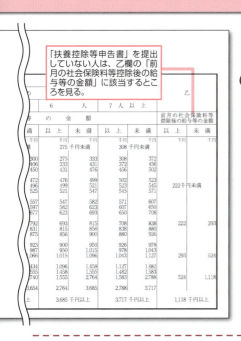

次の例で源泉所得税を計算してみよう。

- ●「扶養控除等申告書」の提出　あり
- ●扶養親族等の数　3人
- ●前月の社会保険料控除後の給与額 320,500円
- ●社会保険料控除後の賞与の額 585,300円

❶ 上記の甲欄の扶養親族数3人のところで、320,500円が含まれる額を見る。その欄のある行の左端を見る。ここでは賞与の金額に乗ずべき率は4.084%だとわかる。
❷ 585,300円×0.04084＝23,903円

徴収する所得税額
※1円に満たない端数があるときは切り捨てる。

 KEY WORD　**算定期間に応じた数**　「給与所得の源泉徴収税額表（月額表）」で所得税を計算するケースでは、算定期間に応じた数とは、算定期間が6か月以内のときは「6」、6か月を超えるときは「12」となります。

賞与の計算

賞与から天引きした保険料と税金の納付

社会保険料と所得税の納付

改正 社会保険料の納付① 賞与支払予定月を届け出ていない場合

給与から各種保険料や所得税を控除した後は、すみやかに次の手続きに移りましょう。

社会保険料については、会社は賞与を支払った日から5日以内に「賞与支払届」を年金事務所（または健康保険組合）に提出します。その後、翌月に月ごとの給与と賞与の社会保険料を合算した「保険料納入告知額・領収済額通知書」が送られてくるので、納入金額を確認します。

つまり、賞与の社会保険料の支払いは、

改正 健康保険・厚生年金保険被保険者賞与支払届

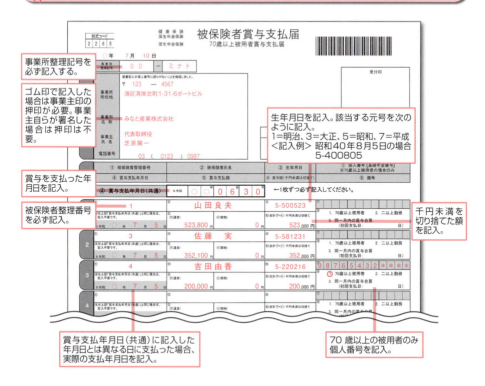

総括表の廃止と賞与不支給報告書の新設 2021年4月から賞与支払届・算定基礎届の提出の際に添付していた総括表は廃止され、日本年金機構に登録している賞与支払予定月に賞与を支給しなかった場合は、賞与不支給報告書を提出することになりました。

毎月の社会保険料の支払いといっしょに行うことになります。**納付期限は、賞与支払月の翌月の月末**です。

改正 社会保険料の納付② 賞与支払予定月を届け出ている場合

賞与支払予定月をあらかじめ年金事務所（または健康保険組合）に届けているときは、「賞与支払届」が賞与支払予定月の前月までに送られてきます。

賞与を支給しない場合は、「賞与不支給報告書」を年金事務所（または健康保険組合）に提出しなければなりません。賞与支払予定日の2か月後までに提出

しない場合は、年金事務所（または健康保険組合）から「賞与支払届督促状」が送られてきますので注意してください。

所得税の納付期限は翌月10日

賞与から控除した所得税についても、納付は毎月の給与の源泉所得税といっしょに行います。毎月の源泉所得税の納付に使う「**給与所得・退職所得等の所得税徴収高計算書（納付書）**」に記載して、毎月の給与の源泉所得税額と合算し、賞与支払月の翌月10日までに納付します。

給与所得・退職所得等の所得税徴収高計算書

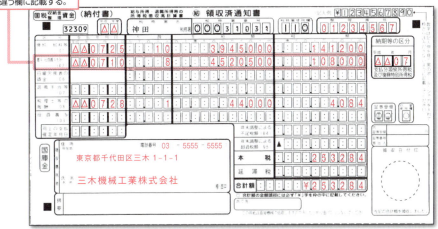

＊新型コロナウイルス感染症の影響により、法人税、所得税、消費税、源泉所得税等の申告・納付ができない場合には、申請により期限の個別延長が認められる。詳しくは国税庁のホームページを参照。なお、住民税等についても同様の措置がある。

賞与時に支払う子ども・子育て拠出金　毎月の給与と同じく、賞与の社会保険料支払い時にも子ども・子育て拠出金を全額会社負担で支払います。標準賞与額に対して、標準報酬月額の場合と同率の子ども・子育て拠出金率を乗じた子ども・子育て拠出金が徴収されます。→詳細はP106

最低賃金をチェックしよう

最低賃金額以上の賃金を支払う

　従業員に支払う賃金額を決める際には、最低賃金に注意しましょう。最低賃金法によって、賃金の最低限度（最低賃金）が定められており、会社はその最低賃金額以上の賃金を従業員に支払わなければなりません。仮に最低賃金額より低い賃金を支給していた場合、最低賃金額と賃金額との差額を支払う必要があります。

　最低賃金には、都道府県ごとに定めた地域別最低賃金と、自動車小売業、非鉄金属製造業などの特定の産業について設定した特定（産業別）最低賃金の2種類があります(注1)。地域別最低賃金と特定（産業別）最低賃金の両方の最低賃金が適用される場合は、どちらか高い方の最低賃金額以上の賃金を支払わなければなりません。

最低賃金の対象となるのは「毎月の基本的な賃金」

　最低賃金は、原則としてすべての従業員に適用されます。正社員だけでなく、パートタイマーや臨時の従業員などももちろん適用の対象となります。ただし例外として、精神・身体の障害により著しく労働能力が低い従業員、試用期間中の従業員、軽易な業務に従事する従業員などは、許可を受けることで最低賃金の減額が認められます。

　最低賃金の対象となるのは、毎月支払われる基本的な賃金です。

(注1) 地域別最低賃金は毎年10月ごろに、特定（産業別）最低賃金は毎年10月～2月にそれぞれ改定される。

●最低賃金の対象とならない賃金

- 結婚手当など、臨時に支払われる賃金
- 皆勤手当、家族手当および通勤手当
- 賞与など、1か月を超える期間ごとに支払われる賃金
- 時間外労働手当、休日出勤手当、深夜労働手当などの割増賃金

●会社の賃金と最低賃金との比較方法

- 時間給の場合 → 時間給 ≧ 最低賃金額
- 日給の場合 → 日給額 ÷ 1日の所定労働時間 ≧ 最低賃金額
- 月給の場合 → 月給額 ÷ 月平均所定労働時間* ≧ 最低賃金額

＊月平均所定労働時間の求め方はP88を参照。

第4章
年金と健康保険の実務

社会保険の被保険者と被扶養者

パートタイマーやアルバイトの加入基準は？
社会保険の被保険者になる条件

常勤の社員は無条件で被保険者になる

　第1章でも説明したように、日本には公的な医療保険や年金保険などの制度が設けられていて、国民の義務として何らかの社会保障制度に加入することになっています。

　会社などに勤める人が常時使用される人（いわゆる正社員）の場合、原則としてその職場の社会保険（健康保険、介護保険、厚生年金保険）に加入して被保険者となります（国籍や性別、賃金額等に関係なく、すべて被保険者になります）。「常時使用される人」とは、社会保険に加入する適用事業所で働き、労務の対価として給与を受けるという実態的な使用関係が常用的である人のことをいいます。また、被保険者とは、病気やケガなど保険給付の対象となることが起きたときに、必要な給付を受けることができる人のことをいいます。

パートタイマーなどの加入基準

　常勤の正社員と違って、パートタイマーやアルバイト等は一定の基準を超えなければ、職場の社会保険に加入する対象者とはなりません。これを適用除外者といいます。

　パートタイマー等が被保険者の対象となるか否かは、同じ事業所で同様の業務に従事する一般社員の労働日数と労働時間等を基準にして判断します。次の①労働日数と②労働時間の条件のいずれにも該当する場合は原則として被保険者とされます。

①労働日数

　1か月の所定労働日数が一般社員の4分の3以上である場合。

②労働時間

　1週間の所定労働時間が一般社員の4分の3以上である場合。

　平成28年10月よりパートタイマー等の社会保険加入要件が上記のように明確化されました（それ以前は「おおむね4分の3以上」とあいまいな基準になっていました）。

　事業主は、被保険者に該当している人がいれば、漏れなく被保険者の取得手続きをしなくてはなりません。

強制加入　社会保険は、条件を満たしていれば加入しなければなりません。パートタイマーなどが、加入条件を満たしているのに「手取額が減る」「夫の扶養手当がなくなる」といった理由で加入しないことは認められず、加入しない場合は企業側に罰則が科されます。

パートタイマー・アルバイト等で被保険者となる人・ならない人

一般社員（被保険者）

パートタイマー

パートタイマー

所定労働日数・所定労働時間

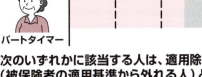

常時使用される人
➡ 被保険者になる

1か月の所定労働日数、1週間の所定労働時間が一般社員の4分の3以上
➡ 被保険者になる

1か月の所定労働日数、1週間の所定労働時間が一般社員の4分の3未満
➡ 被保険者とならない

被保険者になる・ならないは一般社員を基準に判断されるんだ。

次のいずれかに該当する人は、適用除外者（被保険者の適用基準から外れる人）となる。＊

①パートタイマーで、上記の条件に該当しない人
②雇用契約期間が2か月以内の人
③1か月以内の期間で日々雇用される人
④4か月以内の期間で季節的業務に使用される人
⑤6か月以内の期間で臨時的事業の事業所に使用される人

➡ ほかの医療保険（国民健康保険、配偶者の健康保険、健康保険法の日雇特例被保険者など）、年金保険（国民年金保険の第1号被保険者、第3号被保険者など）に入る。

＊平成28年10月より、従業員501人以上の会社では短時間労働者の適用範囲が拡大された。
＊平成29年4月より、従業員500人以下の会社では、労使合意に基づき、短時間労働者の適用範囲を拡大できる。

社会保険に加入する適用事業所

職場の社会保険に加入するには、その職場が企業単位で社会保険に加入していることが条件になります。このように社会保険の適用を受ける会社などのことを適用事業所といいます。

法人は、業種によらず適用事業所となることが義務づけられています［強制適用］。

個人の事業所では、農林水産業、飲食店などの一定の業種以外で常時従業員が5人以上の場合は強制適用となります。

強制適用とはならない個人事業所でも、その事業所で働く半数以上の人が適用事業所となることに同意し、事業主が申請して日本年金機構の認可を受ければ、その事業所は社会保険に加入することができます［任意適用］。

社会保険と労働保険の加入者要件の違い 原則として雇用される側が加入対象となる労働保険（雇用保険・労災保険）と違って、健康保険と厚生年金保険は、従業員と事業主が加入の対象になります。なお、介護保険への加入は、医療保険（健康保険）に加入していることが条件となります。

社会保険の被保険者と被扶養者

ポイントは「3親等内」「生計維持関係」
社会保険の被扶養者となる条件

被扶養者は保険料の支払いなどが免除される

被保険者に扶養している配偶者や家族がいる場合、**被扶養者として被保険者と同じ健康保険**に加入できます。**被扶養者は健康保険の費用を免除**され、本人とほぼ同様の保険給付を受けることができます。厚生年金保険では、被保険者に扶養されている**配偶者（被扶養配偶者）は国民年金の第3号被保険者**となり、国民年金保険料の支払いが免除されます。

また、**介護保険**では、健康保険の被扶養者であり40〜64歳の**第2号被保険者**である人は、健康保険と同様に**介護保険料**の費用を免除されます。

被扶養者となれる範囲は、被保険者の3親等内の親族で、どのように被保険者に生計を維持されているかなどで判断します。具体的には、下図や次ページの図で被扶養者となれる条件を確認しましょう。

被扶養者の範囲（3親等の親族図）

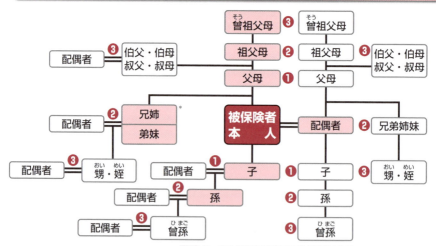

□（ピンク）は、生計維持関係があることが条件となる。
□（白）は、生計維持関係があり、被保険者との同居が条件となる。
＊平成28年10月1日より、兄姉の同居要件が撤廃された。
＊令和2年4月より、被扶養者の要件に国内居住要件が追加された。

国民年金の第3号被保険者 被扶養配偶者は国民年金の第3号被保険者として国民年金保険料の支払いが免除されます。厚生年金保険に加入するわけではないので、老後は国民年金のみを受給し、厚生年金分の受給はありません。

生計維持と認められる場合・認められない場合

●被保険者と同居(同一世帯)の場合

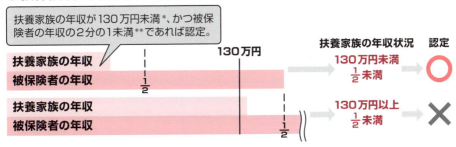

●被保険者と同居(同一世帯)でない場合

＊扶養家族が60歳以上または障害厚生年金を受けられる程度の障害者の場合は、年収180万円未満となる。
＊＊年収が2分の1以上であっても、その額が130万円未満で被保険者の年収を上回らない場合は、総合的に判断して被保険者がその世帯の生計維持の中心的役割をなしていると認められれば、被扶養者となる。

ケーススタディ

ケース❶
被保険者は年収600万円で専業主婦の妻、社会人の子ども1人(月収15万円)との3人暮らし。別居している本人の母(年金額月5万円)に月6万円仕送り。

- 妻は前ページの □ の同居している場合の被扶養者の条件に当てはまり、被扶養者である。
- 子どもは、130万円以上の収入があるので、被扶養者とは認められない。
- 本人の母は □ の別居している場合の条件(年収が130万円以下、かつ仕送額より少ない)に当てはまるので被扶養者と認められる。

ケース❷
リストラにあい、就職活動をしながらアルバイト(月収5万円)している被保険者の兄を月7万円の仕送りで援助。

兄と姉は □ から □ になったことに注意。別居で仕送りは対象となる。ただし、収入が仕送額を上回ると、被扶養者とは認められない。＊

＊平成28年10月1日より、兄姉の同居要件が撤廃された。

健康保険法での「兄姉」と「弟妹」の扱い 以前、健康保険法では「兄姉」と「弟妹」で被扶養者の扱いが異なっていましたが、平成28年10月1日の改正で扱いが同じになりました。同居・別居を問わず、生計維持関係があれば被扶養者となります。

社会保険の各種届出

資格取得時・資格喪失時・賞与支払い時などに必要

社会保険で届出が必要となるケース

届出が必要な7つのケース

ここからは、社会保険で届出が必要になるケースについてまとめてみましょう。

主に次のような場合に必要な届出書を提出します。どれもよくあるケースなので、しっかり覚えておきましょう。

① 社会保険の被保険者の資格を取得したとき
② 被保険者の資格を喪失（そうしつ）したとき
③ 資格取得、資格喪失など、被扶養者の異動があったとき
④ 年3回以下の賞与や期末手当を支給したとき
⑤ 定時決定のとき
⑥ 随時改定のとき
⑦ 育児休業等が終了したときの改定のとき

届出の窓口を確認する

これらの届出は書面で申請しますが、⑦の育児休業等が終了したときの改定を除いて、オンラインでも届出を行うことができます。オンラインで行政サービスを行うポータルサイト、電子政府の総合窓口 e-Gov（イーガブ）の電子申請システムを利用します。事前にID、パスワード、電子証明書を取得する必要があります。

書面での届出書の提出先は、運営している保険者によって異なります。

主に中小企業が属する全国健康保険協会（協会けんぽ）に加入している場合は、届出先は年金事務所です。会社の所在地によって管轄の年金事務所があるので、そこで手続きをします。健康保険組合に加入している場合は、届出先はその健康保険組合になります（左記①～⑦等、厚生年金保険に関する届出は年金事務所にもあわせて届出が必要です）。

これも覚えておこう！

健康保険組合とは？

単一の企業、同種同業の企業が合同で設立する健康保険の組合のことです（出版業界で設立する出版健康保険組合など）。その組合員である被保険者の健康保険を担当（管掌（かんしょう））しており、これを組合管掌健康保険といいます。

単独の企業が設立する場合、700人以上の被保険者が、また、複数の企業が合同で設立する場合、3,000人以上の被保険者が必要となります。

プラス知識！

年3回以下の賞与 健康保険法と厚生年金保険法では、年3回まで支給される賞与を「賞与」、年4回以上支給される賞与を「報酬」と呼んで区別しています。

社会保険の届出が必要なケース

社会保険で届出が必要なケース	よくある事例	解説ページ
①被保険者の資格を取得したとき	●従業員を採用したとき ●従業員の雇用形態などが変わったとき	P128〜131
②被保険者の資格を喪失したとき	●従業員が退職したとき ●従業員の雇用形態などが変わったとき	P128〜131
③資格取得や資格喪失など、被扶養者に異動があったとき	●従業員が被保険者になったとき ●従業員の結婚や出産時 ●被扶養者の就職、結婚時	P128〜135
④賞与や期末手当を支給したとき（年3回以下）	●年3回以下の賞与や期末手当などを支給したとき	P112〜119
⑤定時決定のとき	●年に1回標準報酬月額を見直して、新標準報酬月額を決定したとき	P142〜145
⑥随時改定のとき	●昇格・降格、給与形態などの変更で、給与額が大きく変わったとき	P146〜149
⑦育児休業等終了後の改定のとき	●育児休業等からの復帰後、給与額が下がったとき	P260〜263

社会保険の届出の窓口

協会けんぽと健康保険組合では届出先が違うのね。

加入先 → **届出先**

全国健康保険協会（協会けんぽ） 管轄の年金事務所

個別の健康保険組合 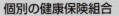 健康保険組合

＊厚生年金保険に関する届出は、別途、年金事務所にもあわせて届出が必要。

オンラインによる届出手順

e-Gov（イーガブ）を利用した届出の手続きは次のような流れになるよ。

❶ ID、パスワード、電子証明書などを取得 → ❷ 電子申請用の届出書をダウンロードしてデータを作成 → ❸ オンラインで送付

＊詳細は、e-Govのサイトで確認。https://www.e-gov.go.jp/

 年金事務所 かつては健康保険も厚生年金も社会保険事務所が届出や給付の業務を行っていました。しかし、2010年に統轄する社会保険庁の解体によって、社会保険事務所が年金事務所に名称が変更になり、その業務を引き継ぐことになりました。

社会保険の各種届出

取得した日・喪失した日から5日以内に手続きを！
社会保険の資格取得時・喪失時の手続き

資格取得の届出は入社時・資格取得時の5日以内

会社は、社会保険の被保険者の基準に当てはまる従業員を採用した日から5日以内に、社会保険の資格取得手続きをしなければなりません。すでに雇っている従業員が、労働時間が増えたなどで被保険者の基準に当てはまるようになった場合も、資格取得の基準に達した日から5日以内に資格取得手続きを行います。**健康保険と厚生年金保険の資格取得手続きは、原則として同時に行います。**

事業主は、次の書類を所轄の年金事務所または健康保険組合に提出します。

- **健康保険・厚生年金保険被保険者資格取得届** 報酬月額と標準報酬月額を必ず記入します（→書式はP130）。
- **健康保険被扶養者（異動）届** 被扶養者がいる場合に同時に提出します（→書式はP134）。
- **国民年金第3号被保険者関係届** 被扶養配偶者が国民年金第3号被保険者になる場合、「健康保険被扶養者（異動）届」の配偶者欄に記入します（※書式が統合されました）。

健康保険組合等に加入の会社は「第3号被保険者関係届」を年金事務所に提出します（→書式はP135）。

- **年金手帳（または写し）** 老齢年金等の受給者は年金証書の写しを提出します。

これらの書類を提出した後、内容審査を経て、会社経由で被保険者本人に**健康保険被保険者証**が交付されます。会社には、「**健康保険・厚生年金保険被保険者資格取得確認及び標準報酬決定通知書**」が通知されます。

被保険者から外れるときの届出

退職や雇用形態の変更などで、従業員が社会保険の被保険者の資格を失ったときは、資格喪失の手続きをします。会社は、**資格喪失の日から5日以内に、「健康保険・厚生年金保険被保険者資格喪失届」を所轄の年金事務所または健康保険組合に提出**します。その際、健康保険被保険者証を添付して返納します。

なお、被保険者の資格喪失届を提出するとその者の被扶養者の資格も自動的に喪失します。被扶養者の健康保険被保険者証も忘れずに返納しましょう。

 KEY WORD **適用除外者** パートタイマーなどで、雇用形態や労働時間が社会保険の被保険者の資格を得る基準に達しないため、社会保険の加入対象からは外れる人のことです（→詳細はP123）。

被保険者の資格取得手続きをするケースと資格取得日

内容	資格取得日
①新規に従業員を採用したとき	入社日（雇い入れた日）
②適用除外者だった従業員の雇用形態が変わって、資格取得の基準に達したとき	雇用形態が変わった日

被保険者の資格喪失手続きをするケースと資格喪失日

内容	資格喪失日
①従業員が退職したとき	退職日の翌日
②従業員が死亡したとき	死亡した日の翌日
③従業員の雇用形態が変わって、適用除外者となったとき	適用除外者となった日の翌日（雇用形態が変わった日の翌日）
④従業員が70歳になって厚生年金保険の被保険者資格を喪失するとき	70歳の誕生日の前日
⑤従業員が75歳になって健康保険の被保険者資格を喪失するとき	75歳の誕生日の当日
⑥会社を廃業したとき	廃業日の翌日

資格取得月・資格喪失月と給与からの控除

　社会保険料の徴収は、資格を取得した月の分から資格を喪失した月の前月分までとなっています。社会保険料は翌月の給与から控除するので、給与からの社会保険料控除は資格取得月の翌月からです。また、資格喪失月に給与から前月分の社会保険料を控除すれば、翌月からは控除しません。
　ただ、月末に退職する場合は注意が必要です。資格喪失日が翌月の1日となるにもかかわらず、翌月は本人が退職してしまって翌月の給与から控除することができないためです。そこで、月末に退職する場合に限って、退職月の給与から前月分とその月分の社会保険料を合わせて控除できることになっています（詳しくはP152）。

報酬月額と標準報酬月額　報酬月額とは、労働の対価として受け取る毎月の給与の額のことです。標準報酬月額とは、3か月分の報酬月額の平均値を割り出したものなどで、社会保険料を算出する基礎となります（→詳細はP136〜）。

健康保険・厚生年金保険被保険者資格取得届

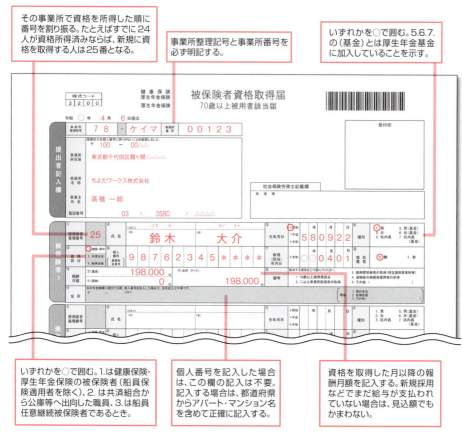

注意

- 必ず個人番号か基礎年金番号を記入する。年金手帳をなくしてしまったなど、基礎年金番号が確認できない場合は、運転免許証などで本人確認を行って住民票上の住所を記入し、「年金手帳再交付申請書」をいっしょに提出する。
- 被扶養者がいる場合は、「健康保険被扶養者（異動）届」をいっしょに提出する。
- 被扶養配偶者がいる場合は、「健康保険被扶養者（異動）届」の配偶者の欄に記入する（→P134）。健康保険組合等に加入の会社は「第3号被保険者関係届」を年金事務所に提出する（→P135）。

資格取得日の留意点 社会保険の被保険者の資格取得日とは、雇用契約を結んでいるかではなく、常用的に適用事業所に使用され始めた日のことをいいます。試用期間中であっても、常用的に使用されているのであれば被保険者となります。

健康保険・厚生年金保険被保険者資格喪失届

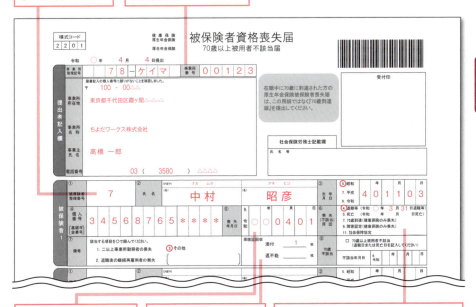

- 番号は「健康保険・厚生年金保険被保険者資格取得確認及び標準報酬決定通知書」に記載されている。
- 事業所整理記号と事業所番号を必ず明記する。
- 退職の場合は退職日の翌日、70歳になって厚生年金保険の被保険者資格を喪失した場合は70歳の誕生日の前日となる。
- 添付する保険証の枚数を記入する。添付できない場合は「返不能」欄に枚数を記入し、必ず「健康保険被保険者回収不能届」を添える。
- いずれかを○で囲む。4.は退職または雇用形態が変わって適用除外となったとき、5.は死亡したとき、7.は75歳に到達して健康保険の被保険者資格を喪失するとき、9.は一定の障害に該当して健康保険の被保険者資格を喪失するとき。

注意

- 健康保険被保険者証をいっしょに提出する。被扶養者がいる場合は、被扶養者の健康保険被保険者証もまとめて提出する。
- 70歳以上の場合は、高齢受給者証もいっしょに提出。
- 年金手帳は本人に直接渡す。

 高齢受給者証 後期高齢者医療制度の対象とならない70歳以上75歳未満の被保険者および被扶養者に発行されるもので、医療機関にかかるときは健康保険証といっしょに窓口に提出します。被保険者の標準報酬月額に応じて、医療機関の窓口負担が変わります。

社会保険の各種届出

被保険者の資格取得・喪失の手続きといっしょに行おう
被扶養者の資格取得時・喪失時の手続き

資格取得・喪失の届出は同じ用紙で行う

　前節でも触れたように、新たに社会保険の被保険者の資格取得手続きをする際に、被保険者に被扶養者がいる場合は、同時に被扶養者の資格取得を管轄する年金事務所または健康保険組合に届け出ます。被扶養者の届出に必要な書類は、**「健康保険被扶養者（異動）届」**です。

　被扶養者が被保険者の配偶者の場合は、**国民年金の第3号被保険者が適用**されますので、被扶養者の届出の際に「健康保険被扶養者（異動）届」の配偶者の欄に記入します。健康保険組合等に加入の会社は別に「第3号被保険者関係届」を年金事務所に提出します。

　被扶養者であった人が被扶養者の条件から外れたときは、**健康保険被扶養者（異動）届**によって、被扶養者から外れる手続きをします。被扶養者であった配偶者が**被扶養者の条件から外れたときは、「健康保険被扶養者（異動）届」の配偶者の欄に記入します。健康保険組合等に加入の会社は別に「第3号被保険者関係届」を年金事務所に提出します。

被保険者の結婚と出産に注意

　被扶養者や第3号被保険者の資格取得手続きは、被保険者である従業員が結婚したときや、被保険者に子どもが生まれたときなどによく行われます。

　被保険者の結婚相手やその家族が婚姻と同時に被扶養者となる場合は、健康保険被扶養者（異動）届を提出することになります。この場合、**被扶養者の資格取得日は婚姻日**となります。

　また、被保険者とその配偶者の間に子どもが生まれて、被保険者がその子どもの扶養者となる場合は、子どもの名前で健康保険被扶養者（異動）届を提出します。この場合、**被扶養者の資格取得日は子どもの生年月日**となります。

被扶養者の資格取得届出に必要なデータ

　被扶養者と第3号被保険者の資格取得手続きをするときは、対象者について主に次のような情報を記入します。なかでも②〜④は、被扶養者の条件（→P124）に当てはまるかどうかを判断する重要な

健康保険被扶養者（異動）届と国民年金第3号被保険者届　この2つの書式は統合され、1枚の届書式となりました。ただし、健康保険組合等に加入の会社の第3号被保険者に関する届出は、別の書式である「第3号被保険者関係届」を年金事務所へ提出します。

データとなります。
① 被扶養者（第3号被保険者）の性別・生年月日
② 被保険者との続柄
③ 被扶養者（第3号被保険者）の職業（身分）・年収
④ 被保険者との同居の有無
⑤ 被扶養者（第3号被保険者）となった日（資格取得日のこと。被保険者の資格取得手続きと同時に手続きをする場合は、被保険者の資格取得日を記入）
⑥ マイナンバー（個人番号）

被扶養者・被扶養配偶者の手続き

提出書類	健康保険被扶養者（異動）届	国民年金第3号被保険者関係届
主に届け出るとき	健康保険上で ●被扶養者になったとき ●被扶養者でなくなったとき ●氏名の変更など、届出事項に変更があったとき	厚生年金保険上で ●被扶養配偶者になったとき ●被扶養配偶者でなくなったとき ●氏名の変更など、届出事項に変更があったとき
添付書類	必要に応じて収入・同居の有無などを確認する書類を提出することがある。	
提出先	管轄の年金事務所または健康保険組合	
提出期限	その事由が起こった日から5日以内	

年齢による資格喪失の届出の忘れに注意

下図のように、年齢によって社会保険の適用が異なります。**年齢による資格喪失では、健康保険（75歳）と厚生年金保険（70歳）は届け出る必要があるので、届出を忘れないように注意しましょう。**

社会保険の資格喪失年齢

子どもが生まれたときの届出 夫婦がともに健康保険の被保険者である場合、子どもが生まれたとき、夫婦のどちらが扶養者になるかを決めます。届出の手続きは、扶養者となった夫（あるいは妻）の健康保険で行います（保険者によって手続きが異なります）。

健康保険被扶養者（異動）届

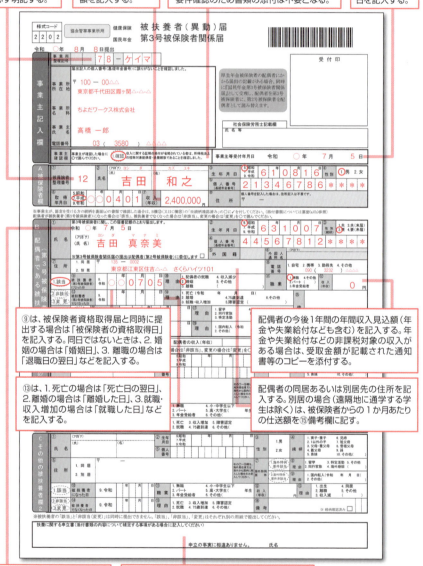

75歳以上は被扶養者にはなれない 75歳以上は後期高齢者医療制度の対象となるので、新たに被扶養者にはなれません。また、被扶養者自身が75歳以上になると被扶養者ではなくなるので、「健康保険被扶養者（異動）届」に健康保険被保険者証を添えて届出をします。

改正 国民年金第3号被保険者関係届

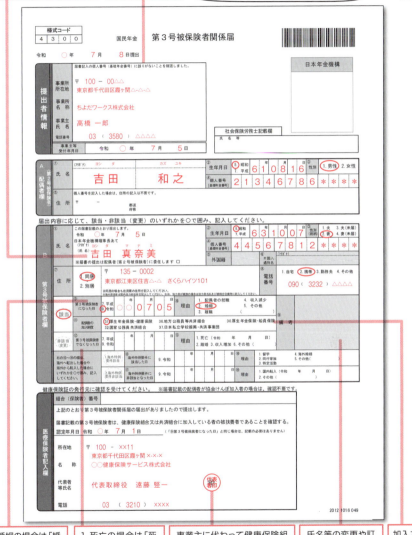

- この欄は第3号被保険者となる被扶養配偶者が記入する。
- この欄は事業主が記入する。
- 健康組合等に加入の会社はこの書式を年金事務所に提出します。

- 2. 婚姻の場合は「婚姻日」、3. 離婚の場合は「退職日の翌日」などを記入する。
- 1. 死亡の場合は「死亡日の翌日」、2. 離婚の場合は「離婚した日」などを記入する。
- 事業主に代わって健康保険組合もしくは共済組合が被扶養者の確認をする場合は、この欄に署名・押印する。
- 氏名等の変更や訂正の届出を行う場合には⑭備考欄に記入する。
- 加入する制度を○で囲む。

プラス知識！ **60歳になると第3号被保険者の資格を喪失する** 60歳を超えると、国民年金の第3号被保険者の資格はなくなります。この場合は自動的に喪失手続きがなされますので、届け出る必要はありません。

標準報酬月額の決定・改定

標準報酬月額の求め方①
報酬月額と報酬の範囲

社会保険料の基礎となる標準報酬月額

　ここからは標準報酬月額の求め方について説明をしましょう。**標準報酬月額は、毎月納付する社会保険料を算出するときの基礎となる金額**です。1か月分の報酬（給与）を報酬月額といいますが、標準報酬月額は報酬月額を保険料額表（右ページの表）に当てはめることで求められます。

　報酬月額と標準報酬月額は、社会保険の被保険者資格取得届出のときや社会保険料控除の際に必要となります。

報酬月額を求めるときは「報酬」の範囲に注意

　給与のことを健康保険法・厚生年金保険法では報酬といいますが、同時に「報酬」の範囲についても定義しています。報酬月額は、その定義にしたがって求めることになります。

　社会保険上の「報酬」とは、**労働を提供した対価として受け取るものすべて**を含みます。通貨による支給だけでなく、通勤定期券などの現物による支給も「報酬」

報酬となるもの・ならないもの

	報酬となるもの	報酬とならないもの
通貨で支給されるもの	●基本給 ●諸手当（残業手当・通勤手当など） ●賞与等（年4回以上支給のもの）	●病気見舞金・災害見舞金・慶弔費など ●退職金・解雇予告手当・株主配当金など ●出張旅費・交際費など ●年金・恩給・健康保険の傷病手当金・労災保険の休業補償給付など ●賞与等（年3回以下支給のもの）
現物で支給されるもの	●食事・食券など ●社宅・独身寮など ●通勤定期券・回数券 ●被服（勤務服でないもの） ●給与としての自社製品など	●食事（本人からの徴収金額が標準価額により算定した額の3分の2以上の場合） ●住宅（本人からの徴収金額が標準価額により算定した額以上の場合） ●被服（勤務服）

（注）定期券代などについては消費税を含めた金額を報酬として算入する。

食費の現物支給　食費は、本人の負担が標準価額の3分の2未満であれば、残りの額が現物支給での報酬と認められます。本人の負担が3分の2以上であれば、残りの額は現物支給での報酬とは認められません。

とみなされます。現物支給は原則として時価で換算しますが、住宅と食事については地方の物価に合わせて示された標準価額で換算します（→「プラス知識」参照）。

見舞金、結婚祝金、退職金などは、たとえ就業規則などに支払い基準を明記されていても報酬とはなりません。

このように、「報酬」の定義は労働基準法上の「賃金」とは定義が異なるので注意が必要です。

改正 健康保険・厚生年金保険の標準報酬月額表（東京都の場合）

標準報酬月額にはいくつかの等級があり、健康保険は第1級の58,000円から第50級の1,390,000円まで、厚生年金保険は第1級の88,000円から第32級の650,000円まで、それぞれ細かく区分されているんだ。

令和3年3月分（4月納付分）からの健康保険・厚生年金保険の保険料額表

- 健康保険料率：令和3年3月分〜 適用
- 介護保険料率：令和3年3月分〜 適用
- 厚生年金保険料率：平成29年9月分〜 適用
- 子ども・子育て拠出金率：令和2年4月分〜 適用

（東京都） （単位：円）

標準報酬		報酬月額	全国健康保険協会管掌健康保険料				厚生年金保険料（厚生年金基金加入員を除く）	
			介護保険第2号被保険者に該当しない場合 9.84%		介護保険第2号被保険者に該当する場合 11.64%		一般、坑内員・船員 18.300%※	
等級	月額		全額	折半額	全額	折半額	全額	折半額
		円以上 〜 円未満						
1	58,000	〜 63,000	5,707.2	2,853.6	6,751.2	3,375.6		
2	68,000	63,000 〜 73,000	6,691.2	3,345.6	7,915.2	3,957.6		
3	78,000	73,000 〜 83,000	7,675.2	3,837.6	9,079.2	4,539.6		
4(1)	88,000	83,000 〜 93,000	8,659.2	4,329.6	10,243.2	5,121.6	16,104.00	8,052.00
5(2)	98,000	93,000 〜 101,000	9,643.2	4,821.6	11,407.2	5,703.6	17,934.00	8,967.00
6(3)	104,000	101,000 〜 107,000	10,233.6	5,116.8	12,105.6	6,052.8	19,032.00	9,516.00
7(4)	110,000	107,000 〜 114,000	10,824.0	5,412.0	12,804.0	6,402.0	20,130.00	10,065.00
8(5)	118,000	114,000 〜 122,000	11,611.2	5,805.6	13,735.2	6,867.6	21,594.00	10,797.00
9(6)	126,000	122,000 〜 130,000	12,398.4	6,199.2	14,666.4	7,333.2	23,058.00	11,529.00
10(7)	134,000	130,000 〜 138,000	13,185.6	6,592.8	15,597.6	7,798.8	24,522.00	12,261.00
11(8)	142,000	138,000 〜 146,000	13,972.8	6,986.4	16,528.8	8,264.4	25,986.00	12,993.00
12(9)	150,000	146,000 〜 155,000	14,760.0	7,380.0	17,460.0	8,730.0	27,450.00	13,725.00
13(10)	160,000	155,000 〜 165,000	15,744.0	7,872.0	18,624.0	9,312.0	29,280.00	14,640.00
14(11)	170,000	165,000 〜 175,000	16,728.0	8,364.0	19,788.0	9,894.0	31,110.00	15,555.00
15(12)	180,000	175,000 〜 185,000	17,712.0	8,856.0	20,952.0	10,476.0	32,940.00	16,470.00
16(13)	190,000	185,000 〜 195,000	18,696.0	9,348.0	22,116.0	11,058.0	34,770.00	17,385.00
17(14)	200,000	195,000 〜 210,000	19,680.0	9,840.0	23,280.0	11,640.0	36,600.00	18,300.00
18(15)	220,000	210,000 〜 230,000	21,648.0	10,824.0	25,608.0	12,804.0	40,260.00	20,130.00
19(16)	240,000	230,000 〜 250,000	23,616.0	11,808.0	27,936.0	13,968.0	43,920.00	21,960.00
20(17)	260,000	250,000 〜 270,000	25,584.0	12,792.0	30,264.0	15,132.0	47,580.00	23,790.00
21(18)	280,000	270,000 〜 290,000	27,552.0	13,776.0	32,592.0	16,296.0	51,240.00	25,620.00
22(19)	300,000	290,000 〜 310,000	29,520.0	14,760.0	34,920.0	17,460.0	54,900.00	27,450.00
23(20)	320,000	310,000 〜 330,000	31,488.0	15,744.0	37,248.0	18,624.0	58,560.00	29,280.00
24(21)	340,000	330,000 〜 350,000	33,456.0	16,728.0	39,576.0	19,788.0	62,220.00	31,110.00
25(22)	360,000	350,000 〜 370,000	35,424.0	17,712.0	41,904.0	20,952.0	65,880.00	32,940.00
26(23)	380,000	370,000 〜 395,000	37,392.0	18,696.0	44,232.0	22,116.0	69,540.00	34,770.00
27(24)	410,000	395,000 〜 425,000	40,344.0	20,172.0	47,724.0	23,862.0	75,030.00	37,515.00
28(25)	440,000	425,000 〜 455,000	43,296.0	21,648.0	51,216.0	25,608.0	80,520.00	40,260.00
29(26)	470,000	455,000 〜 485,000	46,248.0	23,124.0	54,708.0	27,354.0	86,010.00	43,005.00
30(27)	500,000	485,000 〜 515,000	49,200.0	24,600.0	58,200.0	29,100.0	91,500.00	45,750.00
31(28)	530,000	515,000 〜 545,000	52,152.0	26,076.0	61,6			
32(29)	560,000	545,000 〜 575,000	55,104.0	27,552.0	65,			

等級の欄の（ ）は厚生年金保険の標準報酬月額等級、そうでないものは健康保険の標準報酬月額等級

例 報酬月額が215,000円のAさんの標準報酬月額
報酬月額215,000円が該当する箇所を探し、標準報酬月額を割り出す

現物給与の価額 食事や住宅などの現物給与の価額は、生活実態に即した価額が望ましいという理由から、支店等が所在する都道府県の価額が適用されることになっています（それまでは本社が所属する都道府県の価額が適用されていた）。

標準報酬月額の決定・改定

標準報酬月額の求め方②
標準報酬月額を決定・改定する時期

資格取得した日と年1回の見直しが通常の形態

いったん決まった標準報酬月額は、いつでも変更できるわけではありません。標準報酬月額を決定・改定する時期には次の4とおりあります。詳しくは次節以降で説明しますが、ここでは大まかにみてみましょう。

①資格を取得したとき

入社時や雇用契約の変更などによって新規に被保険者の資格を取得したとき、標準報酬月額が決定されます。

②定時決定

被保険者が実際に受け取る報酬とすでに決定されている標準報酬月額がかけ離れないように、毎年1回、原則として7月1日現在の被保険者全員について、**4月・5月・6月に受けた報酬の届出を行**い、その年の9月から翌年8月までの

定時決定と適用される期間

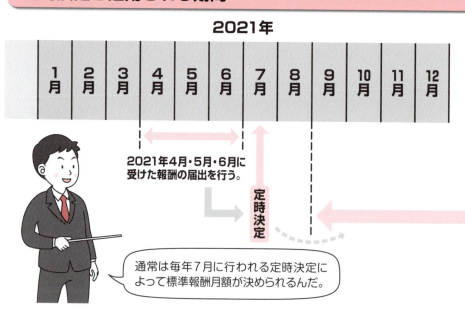

7月は忙しい月 7月は定時決定のほかに賞与の支払い・届出業務、労働保険の年度更新が重なって忙しくなります。早めに着手しておくとミスが少なくなります。

標準報酬月額が決定されます。この決定のことを定時決定といいます。

変則的に見直す随時改定と育児休業等終了時改定

③給与額が大幅に変動したとき[随時改定]

資格取得時や定時決定で決まった標準報酬月額は、原則として、次の定時決定が行われるまでの1年間は変更しません。しかし、昇格・降格、給与形態の変更などによって、次の定時決定までの間に固定的な給与の額が著しく変動した場合、報酬月額と実際の給与額とが大きく食い違ったままになります。このような場合は標準報酬月額の改定を行います。これを随時改定といいます。

④育児休業等を終了後、給与が下がったとき

従業員が育児休業等を終了して職場に復帰した後、保育園の送迎などで就労時間が減り、復帰以前より給与が下がった場合は、標準報酬月額の改定を行うことができます。この育児休業等終了時改定では、標準報酬月額が減額されても将来受け取る年金額が減らないようにする措置を受けられます。

この改定の詳細については、P260を参照してください。

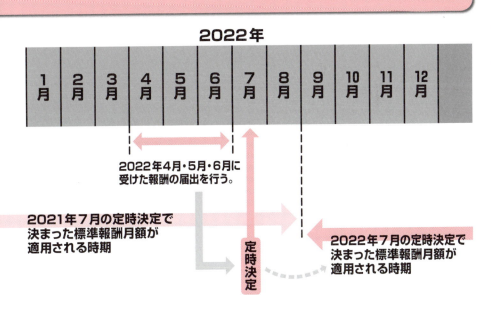

定時決定と適用期間の例外 上の定時決定の図は標準的な例です。4月・5月・6月が定時決定の計算対象となりますが、この期間ケガで働けなかったという人など例外があります。それらはP142以降で説明します。

標準報酬月額の決定・改定

標準報酬月額の求め方③

資格取得時の標準報酬月額

資格取得時の標準報酬月額の決定手続き

資格取得時の標準報酬月額の決定手続きは、「健康保険・厚生年金被保険者資格取得届」に、報酬月額をもとに算出した標準報酬月額を記入し、管轄の年金事務所、または健康保険組合に提出することで完了します。

審査を受けて了承されれば、決定した標準報酬月額を通知する書面（「健康保険・厚生年金保険被保険者資格取得確認及び標準報酬決定通知書」）が会社に通知されます。

資格取得時の標準報酬月額の決定方法

資格を取得したときの標準報酬月額の決定は、採用されたばかりの従業員が対象となることが多く、届け出る時点ではまだ給与を支払っていないことがあります。そのため、諸手当などは見込額で決定してもかまいません。その際、給与形態別に次のような基準を設けています。

● 月給など一定の期間で給与額が定められているとき

給与などの報酬総額を月額に換算して報酬月額とし、標準報酬月額を決定します。

● 週給制の場合

週給を7で割って30倍をした額が標準報酬月額になります。

● 日給、時間給などのとき

その会社等で前月に同じような業務について、同じような給与などを受けた人たちの報酬を平均した額を報酬月額とし、標準報酬月額を決定します。

資格取得時の標準報酬月額の適用期間

決定された標準報酬月額の適用期間は、次に行う定時決定の適用が始まる8月までです。

資格取得時は前述の方法で標準報酬月額が決定しますが、被保険者の資格を取得した時期によって適用される期間が異なります。

● 1月～5月の間に被保険者になったとき

その年の8月までが適用期間です。そして7月には定時決定を行い、9月からは定時決定による標準報酬月額が適用されます。

報酬月額に見込額を加える理由 手当などの見込額を加えないでいると、後で実際に支払う報酬月額と大きくかけはなれてしまうことがあります。そのため、同じ職場で同じような働き方をしている人を参考にして見込額を出し、報酬月額に加えるのです。

● 6月～12月の間に被保険者になったとき

翌年の8月までが適用期間です（6月に資格取得をした場合は7月の定時決定を見送ることになります）。

「賞与」を報酬月額に組み入れる場合とは

通常、賞与では**標準賞与額**（→P114）を基準にして社会保険料を算出するため、標準報酬月額は用いません。しかし、会社側が「賞与」としていても、年4回以上支払われていれば賞与とは認められず、標準報酬月額の対象となることがあります（→詳細はP114）。

その場合、報酬月額に加える「賞与」の額の計算方法は、その会社等で同じような業務について、同じような給与などを受けた人たちが、前年の1年間に受けた同様の「賞与」を、月額に換算したものを平均した額とします。

資格取得時の標準報酬月額の適用期間

●1～5月の間に被保険者になった場合

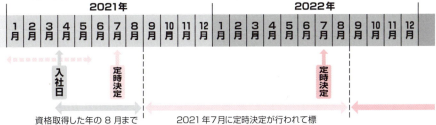

●6～12月の間に被保険者になった場合

 資格取得時に標準報酬月額が決定される場合 これは入社日に被保険者になったときだけでなく、臨時社員が正社員になって適用除外される事由に該当しなくなった場合もあります。

標準報酬月額の決定・改定
標準報酬月額の求め方④
定時決定

年1回標準報酬月額を見直す手続き

　従業員が会社から受ける報酬は、昇給などで変動することがあります。標準報酬月額が、決定している額と、実際の報酬をもとにした額とで違わないように、**年に1回標準報酬月額の見直しをします**。これが**定時決定**です。そして、定時決定の一連の手続きを**算定**といいます。

　定時決定では、原則として4月、5月、6月に受けた報酬の平均額を**報酬月額**とします。この額をもとにして出した標準報酬月額を「**健康保険・厚生年金保険被保険者報酬月額算定基礎届**」（算定基礎届）に記入して、**7月1日から10日**までの間に管轄の年金事務所または健康保険組合に届け出ます。

　審査後、決定された標準報酬月額は「**健康保険・厚生年金保険被保険者標準報酬決定通知書**」で通知され、その年の**9月から翌年8月まで適用**されます。

まず支払基礎日数を数える

　定時決定での算定にあたっては、まず4月、5月、6月の各月の**支払基礎日数**を数えます。支払基礎日数とは、報酬を計算する際の基礎となる日数のことです。月給制や週給制の場合は、対象月の**暦日数**です。

　暦日数とは、日曜日や休日などを含めた日数のことです。通常、給与計算には休日や有給休暇も含まれるためです。ただし、欠勤日数分の給与が減額される場合、就業規則などに基づいて事務所が定めた日数から欠勤日数を差し引いた日数が支払基礎日になります。各月が算定の対象月となるには、**支払基礎日数が17日以上**なければなりません。

　たとえば、各月の支払基礎日数がすべて17日以上ある場合は、3か月分の報酬月額の合計を3で割って、平均額を出します。しかし、4月の支払基礎日数が17日に満たない場合は、4月を除いた5月と6月、2か月分の報酬月額の合計額を2で割って、平均額を出します。4月と5月の支払基礎日数が17日に満たない場合も同じで、6月の1か月分の報酬月額で求めます。

　ただし、**パートタイマーは支払基礎日数が15日以上あれば対象月**とされます。

支払基礎日数の数え方①　たとえば、5月21日～6月20日の報酬を6月25日に支払う場合は、6月の支払基礎日数は31日となります。

定時決定の対象者

対象者	●原則として7月1日現在の被保険者 ●休職中の人、欠勤中の人、海外勤務で日本にいない人も対象になる
対象から 外れる人	●前月の6月1日以降に被保険者になった人 ●6月30日以前に退職（資格喪失日7月1日以前）した人 ●7月に月額変更届（随時決定）や育児休業等終了時変更届を提出する人

定時決定時の標準報酬月額の適用期間

支払基礎日数と算定対象月の関係

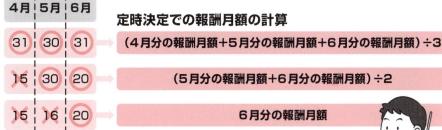

月給制、週給制の場合、支払基礎日数が17日に満たない月は対象月にならない。パートタイマーは支払基礎日数が15日に満たない月は対象月にはならないよ。

算定時の注意点 算定の対象月に支払われた報酬が、その月の報酬月額となることに注意します。たとえば、3月1日～3月末日の報酬を4月10日に支払う場合、会社としては「3月分の給与」として取り扱っても、実際に支払われた月が4月なので、4月の報酬月額となります。

健康保険・厚生年金保険 被保険者報酬月額算定基礎届

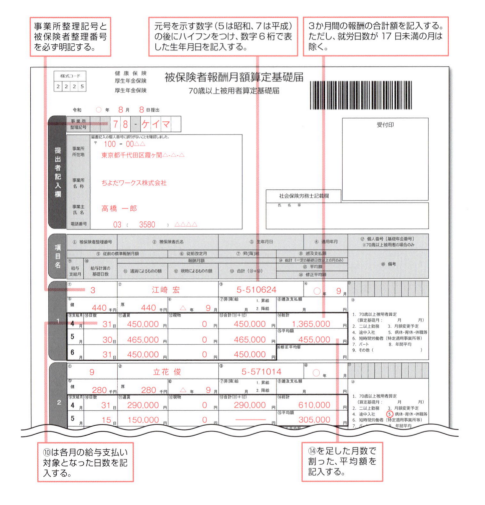

支払基礎日数の数え方② 日給制・時給制の場合は、対象月で実際に出勤した日が支払基礎日数となります。

●支払基礎日数が17日に満たない月がある場合

●現物支給がある場合

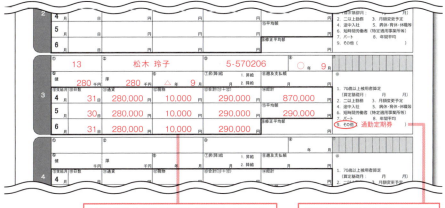

　4月、5月、6月がすべて対象月とならないときは？　長期の病欠などで、4月、5月、6月の支払基礎日数がすべて17日未満の場合はどうしたらいいでしょう。この場合は、原則としてこれまでの標準報酬月額を持ち越すことになります。

標準報酬月額の決定・改定

標準報酬月額の求め方⑤
随時改定

随時改定を行う条件

　7月の定時決定によって9月から適用される標準報酬月額は、原則として翌年8月までの1年間は変更しません。

　しかし、昇格・降格、給与形態の変更などによって給与額が著しく変動した場合、次の定時決定までの間に、決定している標準報酬月額と実際の給与で計算した標準報酬月額との差が広がってしまいます。このような場合は、時期に関係なく**標準報酬月額の改定**ができます。これを**随時改定**といいます。

　随時改定では、「**健康保険・厚生年金保険被保険者報酬月額変更届**」を管轄の年金事務所または健康保険組合に届け出ます。この随時改定の手続きは**月変**と呼ばれています。随時改定を行うには、次の3つの要件が必要となります。

①昇給・降給などで、固定的賃金が変動した場合。

②固定的賃金の変動月以後、継続した3か月に支払われた報酬の平均月額によって算出された標準報酬月額が、現在の標準報酬月額と比べて2等級以上の差がある場合。

③②の3か月の支払基礎日数がすべて17日以上ある場合。

　①②③の要件はすべて満たさなければなりません。たとえば、①②の要件を満たしても③の要件を満たさなければ、随時改定はできないことになります。

固定的賃金の範囲

　報酬には、**固定的賃金**と**非固定的賃金**が含まれています（P30で出てくる固定的給与、変動的給与とは違います）。したがって、報酬から固定的賃金を抜き出して、随時改定の要件に当てはまるかどうかを確認する必要があります。

　随時改定の要件①②に出てくる「固定的賃金の変動」とは、次のようなものです。

●月単位などで一定額が継続して支給される給与

　基本給、毎月支払われる役職手当、家族手当、通勤手当などです。これらの賃金の額が変動したり、手当が追加（または削除）されたりすると固定的賃金が変動します。

●週給、日給、時間給の変更

「2等級以上の差」の原則の例外　現在の標準報酬月額の等級が最低級の次に低い級であったり、最高級の次に高い級であったりした場合は、どうやっても1等級しか変更できないことがあります。その場合は、2等級ではなくても随時改定が認められることがあります。

146

- ●月、週の所定日数の変更
- ●仕事の単価や割増率

　歩合給の単価、能率給の割増率などです。これらが引き上げられる（または引き下げられる）と、それ以前と同じ量の仕事をこなしても賃金が変動することになります。

　ここで間違えやすい例をあげましょう。歩合給の単価が変わらなくても、より多く仕事をして歩合高を上げれば賃金は大きく増額します。しかし、これでは固定的賃金が変動したとはいえません。ややこしいですが、固定的賃金とは、能率給や歩合給ではなく、それらの「単価」や「割増率」なのです。

- ●給与形態

　時給制、日給制、月給制などの給与形態では、たとえば時間給制から月給制に変わることによって、賃金額が変動することがあります。

固定的賃金と固定的ではない賃金

○ 固定的賃金
基本給、役職手当、家族手当、通勤手当など、毎月一定額が支払われるもの

　稼働や能率に関係なく一定額（率）が継続して支給されるもの

✕ 非固定的賃金
時間外手当、皆勤手当、宿日直手当など、毎月一定額ではないもの

　稼働や能率の実績によって支給されるもの

固定的賃金の変動で随時改定が必要になる場合

　↑増　↓減　○該当する　✕該当しない

報酬	固定的賃金	↑	↑	↑	↓	↓	↓	← 変動の原因
	固定的でない賃金	↑	↓	↓	↓	↑	↑	
	3か月の報酬の平均額* （2等級以上の差）	↑	↑	↓	↓	↓	↑	← 変動の結果
	随時改定	○	○	✕	○	○	✕	

*3か月とも支払基礎日数17日以上で、現在の標準報酬月額と2等級以上の差が生じたと仮定。

変動の原因である「固定的賃金」と変動の結果である「報酬の平均額」の矢印が同じ向きのとき、随時改定が必要となる。

 KEY WORD　宿日直手当　宿直業務のように、労働の密度や態様が普通の労働と著しく異なり、ほとんど労働する必要のない勤務のことをいう。宿日直勤務を行うには、所轄労働基準監督署長の許可が必要です。

随時改定のスケジュール

随時改定は、固定的賃金が変動してから早くて **4か月目** に改定されます。たとえば、4月に昇給があった場合、4月、5月、6月の報酬月額の平均額をもとに新しい標準報酬月額を求めてすみやかに提出すれば、7月から標準報酬月額が改定されます。8月に支払う給与では、改定後の標準報酬月額で計算した新保険料を給与から控除します。

なお、通常7月は定時決定を行う時期ですが、4月に昇給などで固定給が変動して7月に随時改定を行う条件がそろったときは、随時改定を行います。標準報酬月額に2等級以上の差が出たことをすみやかに改定するためです。

月額変更届を書く際の注意点

「健康保険・厚生年金保険被保険者報酬月額変更届」を作成する際、注意すべきことがあります。標準報酬月額を算出

随時改定した標準報酬月額の適用期間

●1〜6月の間に随時改定をしたとき

2月に固定的賃金の変動があった場合、2月・3月・4月の継続した3か月で随時改定に該当するかどうかを判断する。該当するとなったら変動月の4か月目（この場合5月）に随時改定が行われる。

2021年7月に定時決定が行われて標準報酬月額が算出される。2021年9月〜22年8月まで適用される。

2022年7月に定時決定が行われて標準報酬月額が算出される。2022年9月〜23年8月まで適用される。

●7〜12月の間に随時改定をしたとき

10月に固定的賃金の変動があった場合、10月・11月・12月の継続した3か月で随時改定に該当するかどうかを判断する。該当するとなったら変動月の4か月目（この場合2022年1月）に随時改定が行われる。

2022年7月に定時決定が行われて標準報酬月額が算出される。2022年9月〜23年8月まで適用される。

育児休業等終了時改定 随時改定のほか、不定期に行う改定には、育児休業等終了時の改定があります。育児休業等終了月以後、現在の標準報酬月額との間に1等級以上の差がある場合です（→詳細はP260）。

するための各月の報酬月額には、資格取得時や定時決定と同様に時間外手当などの非固定的賃金を含めるということです。固定的賃金の変動は随時改定を行う要件の一つですが、だからといって報酬月額の計算時に固定的賃金のみを採用するということではありません。

改正 健康保険・厚生年金保険 被保険者報酬月額変更届

事業所整理記号と被保険者整理番号を必ず明記する。

元号を示す数字のあとにハイフンをつけ、数字6桁で表した生年月日を記入する。

変更後の報酬を支払った月から4か月目の年月を記入する。

3か月間の報酬の合計額を記入する。ただし、就労日数が17日未満の月は除く。

⑨変更後3か月と、⑩各月の給与支払い対象となった日数を記入する。

月ごとの報酬額(通勤手当等も含む)を記入する。

食事や定期券などの現物での支払いがある場合には、時価や所定の標準価格に基づいて金額を算出し、記入する。

⑭を足した月数で割った、平均額を記入する。

⑱備考欄に変更の理由を記入する。

⑤に現在の標準報酬月額を千円単位で記入し、⑥には変更が適用された年月を記入する。

月額変更届の入手方法 随時改定は定期的に行うものではないので、定時決定のように用紙が会社に送られてくることはありません。あらかじめ月額変更届を、年金事務所または健康保険組合に取りに行く必要があります。

社会保険料の徴収パターン

前月資格喪失した人の保険料の徴収は？

社会保険料の徴収月

前月の末日時点で被保険者であるかどうか

　従業員が入社あるいは退職する際、社会保険料の徴収をいつから始めるのか、またはいつ終えるのか、迷うことがあるのではないでしょうか。

　前節でも説明したように、**社会保険料が発生する月と徴収月は1か月ずれており、前月分の社会保険料を当月分の給与から徴収する**しくみになっています。

　ただ、その「前月分の社会保険料」が発生するには、「**前月末日時点で社会保険の被保険者である**」ことが要件です。したがって、入社などで前月の途中で社会保険の被保険者の資格を取得した人は、前月の末日時点では被保険者である（被保険者の資格を取得している）わけですから、当月の給与から社会保険料を徴収します。

　反対に、退職などで前月の途中で被保険者の資格を喪失すれば、前月の末日時点では被保険者ではない（資格を喪失している）のですから、当月の社会保険料は徴収しません。

　極端な例になりますが、5月31日が資格喪失日である場合、31日の時点では被保険者の資格を喪失しているのですから、6月の給与からは社会保険料を徴収しません。

資格取得日とは

　注意したいのは資格取得日と資格喪失日をいつとするかです。まずは資格取得日について見ていきましょう。

　従業員が入社した場合、実際に仕事を始めた日（報酬が発生する日）、つまり入社日などが資格取得日となります。雇用契約を交わした日ではありません。

　社会保険の加入基準を満たさなかったパートの従業員が、勤務時間を増やすなどして社会保険の加入基準を満たすようになった場合、その加入基準を満たした日が資格取得日となります。

介護保険第2号被保険者の資格取得日

　40歳になると、介護保険第2号被保険者となります。したがって、前月に40歳に達した場合、当月の給与分から介護保険料を徴収します。

社会保険料の納付期限 健康保険料・介護保険料・厚生年金保険料は従業員負担分と会社負担分を合わせて毎月月末までに年金事務所または健康保険組合に納付します（実務としては指定の金融機関から口座振替で納付します）。詳しくはP106を参照。

資格取得日と社会保険料の徴収

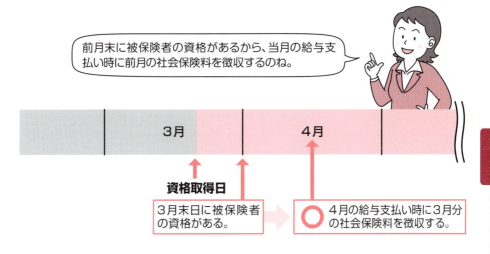

資格喪失日と社会保険料の徴収

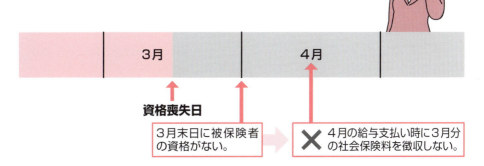

納付期限までに保険料を納付しなかったら？ 保険料を納付期限までに納めないと期限を指定した督促状が送られてきます。その期限までに納付すれば延滞金はかかりません。

「40歳に達した日」とは40歳の誕生日の前日のことですので、毎月1日生まれの人は注意しましょう。たとえば5月1日が誕生日の場合、4月30日が「40歳に達した日」です。4月末の時点で資格を取得しているわけですから、5月分の給与から介護保険料を徴収しなければなりません（→事例は次ページ）。

資格喪失日とは

従業員が退職した場合、**退職した日の翌日が資格喪失日**となります。

月末に退職する場合は注意しなければなりません。たとえば5月31日に退職した場合、資格喪失日は6月1日となります。つまり、5月末の時点では資格をまだ有しているので6月の給与分までは社会保険料を徴収することになります。ただし、給与の支払いは実質5月で終わります。この場合、特別に5月分の給与から2か月分の社会保険料を徴収することが認められています（→事例は次ページ）。

介護保険の資格喪失日

65歳になると、介護保険は介護保険第2号被保険者から第1号被保険者に切り替わり、原則として公的年金から保険料が控除されます。そのため、翌月の給与から保険料を徴収しないことになります。

資格喪失日は、**65歳に達した日**となります。前ページでも説明したように、**65歳に達した日とは65歳の誕生日の前日**のことですので、毎月1日生まれの人は注意しなければなりません。5月1日が誕生日の場合は、資格喪失日が誕生日の前日ですから4月30日です。4月末の時点で資格を喪失しているのですから、5月の給与分から徴収をストップすることになります。

また、70歳に達した日には厚生年金保険の資格が、75歳に達した日には健康保険の資格が喪失します。介護保険のときと同様に、達した日の属する月から保険料を徴収する対象とはならないので気をつけてください。

転勤があった場合、被保険者の資格はどうなる？

同じ事業主のもとであっても、転勤によって人事労務管理を行う事業所に変更があった場合は、転勤前の事業所で資格喪失の手続きをし、転勤先の事業所で資格取得の手続きをする必要があります（ただし、厚生労働大臣の認める一括適用事業所を除きます）。この場合、転勤した日が資格喪失日であると同時に、資格取得日になります。

なお、関連会社に出向した場合も同じ手続きをとることになります。

督促状の期限までに保険料を納付しなかったら？ 督促状の期限を過ぎてしまうと本来の納付期限の翌日から完納の日の前日までの日数に応じて延滞金が加算されます。

月末に退職した場合の徴収方法

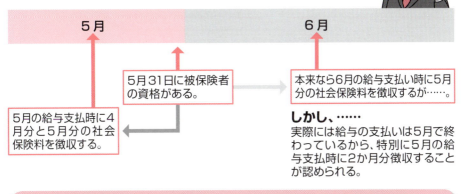

介護保険第2号被保険者の開始時と終了時の徴収

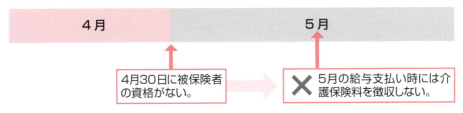

75歳以降は後期高齢者医療制度に入る 75歳になると、本人あてに後期高齢者医療制度の被保険者証が送られてきます。会社は、健康保険被保険者資格喪失届に健康保険証を添付して年金事務所に提出します。

社会保険料の徴収パターン

定時決定で決まった新保険料は10月分の給与から徴収
社会保険料が改定されたときの徴収

定時決定は9月から翌年8月まで適用される

　定時決定（→P142）や随時改定（→P146）、産前産後休業終了時改定、育児休業等終了時改定（→P126、260）などによって標準報酬月額が改定され、社会保険料額が変更になったとき、その新保険料を徴収する月に注意しましょう。

　毎年7月の定時決定で改定された標準報酬月額は、原則としてその年の9月から翌年8月まで適用されるので、**新社会保険料額も9月から翌年8月まで適用されます**。したがって、10月分の給与から9月分の新保険料額を徴収し、翌年9月分の給与までその保険料額を徴収することになります。

随時改定は改定通知書に適用月が書いてある

　標準報酬月額を改定した場合、「**健康保険・厚生年金保険被保険者標準報酬改定通知書**」が送られてきます。随時改定や育児休業等終了時改定では、そこに書かれた改定年月が保険料額の変更がある月です。

この月から新保険料額が適用されますので、実際に新保険料額を徴収するのはその翌月分の給与からになります。

育児休業中の保険料免除はいつから？

　育児休業をする場合、被保険者も会社も社会保険料の納付を免除されるという特典があります（→P258）。その場合、**育児休業を開始した日が社会保険料免除の開始日**となります。開始日の属する月から社会保険料が免除されるので、翌月からの社会保険料は支払わなくてもよいことになります。

　育児休業を終了した日の翌日の属する月の前月までが社会保険料が免除される期間です。したがって、復帰した日の属する月は社会保険料を徴収することになります。

　たとえば、5月31日に育児休業を終了した場合、翌日の6月1日に仕事に復帰することになるので、6月から社会保険料が発生します。

　もし5月30日に育児休業を終了した場合は、当月の5月31日に仕事に復帰することになるので5月から社会保険料がかかることになります。

 産前産後休業中の社会保険料免除　平成26年4月30日以降に産前産後休業が終了になる方から免除の対象になります。詳細はP250〜参照。

定時決定で社会保険料が変更になったとき

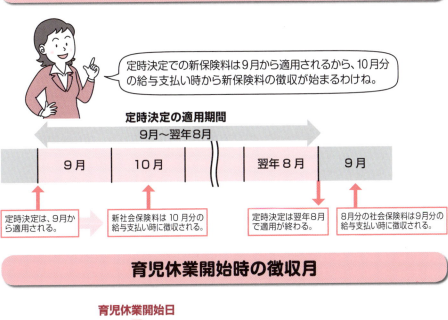

育児休業開始時の徴収月

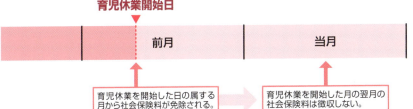

育児休業終了時の徴収月

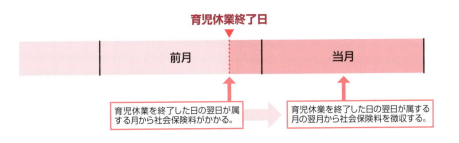

育児休業中の社会保険料免除の届出 育児休業中の社会保険料を免除してもらうには、「健康保険・厚生年金保険育児休業等取得者申出書」を提出する必要があります。詳細は P258～参照。

社会保険手続きの窓口は健康保険の種類で変わる

全国健康保険協会（協会けんぽ）に加入している場合

　社会保険（健康保険・厚生年金保険）の手続きをする窓口は、加入している健康保険の種類によって違っています。本書でもところどころ触れていますが、ここでわかりやすくまとめてみましょう。

　主に中小企業が加入する全国健康保険協会（協会けんぽ）に入っている場合は、被保険者の資格取得・資格喪失などの各種届出先、算定基礎届などの提出先、保険料の支払い先はすべて年金事務所になります。

　健康保険の各種給付に関する申請手続きは、全国健康保険協会が窓口になります。

各健康保険組合に加入している場合

　会社が各々の健康保険組合に加入している場合は、被保険者の資格取得・資格喪失などの各種届出、算定基礎届などの提出、健康保険の給付手続き、健康保険料の支払いは、健康保険組合で行います。ただし、厚生年金に関する書類（資格取得、喪失、算定等）の提出、厚生年金保険料の支払いは年金事務所で行います。

●届出の種類と窓口

→ 全国健康保険協会【協会けんぽ】に加入していれば……
→ 健康保険組合に加入していれば……

健康保険の給付
- 療養費
- 傷病手当金
- 出産手当金
- 出産育児一時金
- 高額医療費　など

資格取得・喪失届、保険料の決定
- 被保険者資格取得届
- 被保険者資格喪失届
- 月額算定基礎届
- 月額変更届　など

健康保険被保険者証
- 健康保険被保険者証の再交付　など

保険料の納付
- 保険料口座振替納付　など

（年金事務所／全国健康保険協会（協会けんぽ）／健康保険組合）

※資格取得時の被保険者証の発行は、年金事務所が受理した情報をもとに全国健康保険協会が行う。

第5章
雇用保険と労災保険の実務

労働保険の適用事業所と加入義務

従業員を一人でも雇用していれば適用事業

労働保険の適用事業と被保険者

労働保険の適用事業

労災保険と雇用保険、つまり**労働保険**は、従業員の労働上の**災害補償**や、従業員の就業促進、能力開発などをバックアップする保険だということは、第1章で説明しました。

労働保険は、**従業員を一人でも雇用していれば、その事業所はその業種や規模などを問わず適用事業**となります。事業主は、労働保険料の納付、雇用保険に関する各種届出を行う義務があります。

ここで注意したいのは、労働保険でいう「従業員」の対象者とは、**事業の指揮監督を受けて賃金を支給される人**だということです。したがって、原則として事業主や法人の役員などは労働保険の適用除外者となります。また、事業主の家族である従業員も適用除外となります。

労災保険の被保険者

労働保険のなかでも、**労災保険は原則としてすべての従業員が強制的に加入**します。そのため、加入や脱退などにともなう届出をすることはありません。

雇用保険の被保険者

雇用保険は原則としてすべての従業員が加入します。このうち、満65歳未満の常用従業員が**一般被保険者**、65歳以上の常用従業員が高年齢被保険者に該当します。

パートタイマーなどは、
①1週間の所定時間が20時間以上あり、
②31日以上引き続き雇用される見込みがあれば、

一般被保険者または高年齢被保険者となります。当初は31日未満の雇用見込みであっても、途中から31日以上雇用されることが決まれば、決まった時点で②の要件を満たすことになります。

一般被保険者・高年齢被保険者以外の被保険者

雇用保険には一般被保険者・高年齢被保険者のほかに、**日雇労働被保険者**、**短期雇用特例被保険者**といった種類があり、給付の基準などが異なります。本書では、雇用保険の制度を主に一般被保険者にしぼって説明していきます。

KEY WORD **特別加入制度** 従業員に該当しない中小事業の事業主やその家族従業員でも、業務の実態や災害の発生状況などから、従業員に準じた保護をするのが適当と判断された場合、労災保険の適用従業員となります。これを特別加入制度といいます。→詳細はP172

労働保険の適用事業と被保険者の条件

労働保険
保険料の申告納付等については両方の保険を一体（労働保険）として扱われる。

労災保険 → 給付
雇用保険 → 給付

給付については別々に行われる。

労災保険と雇用保険の給付は両保険で別々に行われていますが、保険料の申告納付等については両方を合わせて労働保険として原則的に一体のものとして取り扱われています。

●労働保険の被保険者

労働保険	労災保険	原則として、正社員、パートタイマーなどを問わず、すべての従業員が加入する。
	雇用保険	●原則として、すべての従業員が加入し被保険者となる。 ●満65歳未満の常用従業員は一般被保険者に該当する。満65歳以上の常用従業員は高年齢被保険者に該当する。 ●パートタイマーなど、非正規従業員が一般被保険者となるには、 ①1週間の所定時間が20時間以上あり、 ②31日以上引き続き雇用される見込みがある、 のが条件となる。
雇用保険の一般被保険者または高年齢被保険者とはならない人**		●労働時間が週30時間未満で正社員の1週間の所定労働時間に比べて短く、季節的に雇用される人または短期の雇用につくことを常態とする人 ●4か月以内の期間を予定して行われる季節的事業に雇用される人 ●昼間学生 ●日雇労働者 ●船員保険の被保険者 ●国、都道府県等の事業に雇用される人のうち、法令によって離職した場合に支給される給与等が雇用保険の失業手当などより多い場合

労災保険の適用除外となる人
●事業主や法人の役員。*
●従業員で、事業主と同居する親族。

＊法人の役員が兼務役員では、労災保険が適用される。

＊＊一般被保険者に該当しなくても、日雇労働被保険者、短期雇用特例被保険者などに該当することがある。
＊＊平成29年1月より、満65歳以上で新たに雇用された人も被保険者（高年齢被保険者）となる。

法人の役員でも「従業員」となる兼務役員　取締役などの役員でも、同時に部長などの従業員としての身分をもち、事業主の指揮監督下で労働して給与を受けているのであれば、「従業員」として労働保険が適用されます。このような役員を兼務役員といいます。

労働保険の適用事業所と加入義務

従業員の新規雇用時・被保険者の退職時など
雇用保険の手続きが必要となる場合

雇用保険は届出が必要

雇用保険では、**雇用保険料**を事業所と従業員（被保険者）がそれぞれ負担するので、被保険者の情報を**公共職業安定所**に提出することになります。公共職業安定所は、**ハローワーク**と呼ばれています。

雇用保険での届出が必要なケースは、主に次のような場合です。
- 従業員を採用したとき
- 被保険者が退職したとき
- 氏名の変更など、被保険者に関する内容に変更があったとき
- 転勤などで被保険者の勤務する事業所が変わったとき

届出に使用する書式は、ハローワークで交付されたものやハローワークのホームページからダウンロードしたものを使用します。

なお、届出は書式のほかにオンラインで行政サービスを行うポータルサイト、**e-Gov（イーガブ）**の**電子申請システム**を利用することもできます。この場合は、あらかじめID、パスワード、電子証明書を取得しておきます。

オンラインによる届出手順

❶ ID、パスワード、電子証明書などを取得 → ❷ 電子申請用の届出書をダウンロードしてデータを作成 → ❸ オンラインで送付

＊詳細は、e-Govのサイトで確認。https://www.e-gov.go.jp/

電子申請を利用することで労働局や労働基準監督署、金融機関の窓口へ出向くことなく手続きができる。しかも、夜間や休日でも手続きができるよ。

 KEY WORD **雇用保険被保険者資格取得等確認通知書** 従業員が、雇用保険の加入手続き等がきちんと完了したことを確認できるようにするためのものです。事業主は、この通知書を被保険者本人に確実に渡さなくてはなりません。

雇用保険の届出をするケース

●従業員を新たに雇用したとき

提出書類	雇用保険被保険者資格取得届
添付書類	原則として不要
提出期限	採用月の翌月10日まで（期限経過後は添付書類あり）
受理後の交付書類	●雇用保険被保険者資格取得等確認通知書 ●雇用保険被保険者証など

●被保険者が退職したとき

提出書類	雇用保険被保険者資格喪失届
添付書類	雇用保険被保険者離職証明書など、資格喪失の事実、資格喪失日、および資格喪失の状況が確認できる書類
提出期限	退職日の翌日から10日以内（原則）
受理後の交付書類	雇用保険被保険者資格喪失確認通知書など

●被保険者の氏名を変更したとき

提出書類	雇用保険被保険者氏名変更届
添付書類	氏名変更の事実を確認できる書類
提出期限	氏名を変更したとき、すみやかに
受理後の交付書類	●雇用保険被保険者証 ●雇用保険被保険者資格取得等確認通知書

●被保険者が転勤したとき

提出書類	雇用保険被保険者転勤届
添付書類	●辞令など、転勤の事実を確認できる書類 ●転勤前に交付されている雇用保険被保険者資格喪失届
提出期限	転勤の事実のあった日の翌日から10日以内
受理後の交付書類	●雇用保険被保険者資格取得確認等通知書 ●雇用保険被保険者証など

労働保険の単位 労働保険は「会社」単位ではなく「事業」単位で手続きを行います。つまり、ある会社に支店や工場などがあれば、その会社全体ではなく、支店や工場ごとに届出を行います。

労働保険料の申告・納付

労働保険の年度更新とは？

労働保険料の申告と納付

労働保険料は年1回まとめて申告・納付する

労災保険料と雇用保険料を合わせて労働保険料といいます。毎月納付する社会保険料と違って、労働保険料は原則として1年に1度申告・納付します。ここでは、そのしくみを説明しましょう。

労働保険料の保険年度は、4月1日から翌年3月31日までの1年間です。4月になって年度が変わったら、前年度に実際に従業員に支払った賃金総額に保険料率を乗じて保険料を算出します。これを確定保険料といいます。この額を、毎年6月1日～7月10日の間に申告します。

ただし、申告するのは前年度の確定保険料だけではありません。当年度で支払うと見込まれる保険料を、確定保険料をもとに概算で算出し、前もって申告・納付しておくのです。この保険料を概算保険料といいます。同時に、確定保険料と前年に納めた概算保険料との差額を精算します。

労働保険料の申告・納付の手続きでは、この作業を毎年くり返すことになります。これを年度更新といいます。

二つの保険料の納付がわかれる業種もある

右の図のように会社の業種は一元適用事業と二元適用事業にわかれています。概して労災保険料と雇用保険料は合わせて納付しますが、二元適用事業では労災保険料と雇用保険料を別々に納付することになります。

ほとんどの会社は一元適用事業・継続事業に属するので、本書では一元適用事業・継続事業について解説していきます。

労働保険料の計算のしかた

賃金総額×労災保険率＝ 労災保険料
賃金総額×雇用保険率＝ 雇用保険料

まとめて 労働保険料

保険料の申告と納付は一つの保険としてまとめて行うんだ。

保険の給付の手続きは別々 労災保険料も雇用保険料も、一元適用事業所では申告・納付手続きはまとめて行いますが、保険の給付の申請は別々に行います。労災保険の窓口は労働基準監督署および都道府県労働局、雇用保険の窓口は公共職業安定所（ハローワーク）になります。

年度更新の手続き

2021年度 年度更新
① 2020年度の確定保険料の算出
② 2021年度支払い見込みの概算保険料の申告・納付
③ 2020年度の確定保険料と2020年に納めた概算保険料の精算

2022年度 年度更新
① 2021年度の確定保険料の算出
② 2022年度支払い見込みの概算保険料の申告・納付
③ 2021年度の確定保険料と2021年に納めた概算保険料の精算

労働保険での事業の分類

労働保険は、業種や仕事の内容によって、一元適用事業と二元適用事業、継続事業と有期事業に分類されます。

●一元適用事業と二元適用事業

一元適用事業	事業内容	下段の二元適用事業以外の事業
	保険の取扱い	労災保険と雇用保険を一つの保険関係として取り扱い、保険料の申告・納付手続きをまとめて（一元的に）行う
二元適用事業	事業内容	農林水産の事業・建設の事業・港湾の運送事業 都道府県および市町村の行う事業　など
	保険の取扱い	労働保険と雇用保険を別の保険関係として取り扱い、保険料の申告・納付手続きをそれぞれ別々に（二元的に）行う

●継続事業と有期事業　事業の有期・無期によって継続事業と有期事業にわかれる。

継続事業	定義	事業の期間が予定されておらず、継続する事業
	事業内容	一般の工場、事務所、商店など
有期事業	定義	事業期間を設定して、事業目的を達成して終了する事業
	事業内容	建設の事業、立木伐採の事業など

 保険料の精算　前年度の概算保険料が確定保険料に不足していた場合は、不足分を本年度に申告・納付する概算保険料に加算します。逆に前年度の概算保険料が超過していた場合は、納付する概算保険料からその分を減算します。

労働保険料の申告・納付

年度更新の手順①

確定保険料・一般拠出金算定基礎賃金集計表の作成

まず確定保険料算定基礎賃金集計表を作成する

前年度（その年の3月）が終わったら、年度更新の準備に取りかかりましょう。

労働保険料の申告は、「労働保険料申告書」の提出によって行います。この申告書を作成するにあたっては、雇用保険、労災保険それぞれの対象者に対して、前年度分1年間に支払った賃金総額を把握しておかなければなりません。

そのためには、あらかじめ「確定保険料（および一般拠出金）算定基礎賃金集計表」（以下、「集計表」）を作成して賃金総額を把握し、その金額に規定の保険料率を乗じて労働保険料を算定します。「集計表」は、申告後は申告書の控えとともに保管しておくとよいでしょう。

賃金の範囲と従業員の範囲

「集計表」の作成にあたっては、労働保険料の対象となる賃金の範囲を把握しておきましょう。

労働保険における賃金とは、事業主がその事業に使用する労働者に対して労働の対価として支払うすべてのもので、税金や社会保険料等を控除する前の支払い総額をいいます。ただし、退職金、結婚祝金、死亡弔慰金、災害見舞金などは、就業規則などによってその支給が義務づけられていても賃金に算入されません。

保険の対象となる従業員の範囲も確認しておきましょう。労災保険は原則としてすべての従業員の賃金を算定しますが、雇用保険は規定の被保険者（→P158）の範囲で算定します。

なお、2019年度まで経過措置として、満64歳以上の高年齢労働者に係る雇用保険料は免除されていましたが、2020年4月1日からは高年齢労働者の雇用保険料も徴収の対象となっています。

一般拠出金の算出

一般拠出金とは、石綿健康被害救済基金への拠出金のことで、労災保険に適用する事業主は必ず納付しなければなりません。一般拠出金は、労働保険料と合わせて納付します。

一般拠出金の算出には、原則として労災保険の賃金総額を使います。

プラス知識！ 社会保険上の「報酬」と労働保険上の「賃金」との主な違い 社会保険では、年3回まで支給される賞与を「賞与」、年4回以上の賞与は「報酬」と区別して、算定基準なども異なります。労働保険上ではどの賞与もすべて「賃金」とみなしており、算定基準などに違いはありません。

労働保険の対象となる賃金の範囲

⭕ 賃金とするもの

項目	内容
基本給 （基本賃金）	時間給・日給・週給・月給、日雇労働者やパート・アルバイトに支払う賃金
賞与	夏期・年末に支払うボーナス
通勤手当	非課税分を含む
定期券・回数券	通勤のために支給する現物給与
超過勤務手当 深夜手当等	通常の勤務時間以外の労働に対して支払う残業手当等
扶養手当 家族手当	労働者本人以外の者について支払う手当
技能手当 特殊作業手当 教育手当	労働者個々の能力、資格等に支払う手当、特殊な作業についた場合に支払う手当
調整手当	配置転換・初任給等の調整手当
地域手当	寒冷地手当・地方手当・単身赴任手当等
住宅手当	家賃補助のために支払う手当
奨励手当	精勤手当・皆勤手当等
物価手当 生活補給金	家計補助の目的で支払う手当
休業手当	労働基準法第26条に基づき事業主の責に帰すべき事由により支払う手当
宿直・日直手当	宿直・日直等の手当
雇用保険料 社会保険料等	労働者の負担分を事業主が負担する場合
昇給差額	離職後支払われた場合で在職中に支払いが確定したものを含む
前払退職金	支払い基準・支給額が明確な場合は原則として含む
その他	不況対策による賃金からの控除分が労使協定に基づき遡って支払われる場合の賃金

❌ 賃金としないもの

項目	内容
役員報酬	取締役等に対して支払う報酬
結婚祝金 死亡弔慰金 災害見舞金 年功慰労金 勤続褒賞金 退職金	就業規則・労働協約等の定めの有無を問わない
出張旅費 宿泊費	実費弁償と考えられるもの
工具手当 寝具手当	労働者が自己の負担で用意した用具に対して手当を支払う場合
休業補償費	労働基準法第76条の規定に基づくもの。法定額60％を上回った差額分を含めて賃金としない
傷病手当金	健康保険法第99条の規定に基づくもの
解雇予告手当	労働基準法第20条に基づいて労働者を解雇する際、解雇日の30日以前に予告をしないで解雇する場合に支払う手当
財産形成貯蓄のため事業主が負担する奨励金等	勤労者財産形成促進法に基づく勤労者の財産形成貯蓄を援助するために事業主が一定の率または額の奨励金を支払う場合（持株奨励金など）
会社が全額負担する生命保険の掛金	従業員を被保険者として保険会社と生命保険等厚生保険の契約をし、事業主が保険料を全額負担するもの
持ち家奨励金	労働者が持ち家取得のため融資を受けている場合で事業主が一定の率または額の利子補給金等を支払う場合
住宅貸与を受ける利益 （福利厚生施設として認められるもの）	ただし、住宅貸与されない者全員に対し（住宅）均衡手当を支給している場合は、貸与の利益が賃金となる場合がある

KEY WORD　石綿健康被害救済基金　かつて建設資材で幅広く使用されてきた石綿（アスベスト）により、中皮腫や肺がんを発病した人などに対して、救済給付を行うために創設されました。事業主からの拠出金のほか、国からの交付金、地方公共団体からの拠出金によって運営されています。

改正 確定保険料・一般拠出金 算定基礎賃金集計表

① 常用従業員の人数・賃金の総額を月ごとに記入する。雇用保険の一般被保険者の対象となるパートタイマーもここに含める。

② 兼務役員の人数・賃金の総額を月ごとに記入。その際、役員報酬は除き、従業員の身分での賃金部分のみを記入する。

③ 雇用保険の一般被保険者に加入していないパートタイマーなどはここに含める。

④ ①～③の合計を記入する。

令和○年度 確定保険料・一般拠出金算定基礎賃金集計表
(算定期間 令和○年4月～令和△年3月) ※概算・確定

労働保険番号	府県	所掌	管轄	基幹番号	枝番号	出向者の有無 受 出	事業の名称 事業の所在地
	13	1	01	123321	000	0名 0名	小宮商事株式会社 埼玉県さいたま市東区三

労災保険および一般拠出金(対象者数及び賃金)

区分 月	① 常用労働者 常用労働者のほか、パート、アルバイトで雇用保険の資格のある人を含めます。	② 役員で労働者扱いの人 実質的な役員報酬分を除きます。	③ 臨時労働者 ①②以外の全ての労働者(パート、アルバイトで雇用保険の資格のない人)を記入してください。	④ 合計 (①+②+③)
令和○年 4月	10人 3,850,000円	1人 400,000円	2人 160,000円	13人 4,410,000
5月	10 3,850,000	1 400,000	2 145,250	13 4,395,250
6月	10 3,850,000	1 400,000	2 157,110	13 4,407,110
7月	10 3,850,000	1 400,000	2 155,000	13 4,405,000
8月	11 4,220,000	1 400,000	2 148,000	14 4,768,000
9月	11 4,220,000	1 400,000	2 139,110	14 4,759,110
10月	11 4,220,000	1 400,000	2 139,990	14 4,759,990
11月	11 4,220,000	1 400,000	2 143,000	14 4,763,000
12月	10 3,850,000	1 400,000	2 157,750	13 4,407,750
令和△年 1月	10 3,850,000	1 400,000	2 160,100	13 4,410,100
2月	10 3,850,000	1 400,000	2 133,200	13 4,383,200
3月	10 3,850,000	1 400,000	2 159,560	13 4,409,560
賞与 ○年 7月	4,300,000			4,300,000
賞与 ○年12月	4,300,000			4,300,000
賞与 年 月				
合計	124 56,280,000	12 4,800,000	24 1,798,070	160 62,878,070

※A 次のBの事業以外の場合、各月賃金締切日等の労働者数の合計を記入し、その合計人数を12で除し小数点以下切り捨てた月平均人数を記入してください。

↓

B 船きょ、船舶、岸壁、波止場、停車場又は倉庫における貨物取扱の事業においては、令和○年度中の1日平均使用労働者数を記入してください。
(令和○年度に使用した延労働者数/令和○年度における所定労働日数)

常時使用労働者数(労災保険対象者数)

160 ÷12= 13 人 申告書④欄に転記

※各月賃金締切日等の労働者数の合計を記入し④の合計人数を12で除し小数点以下切り捨てた月平均人数を記入してください。
切り捨てた結果、0人となる場合は1人としてください。
また、年度途中で保険関係が成立した事業については、保険関係成立以降の月数で除してください。

月平均人数を算出するときは、小数点以下は切り捨てる。

備考
役員で労働者扱いの詳細

氏名	役職	雇用保険の資格
小川圭三	取締役	有・無
		有・無
		有・無
		有・無

役員で雇用保険の資格のある人の氏名と役職を記入する。

算定期間中に支払われなかった賃金は? 労働保険の保険料算定期間(本年4月1日～翌年3月31日)に支払いが確定した賃金は算定期間中に支払われなくても賃金に算入されます。

166

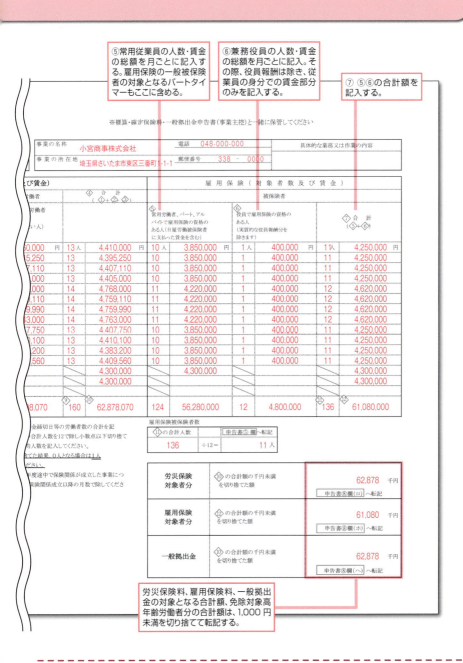

労働保険料の申告・納付

年度更新の手順②

労働保険概算・増加概算・確定保険料申告書の作成と保険料の納付

申告書作成の流れ

「集計表」を作成したら、それをもとに申告・納付する保険料を「労働保険概算・増加概算・確定保険料申告書」に記入します。作成は、次のような流れになります。

①前年度の確定保険料を算出する。
②前年度の概算保険料と①との差額を出す。
③本年度の概算保険料を算出する。
④②と③から、本年度に納める労働保険料を求める。
⑤④に一般拠出金を加えて、納付総額を出す。

確定保険料と概算保険料との差額を出す

具体的に説明しましょう。まず、「集計表」で算出した前年度の賃金総額から、労災保険料、雇用保険料、一般拠出金のそれぞれの保険料率で乗じて、保険料を算出します。雇用保険の賃金総額は、雇用保険の被保険者のみの賃金総額となります。

このようにして前年度の確定保険料を算出したら、前年度の概算保険料との差額を精算します。通常は、採用、退職にともなう従業員の変動などによって概算保険料と確定保険料が異なるので差額が出ます。

前年度の概算保険料のほうが確定保険料より多い場合は充当額とし、前年度の概算保険料のほうが確定保険料より少ない場合は不足額とします。

納付する保険料と一般拠出金を求める

次に、本年度の概算保険料を求めます。厳密には本年度の賃金総額の見込額に保険料を乗じて概算保険料を算出するのですが、実際は、前年度の確定保険料をそのまま流用してかまいません。

その次に、充当額は概算保険料から差し引き、不足額は概算保険料に加算します。こうして納付する労働保険料を求めたら、本年度の一般拠出金を加算します。これが本年度に納める総額になります。

なお、算出した雇用保険料の被保険者負担分は、毎月の賃金から控除することはP98で説明したとおりです。

労災保険料および一般拠出金は会社側

労働保険概算・増加概算・確定保険料申告書の入手方法　労働局より送付されます。労働基準監督署にも用意してあります。電子申請をする場合は、電子申請用の書式を使います。

改正 労働保険料・一般拠出金の算出方法

労災保険料 ＝従業員の賃金総額×労災保険率

労災保険率は事業の種類によって異なるし、時々変更されるんだ。会社に送られてくる労働保険関係の書類を確認しよう！

労災保険率表

(単位：1/1,000)　　　　　　　　　　　　　　　　　　（平成30年4月1日施行）

事業の種類の分類	業種番号	事業の種類	労災保険率
林業	02 又は 03	林業	60
漁業	11	海面漁業（定置網漁業又は海面魚類養殖業を除く。）	18
	12	定置網漁業又は海面魚類養殖業	38
鉱業	21	金属鉱業、非金属鉱業（石灰石鉱業又はドロマイト鉱業を除く。）又は石炭鉱業	88
	23	石灰石鉱業又はドロマイト鉱業	16
	24	原油又は天然ガス鉱業	2.5
	25	採石業	49
	26	その他の鉱業	26
建設事業	31	水力発電施設、ずい道等新設事業	62
	32	道路新設事業	11
	33	舗装工事業	9
	34	鉄道又は軌道新設事業	9
	35	建築事業（既設建築物設備工事業を除く。）	9.5
	38	既設建築物設備工事業	12
	36	機械装置の組立て又は据付けの事業	6.5
	37	その他の建設事業	15
製造業	41	食料品製造業	6

雇用保険料 ＝被保険者の賃金総額×雇用保険料率

雇用保険料率はP99にあるわ。賃金から控除されるのは「被保険者負担分」だったわね。

＊2019年度まで経過措置として、満64歳以上の高年齢労働者に係る雇用保険料は免除されていたが、2020年4月1日からは高年齢労働者の雇用保険料も徴収の対象となっている。

一般拠出金 ＝すべての従業員の賃金総額×一般拠出金率

一般拠出金の一般拠出金率は業種を問わず一律1000分の0.02です。

概算保険料の算出　見込額が前年度の賃金総額と比較して2倍を上回る、または半分を下回ることがわかっている場合には、前年度の確定保険料ではなく実際の見込額から保険料を算出します。

が全額負担するので、賃金から控除することはありません。

申告後、分割納付ができる場合

申告書作成後、労働保険料と一般拠出金を申告・納付します。**申告書についている領収済通知書を使って、6月1日から7月10日（10日が休日の場合は翌営業日）までに納付します。**

基本的に一括納付ですが、次のような場合は3回にわけて分割納付（延納）することができます。

● 本年度の概算保険料申告額が40万円以上ある場合
● 納付が労災保険のみ、または雇用保険のみでは、20万円以上の概算保険料申告額がある場合
● 労働保険事務を労働保険事務組合に委託している場合は、労働保険料の額にかかわらず分割納付の期日は、
・1期目が7月10日まで
・2期目が10月31日まで
・3期目が1月31日まで

となっています。端数が出た場合は1期目にまとめて支払います。

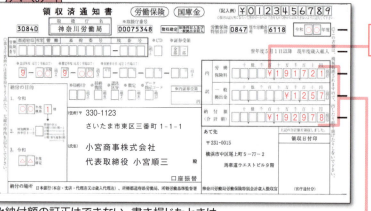

＊納付額の訂正はできない。書き損じたときは、同都道府県内の新しい領収済通知書に記入する。

労働保険料額＋一般拠出金額＝納付額

労働保険事務組合 中小事業主の委託を受けて労働保険事務を行う団体で、事業協同組合、商工会議所などがあります。委託できるのは、常時使用する従業員が、金融・保険・不動産・小売業では50人以下、卸売・サービス業では100人以下、そのほかの事業では300人以下の会社に限られます。

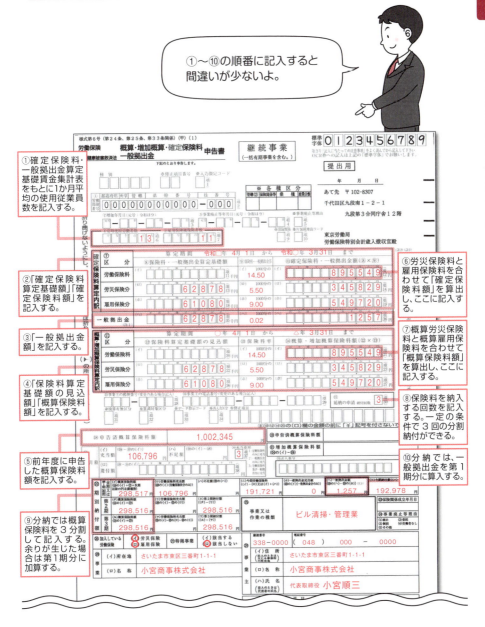

労災保険の特別加入制度

中小企業の事業主や家族従事者も労災保険に加入できる

　労災保険は、もともと労働基準法が定める労働者の保護を目的とした制度です。このため、労働者といえない事業主本人や会社役員、家族従事者などは、労災保険の対象とはなりません。

　しかし、労災保険では、こうした本来労災保険の適用がない人のうちの一部について、次のような一定の要件を満たせば労災保険に加入できる制度を設けています。この制度を労災保険の特別加入制度といいます。

●特別加入制度の対象者

対象者	要件
中小事業主等 （役員、家族従事者を含む）	300人（金融業、保険業、不動産業、小売業の場合50人、卸売業、サービス業の場合100人）以下の労働者を使用する事業を行う人
一人親方 （家族従事者を含む）	労働者を使用しないで事業を行う個人事業主で、次の事業を行う人 ①自動車を使用して行う旅客または貨物の運送の事業 ②建設の事業 ③漁船による水産動植物採捕の事業 ④林業の事業 ⑤医薬品の配置販売の事業 ⑥再生資源の取扱いの事業
特定作業従事者	次の6種類の作業に従事する人 ①特定農作業従事者 ②指定農業機械作業従事者 ③国または地方公共団体が実施する訓練従事者 ④家内労働者または補助者 ⑤労働組合等の常勤役員 ⑥介護作業従事者
海外派遣者	日本国内で行われる事業（建設の事業などは除く）から派遣されて、海外支店、工場、現場、現地法人、海外の提携先企業等海外で行われる事業に従事する労働者

※特別加入制度は任意に加入する制度で、加入希望者は都道府県労働局長の承認を得なければならない。
※特別加入制度の算定の基礎となる額は、特別加入者の所得水準に見合った額を申請して承認された額となる[給付基礎日額]。その額に365を乗じたものが、保険料算定基礎額で、保険料の計算式は、
　特別加入者の保険料＝保険料算定基礎額×保険料率
となる。なお、中小事業主等が委託する労働保険事務組合経由で加入できる。

第6章
年末調整の実務

まず年末調整の流れを知ろう
そもそも「年末調整」とは？

年末調整の対象となる人

まずは全体の流れを大まかにつかむ

　第6章では、毎年年末に行われる**年末調整**について解説します。年末調整の作業はとても複雑なので、まずはP179までの「年末調整の流れ」を大まかにつかんでください。

源泉徴収額と実際の税額との調整作業

　会社は役員や従業員に対して給与を支払う際に所得税の源泉徴収を行います（→P52参照）。しかし、その年の1年間に給与等から源泉徴収をした所得税の合計額は必ずしもその人が1年間に納めるべき税額とは一致しません。**このため1年間に源泉徴収した源泉所得税の合計額と、1年間に納めるべき所得税額とを一致させる**必要があります。この手続きを**年末調整**といいます。

年末調整の対象となる人

　年末調整の対象となる人は、**その年の末まで勤務しており、かつ、年末調整の**ときまでに会社に「**給与所得者の扶養控除等（異動）申告書**」を提出している人です。年の途中で入社した人で年末まで勤務していれば対象者となります。

　ただし、2,000万円を超える給与の支払いを受ける人などは年末調整の対象になりません。このような人は、自分で**確定申告**をすることになります。

　年末調整の対象となる人・ならない人については次のページを参照してください。

その年の所得税が確定したら行う

　年末調整は、原則として1年の給与支給総額が決まる**12月**に行います。ただし、1年の所得税が確定した時点であれば12月以外でも行うことがあります。

　たとえば、6月に死亡により退職した人の所得税額は死亡した時点で確定しますから、その年の1月から6月までの期間で年末調整を行います。

　また、年の途中で会社を退職した人の場合、その人がその年中に再就職する可能性があり、その年の所得税が未確定なので、年末調整の対象にはなりません。

 KEY WORD　**給与所得者の扶養控除等（異動）申告書**　給与の支払いを受ける人が、配偶者控除や扶養控除などの控除を受けるために提出する書類です。控除すべき者がいなくても、最初に給与の支払いを受ける前に会社に提出することになっています。→詳細はP180

年末調整の対象となる人

年末調整の対象となる人は次のとおり。それぞれ行う時期が違うんだよ。

- 1年を通じて勤務している人
- 年の途中で入社して年末まで勤務している人

→ **年末**に年末調整を行う。

- 死亡により年の途中で退職した人
- 著しい心身障害のため年の途中で退職した人で、その年中に再就職ができないと見込まれる人
- 12月に給与の支払いを受けた後に退職した人
- 年の途中で退職したパートタイマーなどで、その年中の給与総額が 103 万円以下、かつその年中に再就職しないと見込まれる人

→ **退職時**に年末調整を行う。

- 年の途中で非居住者となった人＊
  ＊非居住者……海外に転勤したなどで、国内に1年以上住所がない人

→ **非居住者になったときに**年末調整を行う。

年末調整の対象とならない人

- その年中の給与等の収入金額が 2,000 万円を超える人
- 災害による被害を受けた人のうち、その年の給与に対する源泉所得税の徴収猶予または還付を受けた人
- 年の途中で退職した人（例外的に対象となる人もいる）
- 2か所以上から給与の支払いを受けている人で、他の会社に「給与所得者の扶養控除等（異動）申告書」を提出している人
- 年末調整までに「給与所得者の扶養控除等（異動）申告書」を提出していない人
- 日本に住所または1年以上の居所のない人（非居住者）
- 日雇い労働者など、継続して同一の雇用主に雇用されない「源泉徴収税額表の日額表」の丙欄適用者

 確定申告 前年の所得から所得税額を申告して、納税・還付の手続きをすることです。自営業者などは自ら確定申告を行います。

まず年末調整の流れを知ろう

年末調整の準備はいつから始める？

年末調整の手続きの順序と確認事項

年末調整の準備は11月から

年末調整によって正確な所得税額を算出するには、あらかじめ従業員から必要な書類を受け取っておかなくてはなりません。12月は通常の給与計算事務のほかに賞与の支給がある会社も多いので、早めの準備が必要です。

11月になると、税務署から年末調整に関する書類一式が送られてきます。また、年末調整の計算にあたっては下の表の書類や証明書が必要になります。

各種申告書は、遅くとも11月下旬には年末調整対象者に配布し、12月初旬にはすべて回収して、記入漏れやミスがないかをチェックしておくようにします。回収を待つ間に、給与等の1年間の総支給額、1年間の社会保険料、その年に源泉徴収した所得税額をあらかじめ計算しておきます。

改正点がないかを必ずチェック

年末調整には毎年のように改正点があります。11月に税務署から送られてく

年末調整に際して確認が必要な事項

確認事項	確認資料	注意事項
①配偶者控除、扶養控除等 扶養家族の氏名・生年月日	給与所得者の扶養控除等申告書 給与所得者の配偶者控除等申告書	扶養家族の人で給与やアルバイト収入がある場合には所得金額も確認する
②生命保険料控除	生命保険料控除申告書 控除証明書の添付	証明書は一般の生命保険契約と個人年金保険契約のそれぞれが必要
③地震保険料控除	保険料控除申告書 控除証明書の添付	満期返戻金の有無、保険期間などを確認
④社会保険料控除 国民健康保険 国民年金保険料	保険料控除申告書 控除証明書の添付	本年中に支払った金額などを確認する
⑤小規模企業共済等掛金控除 心身障害者扶養共済掛金	保険料控除申告書 控除証明書の添付	本年中に支払った金額などを確認する
⑥住宅借入金等特別控除	住宅借入金等特別控除申告書 控除証明書等の添付	税務署から送付された証明書と銀行などの借入金残高証明書を用意する
⑦中途入社の社員や従業員	前の会社の源泉徴収票	給与等の金額、社会保険料、源泉所得税などを確認する

給与所得 所得税の対象となる所得の一つで、勤務先から受ける給与による所得です。会社が行う年末調整はこの給与所得のみを対象としています。給与所得以外の株の配当金などの所得がある場合には、確定申告が必要となる場合があります。

る書類に同封されている「年末調整のしかた」や「法定調書の作成と提出の手引」の冊子には必ず目を通してください（法定調書→P218参照）。これらの冊子では、書き方や流れだけでなく改正点をチェックしておきます。

年末調整の流れ

❶ 1年間の給与（賞与も含む）の合計額と源泉所得税額を集計する。

❷ 1年間に支払った給与の合計額から非課税の給与額（通勤手当など）を差し引く。

❸ ❷から給与所得控除額を差し引く。

❹ ❸から所得控除（配偶者控除、扶養控除など）額を差し引く（差し引いて残った所得のことを課税所得という）。

❺ 課税所得に所得税の税率を当てはめて税額を求める。

この税額を**算出年税額**というんだ。

❻ ❺から住宅借入金等特別控除額を差し引く。

❼ ❻の額に復興特別所得税（→「KEY WORD」参照）の税率を掛けて年税額が確定する。

この税額を**年調年税額**というよ。

❽ ❶で求めた源泉所得税額と❼の年税額との差額を求める。過納分の還付・不足分の徴収を行う。

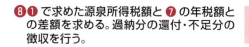

ここまでが**年末調整**。

❾ 源泉所得税を納付する。

---

❿ 源泉徴収票（給与支払報告書）、法定調書合計表の作成。

 KEY WORD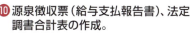

復興特別所得税 2011年の東日本大震災からの復興施策に必要な財源を確保するために課されることになった新しい税金のことです。基準となる所得税額にさらに2.1%を掛けて課税金額を算出します。

まず年末調整の流れを知ろう

所得税額の計算に必要な書類

源泉徴収簿の作成と税額の計算

源泉徴収簿の作成

年末調整の書類がそろって、その確認が終わったら、税額の計算作業を行います。所得税額の計算に必要なのが、源泉徴収簿です。この書類に税額計算に必要な金額を記入します。記入する手順は、P177「年末調整の流れ」と同じです。

手順❶ 左欄に給与、賞与、社会保険料、源泉所得税の転記

まず、源泉徴収簿の左側に毎月の給与、給与から天引きされる社会保険料、算出年税額を記入します（→ P177 図❶❷）。中途入社の社員の前職分の給与、社会保険料、源泉所得税の記入を忘れずに行ってください。なお、中途入社した人の前職分の給与や当社から支給した賞与は記入する欄が異なるので注意しましょう。

手順❷ 右欄で各種控除額を記入、年調年税額を確定

年税額の計算は源泉徴収簿の右にある「年末調整」欄で行います。

源泉徴収簿の左側の欄で、1年間の給与の総額を集計したら、「年末調整のための給与所得控除後の給与等の金額の表」により、給与所得控除後の金額を求めます（→ P177 図❸）。

次に給与から天引きしている社会保険料、また保険料控除、配偶者控除などの所得控除の金額をそれぞれ源泉徴収簿に記入し、それを集計して課税所得の額を計算します（→ P177 図❹）。この課税所得に税率を適用すれば1年間の算出年税額が計算できます（→ P177 図❺）。

さらに住宅借入金等特別控除がある場合には、明細書で計算した控除額を控除し（→ P177 図❻）、最後に復興特別所得税の税率（102.1％）を掛けて年調年税額が確定します（→ P177 図❼）。

手順❸ 年調年税額と源泉所得税額との差額を計算し還付額・不足額を算出

源泉徴収簿の右側の下の欄に年調年税額と源泉所得税の合計額との差額を計算し、還付額または不足額を算出します（→ P177 図❽）。

そして、源泉徴収簿によって計算された還付額・不足額を翌月支払う源泉所得税で調整して納付します（→ P177 図❾）。

 源泉徴収簿の構造 源泉徴収簿は、左側が1年間の給与や賞与、控除した社会保険料や所得税を記入する欄になっています。右側が年末調整欄で、給与支給総額や各申告書のデータを転記することで年末調整を進められるようになっています。

源泉徴収簿の記入手順と年税額の計算

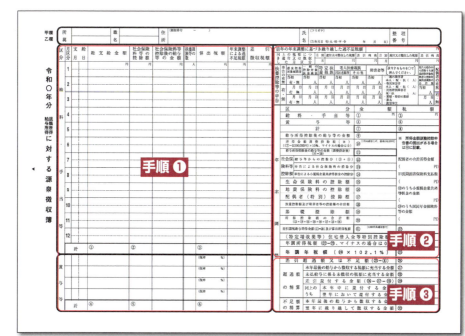

第6章 年末調整の実務 — まず年末調整の流れを知ろう

年末調整の事務で集計された控除額などの金額を右の手順でまとめて、税額を計算するんだよ。

手順❶
給与、賞与、社会保険料、源泉所得税の転記。

手順❷
各種控除額を記入、算出年税額を確定。住宅借入金等特別控除額を差し引いて復興特別所得税の税率を掛けて年調年税額を確定。

手順❸
源泉所得税の合計額と年調年税額との差額を計算し、超過額・不足額を算出。

パソコンの給与計算ソフトを使用すると便利! パソコンの給与計算ソフトを使うと、源泉徴収簿に記入する社会保険料や源泉所得税、所得控除額、課税所得金額、所得税額が自動的に入力されて年末調整事務が省力化できます。

年末調整に必要な書類

配偶者や扶養親族を確認する書類

給与所得者の扶養控除等（異動）申告書

この申告書で人的控除の内容と金額を確定する

　ここからは年末調整に必要な書類とその書き方について説明します。

　まずは、「給与所得者の扶養控除等（異動）申告書」です。これは、所得控除の対象となる扶養親族や配偶者の状況などを確認する書類で、**控除対象となる配偶者や扶養親族がいない人にも提出義務があります**。

異動の確認

　この申告書は、その年最初の給与支払い前に提出し、結婚などで扶養状況に異動があれば、そのつど申告することになっています。年末調整の事務の前には再確認のために本人に渡し、12月初旬には回収します。次のような異動に注意しましょう。
①結婚したことで控除対象配偶者をもつことになった。
②本人が障害者、寡婦（寡夫）または勤労学生に該当することになった。
③控除対象配偶者や扶養親族が障害者に該当することになった。
④扶養親族であった人の就職、結婚などにより、扶養親族の数が減少した。

控除の種類

　この申告書による控除には、配偶者を対象とした**配偶者控除**、扶養親族を対象とした**扶養控除**、障害者である本人や扶養者を対象とした**障害者控除**などがあります。控除の対象となるかどうかの判定は、申告書の裏面にある**「控除対象配偶者、扶養親族等の範囲」**によって決定します。

年末調整後の異動はやり直しができる

　なお、年末調整を行った後、その年の12月31日までに結婚して扶養配偶者ができた、子どもが結婚して扶養家族が減ったなど、扶養親族の数などに異動があるときは**年末調整のやり直し**をすることができます。その年分の源泉徴収票を作成するまでに、異動後の「扶養控除等（異動）申告書」を提出してもらい、所得税の還付・徴収を行います。

控除の区分と適用範囲の記載場所　控除の区分とその詳しい適用範囲は、「給与所得者の扶養控除等（異動）申告書」の裏面に記載してあります。

控除の区分とチェックポイント

控除名	区分	チェックポイント
配偶者控除	源泉控除対象配偶者（同一生計配偶者）	・①所得の見積額が48万円以下であるか。 　※パートの給与所得などが48万円（給与収入103万円）を超えると控除対象から外れる。 ・②「配偶者控除等申告書」（→P187）も確認する。 ・③事実婚ではないか（内縁関係は控除の対象にならない）。 ・④（控除対象配偶者）給与所得者の合計所得金額が1000万円以下であるか。 ・⑤（源泉控除対象配偶者）給与所得者の合計所得金額が900万円以下で、配偶者の合計所得金額が95万円以下であるか。 ●配偶者は、給与所得者と生計を一にする配偶者（青色事業専従者等を除く）に限る。 ●（特別）障害者に該当する場合には、（特別）障害者控除の対象となる。 ●控除対象配偶者のうち年齢70歳以上の配偶者は老人控除対象配偶者となる。
扶養控除	（一般の）扶養親族	・⑥所得の見積額が48万円以下であるか。 ・⑦「続柄」の欄で、6親等内の血族と3親等内の姻族の範囲かを確認する。 ・「生年月日」で16歳以上かどうかを確認する。
	特定扶養親族	・上記の⑥⑦を確認する。 ・「生年月日」で19歳以上23歳未満かどうかを確認する。
	老人扶養親族	・上記の⑥⑦を確認する。 ・⑧「生年月日」で70歳以上かどうかを確認する。
	同居老親等	・上記の⑥⑦⑧を確認する。 ・「老人控除対象配偶者又は老人扶養親族」の欄で、同居しているかどうかを確認する。
	同居特別障害者	・上記の⑥⑦を確認する。 ・「障害者」の欄で、同居特別障害者かどうかを確認する。
障害者控除	（一般の）障害者	・「障害者」の欄で、該当するかどうかを確認する。 ・「障害者」の欄で、障害の程度を簡単に記載してもらうとよい。
	特別障害者	
寡婦控除	寡婦	・扶養親族の有無や所得金額を確認する。 ・「障害者」の記入欄に、夫と死別（離婚）した年月日などを記載してもらうとよい。
	特別の寡婦	・子が扶養親族となっていることを確認する。 ・所得金額を確認する。
寡夫控除	寡夫	・子が扶養親族となっていることを確認する。 ・所得金額を確認する。
ひとり親控除	ひとり親	・事実上婚姻関係と認められる人がいないこと。
勤労学生控除	勤労学生	・勤労学生とは、大学生、高校生、専修学校生など。学生証のコピーの添付を求める、あるいは「障害者」の記入欄に学校名などを記入してもらうとよい。

プラス知識！ **年末調整のやり直し①** 年末調整後から12月31日までに扶養親族が増えた場合には、特にやり直しにこだわらず、本人が確定申告をして所得税額の還付を受けてもかまいません。しかし、扶養親族が減った場合は、必ず年末調整のやり直しを行い、不足となった税額を徴収します。

異動の確認　こんなときどうする？

控除対象配偶者や扶養親族、障害者の数、寡婦（寡夫）などは、この申告書で控除の対象となるかどうかを確認する。

こんなときどうする？

Q 控除対象配偶者や扶養親族、障害者などに該当するかどうかをいつ判定するのか？

A 年末調整を行う日の現況により判定する。
この判定にあたっては、配偶者等の合計所得金額＊の確認が必要。合計所得金額は年末調整を行う日の現況によって見積もった本年の金額によって判定する。
年齢はその年12月31日（その日までに死亡した人については、その死亡の日）の現況により判定する。

Q 年末調整を行った後、その年12月31日までに扶養親族の増加などの異動があったときは？

A 年末調整のやり直しをすることができる。
＊やり直しは1月31日までが期限。

Q 控除対象配偶者や扶養親族がその年の中途で死亡した場合はどうする？

A 死亡の日の現況により判定することになるから、その年の分については配偶者控除や扶養控除などの控除対象となる。

＊合計所得金額とは、原則として次の①〜⑥の合計額のこと。

 合計所得金額に含まれるもの
① 総所得金額
② 土地・建物等の譲渡所得の金額
③ 株式等の譲渡所得等の金額
④ 退職所得金額
⑤ 山林所得金額
⑥ 先物取引に係る雑所得等

 合計所得金額に含まれないもの
⑦ 遺族年金
⑧ 失業等給付
⑨ 休業補償
⑩ 確定申告をしないことを選択した上場株式等の配当等
⑪ 源泉徴収選択口座を通じて行った上場株式等の譲渡による所得等で確定申告をしなかったことを選択したもの、など。

次の⑦〜⑪は合計所得金額には含まれないので注意！

 年末調整のやり直し②　扶養控除等の誤りがわかると扶養手当の返還、所得税の追徴など、年末調整のやり直しが必要になります。1月は源泉徴収票・給与支払報告書の作成で忙しい月です。やり直しがないように記載事項はしっかりチェックしましょう。

扶養控除等申告書で確認する主な人的控除の控除額

●配偶者控除の控除額

	給与所得者の合計所得金額 (給与所得だけの場合の給与所得者の給与等の収入金額)			【参考】 配偶者の収入が給与所得だけの場合の配偶者の給与等の収入金額
	900万円以下 (1,095万円以下)	900万円超 950万円以下 (1,095万円超 1,145万円以下)	950万円超 1,000万円以下 (1,145万円超 1,195万円以下)	
配偶者の合計所得金額 48万円以下	38万円	26万円	13万円	103万円以下
老人控除対象配偶者	48万円	32万円	16万円	

●扶養控除の控除額

区分	要件など	一般
一般の扶養親族	—	38万円
特定扶養親族	19歳以上23歳未満	63万円
老人扶養親族	70歳以上	48万円
同居老親等	本人または配偶者と同居する70歳以上の親	58万円

●寡婦(寡夫)控除とひとり親控除の区分と控除額

区分	要件など	控除額
寡婦	夫と死別または離婚した独身者で扶養の子どもがある者	35万円
	夫と死別した独身者で所得金額が500万円以下である者	27万円
寡夫	妻と死別または離婚した独身者で扶養の子どもがあり、所得金額が500万円以下である者	27万円
ひとり親	事実上婚姻関係と認められる人がいない者。	35万円

●その他の控除　控除額

控除の種類	要件など	控除額
障害者控除	本人が障害者、または配偶者や扶養親族に障害者がいる場合	27万円
	特別障害者の場合	40万円
	同居特別障害者	75万円
勤労学生控除	本人が勤労学生	27万円
基礎控除	個人の合計所得金額が2,400万円以下*	48万円

*いままで基礎控除は一律だったが、令和2年以降、納税者本人の合計所得金額によって次の通りになった。2,400万円以下→控除額48万円、2,400万円超2,450万円以下→控除額32万円、2,450万円超2,500万円以下→控除額16万円、2,500万円超→控除額0円

扶養控除額の計算　扶養控除等(異動)申告書の内容は各人の源泉徴収簿(P204)の「扶養控除等の申告」欄に正しく反映しなければなりません。扶養控除額の計算はこの欄の記載に基づいて行うことになるからです。

給与所得者の扶養控除等（異動）申告書

●源泉控除対象配偶者・一般扶養親族があるケース

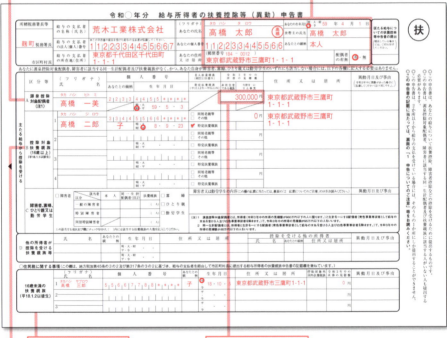

源泉控除対象配偶者がある場合に記入する。給与所得者の所得の見積額が900万円以下で、生計を同じくする所得の見積額が85万円以下の配偶者が該当する。

囲み内の項目は、従業員本人に記入してもらう。

16歳未満の扶養親族は、同じ用紙の下欄にある「住民税に関する事項」に記入する。

パートの場合は、給与収入（103万円以下）から55万円を差し引いた額をここに記入する。

扶養親族とは、本人と生計を同じくし、合計所得金額が48万円以下（パート収入の場合は103万円以下）の人を指す。16歳未満は扶養控除の対象とならないため、記入しない。

 所得税制の改正 平成23年から、子ども手当（現・児童手当）や高校の授業料無償化などにともない16歳以上19歳未満の扶養親族に対する扶養控除額が減額され、16歳未満の扶養親族（年少扶養親族）は控除の対象外となりました。

●従業員本人が特別の寡婦で特定扶養親族があるケース

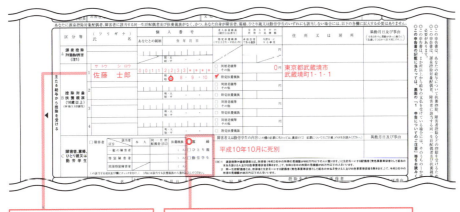

19歳以上23歳未満の扶養親族を特定扶養親族と呼ぶ。一般扶養親族に対して控除額が多く設定されている。

寡婦の条件は、①②のいずれかになる。
①夫と死別後または離婚後再婚していない人で、扶養親族がいる人、
②夫と死別後再婚していない人で、合計所得金額が500万円以下の人（扶養親族がいない場合）。
特別の寡婦とは、寡婦のうち、扶養親族の子どもがいて、合計所得金額が500万円以下の人。

●特別障害者の同居老親等があるケース

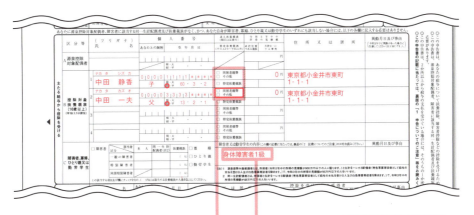

扶養親族のうち70歳以上の人が老人に該当。さらに本人または配偶者の直系尊属（父母、祖父母など）で基本的に同居している人を同居老親等に区分する。

障害者の要件に該当するかどうか確認したうえで、障害者等の理由の欄に障害の内容を記入する。身体障害者1級または2級は、特別障害者になる。

扶養親族の条件 扶養親族には、①6親等内の血族および3親等内の姻族、②納税者と生計を一にしている、③年間の合計所得金額が48万円以下、青色申告者の事業専従者としてその年を通じて一度も給与の支払いを受けていない、などの条件があります。→詳細はP181

年末調整に必要な書類

1つの用紙で3つの控除を申告する

基礎控除・配偶者控除等・所得金額調整控除

基礎控除と配偶者控除、配偶者特別控除を1枚の用紙で申告

2020年から基礎控除と配偶者控除、配偶者特別控除、また新設された所得金額調整控除は新書式によって申告することになりました。これらの控除は給与所得者本人や配偶者の所得金額等によって控除額が変わります。新書式に所得金額等を記入して、控除額を計算することになっています。

基礎控除は、所得金額に関係なく一律に適用される控除でしたが、2020年からは納税者本人の所得金額に応じて控除額が変わります（P183参照）。

配偶者控除は、年末調整対象者に生計を一にする配偶者がいる場合、その配偶者の本年中の合計所得金額が48万円以下の場合に受けることができる控除です。

配偶者特別控除は、その配偶者の本年中の合計所得金額が48万円超133万円以下の場合に受けることができる控除です。

所得金額調整控除が新設

給与所得控除（P 204）の2020年の改正によって、年収850万円超となる所得者は所得税が増税されましたが、次の①②③のいずれかに該当する人の税負担を軽減するために、所得金額調整控除

所得金額調整控除の控除額

給与所得のみの人に適用される場合と、給与所得と公的年金等による雑所得がある人に適用される場合の2つがあり、控除額の算出式が異なります。

●給与の収入金額850万円超で所得者本人が適用要件（→P187）に該当する人

控除額 ＝（給与の収入金額＊－850万円）×10%

＊1,000万円を超える場合は1,000万円

●給与所得控除後の給与等の金額と公的年金等の金額の合計額が10万円超

控除額 ＝（給与所得控除後の給与等の金額＊＋公的年金等の所得の金額＊）－10万円

＊10万円を超える場合は10万円

給与所得のみの人に適用される場合と、給与所得と公的年金等による雑所得がある人に適用

KEY WORD　**青色事業専従者**　青色申告をしている個人事業主と生計を一にする配偶者やそのほかの親族（15歳未満を除く）で、原則年間6か月以上その事業に従事している人です。青色事業専従者に支払う給与は、全額経費となります。事業専従者は配偶者控除、扶養控除の対象外です。

が新設されました。

〈適用要件〉
① 本人が特別障害者である。
② 23歳未満の扶養親族がいる。
③ 特別障害者である同一生計配偶者または扶養親族がいる。

所得金額調整控除は、原則、給与所得に適用されます。給与所得のみの人に適用される場合と、給与所得と公的年金等による雑所得がある人に適用される場合の2つがあり、算出式が異なります。

第6章 年末調整の実務 — 年末調整に必要な書類

基礎控除申告書 兼 配偶者控除等申告書 兼 所得金額調整控除申告書

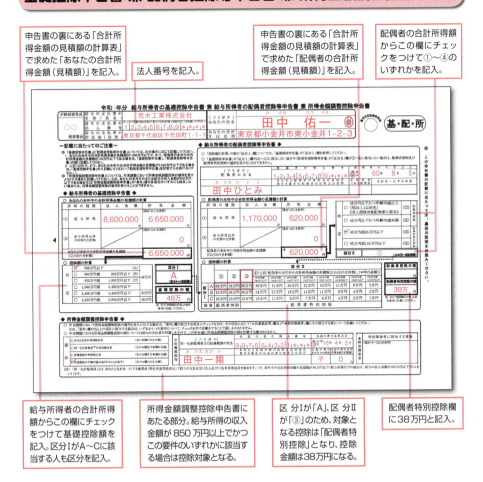

控除額の計算 基礎控除と配偶者控除、配偶者特別控除の控除額は、上の申告書に記載することで、計算できます。

年末調整に必要な書類

控除の対象となる保険は？

保険料控除申告書の作成手順

保険料控除の4つの区分

保険料控除とは、本年中に支払った生命保険料などの支払額のうち、全額または一定の限度額を給与所得から控除できるというものです。

この控除は税務署で配布している「保険料控除申告書」に基づいて行います。

前節で述べたようにこの申告書は配偶者特別控除申告書と兼用となっています。

控除の対象となる保険は次の4つです。

① 生命保険料
② 地震保険料
③ 社会保険料
④ 小規模企業共済等掛金

なお、自動車保険料や火災保険料、傷害保険料は控除の対象外です。

保険料控除の対象となる保険と源泉徴収簿への記入の流れ

対象		転記先	内容
① 生命保険料	→ 源泉徴収簿に転記 →	生命保険料の控除額	個人年金保険料にかかる控除額が含まれている場合には、個人年金保険料支払額欄に、当該保険料の金額を記入する。
② 地震保険料	→	地震保険料の控除額	平成18年以前に契約した長期損害保険契約にかかる控除額がある場合には、旧長期損害保険料支払額欄に、当該保険料の金額を記入する。
③ 社会保険料	→	社会保険料等控除額	申告による社会保険料の控除分欄に記入する。
④ 小規模企業共済等掛金	→		申告による小規模企業共済等掛金の控除分欄に記入する。

KEY WORD　**小規模企業共済制度**　常時使用する従業員が20人（商業とサービス業では5人）以下の小規模企業経営者や役員などを対象とした退職金制度です。

年末調整に必要な書類
保険料控除申告書の作成①
生命保険料控除

生命保険料控除の対象となる生命保険

　生命保険料控除の対象となる**生命保険料**とは、生命保険会社等に支払った生命保険等の保険料や掛金のことです。生命保険等は次の3つです。

①一般の生命保険
　生命保険契約等のもと、死亡や重度の障害に対して一定額の保険金が支払われるものです。

②介護医療保険
　介護保障や医療保障を目的とした保険のうち、平成24年1月1日以後に締結したものが対象です。一般の生命保険契約等のなかの介護保障特約や医療保障特約も含まれます。

　平成24年から介護医療保険が生命保険料控除の対象となったことで、平成24年より前に契約したもの（旧契約）と、以後に新たに契約したもの（新契約）とでは控除額の算定方法が変わることに注意しましょう。

③個人年金保険
　老後の年金の受け取りを主な目的としたものです。傷害や病気に対する特約がある場合は、その部分の保険料は一般の生命保険料となります。

生命保険料控除の主な条件

	保険料金	保険の契約日・保険料（掛金）の支払いなど	保険金・年金の受取人
①一般の生命保険	実際に支払った料金であること ●剰余金や割戻金を差し引いた金額 ●未払金は含まない	本人が支払ったこと	保険金の受取人が本人、またはその配偶者や親族となっていること
②介護医療保険		●平成24年以後新しく契約したもの ●本人が支払ったこと	保険金の受取人が本人、またはその配偶者や親族となっていること
③個人年金保険		●保険料の支払期間が定期的に10年以上あること ●本人が支払ったこと ●年金の受け取り期間が、定期的に10年以上あること	年金の受取人が本人、またはその配偶者であること

生命保険料控除額の端数処理　生命保険料の控除額の計算時に1円未満の端数があるときは、その端数を切り上げます。

対象とならない生命保険料

このページの下にある保険料や掛金は、生命保険料控除の対象となりません。なお、個人年金保険契約等で傷害、疾病等の特約が付されているものの保険料や掛金のうち、その特約部分の保険料や掛金は「一般の生命保険料」として生命保険料控除の対象となります。

生命保険料控除証明書の添付

「生命保険料控除証明書」とは、保険会社や郵便局などが発行した保険料などの領収書や支払った生命保険料の金額と保険契約者などの氏名を証明するために特に発行した書類のことをいいます。

また、次のような場合には生命保険料等控除証明書の添付が必要になります。

●**一般の生命保険料（旧契約）**では、本年中に支払った一契約の保険料が9,000円を超えるもの
●**一般の生命保険料（新契約）**では、金額にかかわらずすべてのもの
●**個人年金保険料**では、金額にかかわらずすべてのもの

生計を一にする親族などの名義の生命保険料を代わりに本人が支払った場合も、控除証明書を添付します。このとき、実務上は、口座から引き落としたコピーなどの、本人が支払ったことが証明できる書類を別に求めることがあります。

なお、保険料控除申告書の記入や、生命保険料控除証明書を確認する際の注意事項は右ページの図のとおりです。

生命保険料の控除額の計算

保険料控除申告書に記載する生命保険料の控除額は、一般の生命保険料や介護医療保険料、個人年金保険料の区分ごとにそ

生命保険料控除の対象とならないもの

❶ 保険期間などが5年未満の生命保険契約などで次のもの
　保険期間満了日に生存している場合、または保険期間中に特定の感染症など特別の事由で死亡した場合に限り、保険金等が支払われることになっている貯蓄保険の保険料
❷ 外国生命保険会社等と国外で締結した生命保険契約等に基づく保険料
❸ 勤労者財産形成貯蓄契約、勤労者財産形成年金貯蓄契約または勤労者財産形成住宅貯蓄契約に基づく生命保険の保険料または生命共済の共済掛金
❹ 傷害保険契約に基づく保険料
❺ 信用保険契約に基づく保険料

生命保険料控除等証明書が添付できない場合 交付を待っているなど証明書の添付ができない場合、翌年1月末日までに提出することを条件に生命保険料控除を行うことができます。

れぞれ次ページのように計算します。

なお、生命保険料控除における控除額は、一般の生命保険料の控除額（最高4万円[*]）、介護医療保険料の控除額（最高4万円[*]）、個人年金保険料の控除額（最高4万円[*]）との合計額となります。

[*] 平成24年より前に契約した生命保険等の控除額は最高5万円。

保険料控除申告書と控除証明書を確認する手順

保険料等の受取人
受取人が本人、配偶者、親族などであるかを確認。

保険料の支払者
本人自身が支払ったものであるかどうかを確認。

保険料の支払日
- 本年中に支払ったものであるかどうかを確認。
  （→払込期日が到来していても支払っていなければ含まれない）
- 本年中に支払った保険料で翌年以後に払込期日が到来する保険料（前納保険料等）については、次の算式によって計算した金額が本年分の保険料となる。

$$本年分の保険料 = \frac{前納保険料等の総額 \times 本年中の払込期日の回数}{払込期日の総回数}$$

剰余金の分配や割戻金の割戻し
契約保険料などの金額から、剰余金や割戻金の額が差し引かれているか、もしくは剰余金や割戻金が保険料の払込みにあてられているかを確認。

保険料の区分
個人年金保険料と一般生命保険料とを区分しているかを確認。

個人年金保険の特約
個人年金保険契約などで傷害、疾病等の特約がついているものの保険料や掛金のうち、その特約部分の保険料や掛金については、一般の生命保険料に含めて控除額の計算をしているかを確認。

勤務先で入っている保険は？ 勤務先の会社などを対象とする団体特約に基づいて支払った保険料については、会社などで確認するため、証明書の添付は不要です。

生命保険料の控除額

●平成 24 年より前に契約した生命保険等の保険料の控除額

保険料の支払金額	一般の生命保険、個人年金保険の各生命保険料の各控除額
25,000 円以下	支払金額の全額
25,000 円超　50,000 円以下	支払金額×$\frac{1}{2}$+12,500 円
50,000 円超 100,000 円以下	支払金額×$\frac{1}{4}$+25,000 円
100,000 円超	一律 50,000 円

例 一般の生命保険料が 120,000 円、個人年金保険料が 80,000 円の場合

一般の生命保険料の控除額は、50,000 円
個人年金保険料の控除額は、80,000 円×$\frac{1}{4}$+25,000 円=45,000 円
50,000 円+45,000 円=95,000 円
控除額は 95,000 円

●平成 24 年以降に契約した生命保険等の保険料の控除額

保険料の支払金額	一般の生命保険、介護医療保険、個人年金保険の各生命保険料の各控除額
20,000 円以下	支払金額の全額
20,000 円超 40,000 円以下	支払金額×$\frac{1}{2}$+10,000 円
40,000 円超 80,000 円以下	支払金額×$\frac{1}{4}$+20,000 円
80,000 円超	一律 40,000 円

例 一般の生命保険料が 60,000 円、介護医療保険料が 20,000 円、個人年金保険料が 100,000 円の場合

一般の生命保険料の控除額は、60,000 円×$\frac{1}{4}$+20,000 円=35,000 円
介護医療保険料の控除額は、20,000 円
個人年金保険料の控除額は、40,000 円
35,000 円+20,000 円+40,000 円=95,000 円
控除額は 95,000 円

●新契約と旧契約で保険料の控除を受ける場合

(1) 平成 24 年以前に契約した生命保険または個人年金保険と、(2) 平成 24 年以後に契約した生命保険または個人年金保険の両方の支払いについて保険料控除を受ける場合は、それぞれの計算で算出した保険料控除額を合わせます。ただし、限度額は 40,000 円です。

例 (1) の一般の生命保険料 40,000 円、
　　(2) の一般の生命保険料 30,000 円について両方の控除を受ける場合

(1) の一般の生命保険料控除額は、40,000 円×$\frac{1}{2}$+12,500 円=32,500 円
(2) の一般の生命保険料控除額は、30,000 円×$\frac{1}{2}$+10,000 円=25,000 円
32,500 円+25,000 円=57,500 円
ただし、限度額が 40,000 円なので、控除額は 40,000 円

対象となる介護医療保険の範囲　一般の生命保険契約などに含まれている介護保障特約と医療保障特約も対象となります。

年末調整に必要な書類
保険料控除申告書の作成②
地震保険料控除

地震保険料控除とは？

保険料控除の二つ目は**地震保険料控除**です。

地震保険料控除は、特定損害保険契約等に係る地震等損害部分の保険料や掛金を支払った場合における保険料や掛金が対象となります。

なお、平成18年で**損害保険料控除**は廃止されました。

地震保険料控除の対象となる契約

地震保険料控除の対象となる保険等の契約は、**資産を対象とする契約**で、地震等による損害により生じた損失の額をてん補する保険金等が支払われる契約をいいます。

資産を対象とする契約とは、本人や本人と生計を一にする配偶者その他の親族の所有する居住用家屋、または生活に通

地震保険料控除の対象となる損害保険契約等

| 本人や生計を一にしている配偶者その他の親族が所有している居住用家屋・生活用動産を保険や共済の目的とする契約 | | 地震、噴火または津波等を原因とする火災、損壊等による損害の額をてん補する保険金や共済金が支払われるもの |

対象となる契約には、たとえば、次のようなものがあるよ。

- ●損害保険会社等と締結した一定の損害保険契約のうち、一定の偶然の事故によって生ずることのある損害をてん補するもの
- ●農業協同組合等と締結した建物更生共済契約または火災共済契約

- ●火災等共済組合と締結した火災共済契約
- ●消費生活協同組合連合会と締結した火災共済契約、自然災害共済契約または身体障害に関する共済契約
- ●財務大臣の指定した火災共済契約、自然災害共済契約または身体の障害に関する共済契約

地震等の損害 地震もしくは噴火、これらによる津波を直接または間接の原因とする火災、損壊、埋没、流出による損害をいいます。

常必要な家具等の生活用動産を保険や共済の対象としているものです。しかし、資産を対象とする契約でも、地震保険料控除の対象となる保険や共済の契約は、P193の図にあげる契約にともなって締結されるもの、またはその契約と一体となった一つの契約のものに限られます。

長期損害保険契約等にかかる損害保険料（経過措置）

前述したように、平成19年分より損害保険料控除は廃止されましたが、下の図にある**長期損害保険契約等にかかる損害保険料**については、経過措置として地震保険料控除の対象とすることができます。これらは経過措置として、地震保険料控除の対象となるものです。

地震保険料控除証明書の添付

地震保険料控除を受けるには、保険料控除等申請書に「**地震保険料の控除証明書**」を添付しなければなりません。経過措置が適用される長期損害保険契約等にかかる損害保険料についても原則として、地震保険料の控除証明書が発行され

地震保険料控除の対象となる長期損害保険契約

損害保険料控除は平成18年12月31日で廃止され、地震保険料控除が平成19年1月1日より適用されることに。

ただし、次の損害保険は控除の対象とすることができる。

- 平成18年12月31日までに締結した契約（保険期間または共済期間の始期が平成19年1月1日以降のものは除く）
- 満期返戻金のあるもので保険期間または共済期間が10年以上の契約
- 平成19年1月1日以後にその損害保険契約等の変更をしていないもの

これらは経過措置として地震保険料控除の対象となるのね。

地震保険料控除証明書が提出できない場合は？ 地震保険料控除証明書の交付を請求中で証明書類の提出ができない場合は、翌年1月末日までに提出することを条件として地震保険料控除を行うことができます。

ることになっています。

火災保険は保険料控除の対象ではありませんが、特約として地震保険契約がついていることがあります。この場合も控除証明書を添付して控除の申請をすることができます。

地震保険料控除の控除額

その年に支払った保険料の金額に応じて、下の表にあるように計算した金額が控除額となります。

地震保険料控除の控除額

一つの損害保険契約等が次の表①と②の保険契約のいずれにも該当する場合には、いずれか一つの契約のみに該当するものとして控除額を計算するんだ。

区分	年間の支払保険料の合計	控除額
①地震保険料	5万円以下	支払金額
	5万円以上	5万円
②長期損害保険料	1万円以下	支払金額
	1万円超 2万円以下	$\frac{支払金額}{2}$+5,000円
	2万円超	1万5,000円
③上記①と②の両方がある場合	上記①と②それぞれの方法で計算した金額の合計額（最高5万円）	

例 地震保険料 30,000円、長期損害保険料 12,000円を支払った場合

地震保険料の控除額は、30,000円
長期損害保険料の控除額は、12,000円×$\frac{1}{2}$+5,000円=11,000円
控除額は合計 41,000円

例 地震保険料 58,000円、長期損害保険料に 8,000円を支払った場合

地震保険料の控除額は、50,000円
長期損害保険料の控除額は、8,000円
50,000円+8,000円=58,000円だが、最高50,000円なので
控除額は 50,000円

剰余金や割戻金がある場合 生命保険料控除と同様、地震保険でも剰余金の分配や割戻金の割戻しを受けている場合や剰余金や割戻金が保険料の払込みにあてられている場合は剰余金や割戻金の合計額を差し引いた残額が控除対象の金額となります。

年末調整に必要な書類

保険料控除申告書の作成③
社会保険料控除と小規模企業共済等掛金控除

社会保険料控除の対象となる社会保険料

保険料控除のうち、社会保険料控除と小規模企業共済等掛金控除について説明しましょう。

社会保険料控除は、その年に支払った厚生年金保険料、健康保険料、介護保険料などを控除するものです。

社会保険料控除の対象となる社会保険は、健康保険や雇用保険等の保険料で被保険者として負担するものなどがあります（次ページ参照）。

申告が必要なもの・必要ないもの

なお、毎月の給料から天引きされている社会保険料の控除額は会社が源泉徴収簿に直接記入するので、申告の必要はありません。

申告が必要なのは、本人が直接支払った保険料です。たとえば、**中途入社の従業員が入社前に国民年金や国民健康保険の保険料を支払っていた場合**などです。

また、**本人と生計を一にする親族が払うことになっている社会保険料を本人が**支払った場合なども社会保険料控除の対象となります。

社会保険料控除額

この社会保険料には、健康保険や厚生年金保険、雇用保険などの保険金や掛金のように毎月の給与から差し引かれているものや、国民健康保険や国民年金などの保険料や保険税、掛金などのように本人が直接支払っているものがあり、**その年において支払った全額が所得から控除されます**。

社会保険料控除の証明書

社会保険料のうち、国民年金の保険料等で本人が直接支払ったものについては、支払った保険料等の金額にかかわらず、その保険料等を支払ったことを証明する証明書類を保険料控除申告書に添付しなければなりません。ここでいう証明書類とは、年金事務所や各国民年金基金が発行した保険料等の領収書や証明書などのことです。

社会保険料の証明書が提出できない場合は？ 交付を請求中で証明書類の提出ができない場合、翌年1月末日までに提出することを条件として社会保険料控除を行うことができます。

社会保険料控除の対象となる社会保険（代表的なものを抜粋）

❶ 健康保険、雇用保険等の保険料で被保険者として負担するものなど
❷ 国民健康保険の保険料または国民健康保険税
❸ 介護保険法の規定による介護保険料
❹ 国民年金の保険料および国民年金基金の掛金
❺ 厚生年金保険の保険料および厚生年金基金の掛金
❻ 労働者災害補償保険の特別加入者として負担する保険料　など

保険料控除申告書に記入が必要なもの・必要ないもの

厚生年金保険、雇用保険などの保険料や健康保険の掛金のように毎月の給与から差し引かれているもの	→ 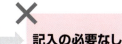 記入の必要なし
国民健康保険や国民年金などの保険料や保険税、掛金のように、本人が直接支払っているもの	→  記入の必要あり

これも控除の対象となる？　ならない？

本人と生計を一にする親族が負担することになっている社会保険料を本人が代わって支払った場合	→ 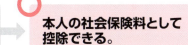 本人の社会保険料として控除できる。
翌年以後の納付期限になっている保険料を一括して支払った前納保険料	→ ✕ 原則として控除の対象とならない。
ただし、前納の期間が1年以内のものについて、本人がその前期保険料の全額を保険料控除申告書に記入して申告した場合	→ 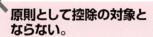 その全額を本年の年末調整の際に控除することができる。

 介護保険の保険料については、年齢40歳から64歳までの人は健康保険、国民健康保険の保険料に介護保険相当額が含まれている。また、年齢65歳以上の人は原則として公的年金等から介護保険料が控除されることになっている。

 国民年金保険料の後納　過去の未納分の年金を本年中に支払った場合は、本年分の社会保険料控除の対象となります。

小規模企業共済等掛金控除とは

小規模企業共済等掛金控除では、次の3つの掛金が対象となります。
① 小規模企業掛金
② 個人型確定拠出年金
③ 心身障害者扶養共済

この小規模企業共済等掛金控除には、**毎月の給与から差し引かれるものと本人が直接支払っているものとがあり、その全額が控除されます**。このうち、直接支払っているものについては、本人から提出された保険料控除申告書の金額に基づいて控除します。

なお、この場合、本人が本年中に支払ったものしか控除されませんので、未払いのものや前払いしたものが含まれていないかを確認します。また、本人が直接払った小規模企業共済等掛金については支払った掛金の金額にかかわらず、その掛金を支払ったことの証明書を保険料控除申告書に添付する必要があります。

社会保険料控除額の計算

毎月の給与から差し引かれた社会保険料等の計算は下の図のように行います。

社会保険料控除額の計算手順

❶ まず、本年中に給与等から差し引かれた社会保険料等の総額を集計する。

❷ この集計にあたっては、中途入社の方で前の勤務先からの給与等から控除された社会保険料等も含めて集計する（前の勤務先から交付を受けた本年分の給与所得の源泉徴収票で確認する）。

❸ 保険料控除申告書に記載された社会保険料等の金額は給与から天引きされた社会保険料等とは別に集計する。

❹ 源泉徴収簿の社会保険料控除額の記入欄にある、
　（1）給与からの控除分
　（2）申告による社会保険料の控除分
　（3）申告による小規模企業共済等掛金の控除分
のそれぞれに区分して記入する。

 KEY WORD　**心身障害者扶養共済**　地方公共団体が実施する、一定の条件をもつ心身障害者の保護者が加入する共済制度です。保護者が死亡した場合などに、障害者に終身年金を支給します。

保険料控除申告書

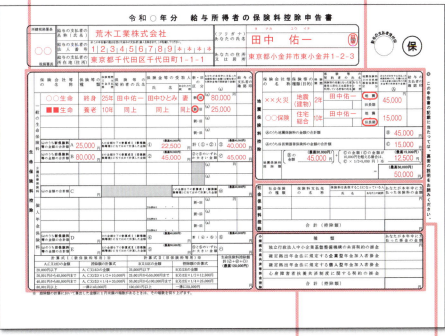

生命保険料控除の区分。説明にしたがって順に記入すれば、控除額が算出される。

地震保険料控除の区分。説明にしたがって順に記入すれば、控除額が算出される。

小規模企業共済等掛金控除の区分。支払った全額が控除額となる。

社会保険料控除の区分。支払った全額が控除額となる。

保険料控除申告書は生命保険料控除、地震保険料控除、社会保険料控除、小規模企業共済掛金控除の欄に分かれています。

第6章 年末調整の実務 ― 年末調整に必要な書類

 KEY WORD 個人型確定拠出年金（iDeCo＝イデコ） 個々が掛金を拠出して運用する年金のことです。公的年金や企業年金とは違って、個人が拠出した掛金の区分がはっきりしていて、自らの判断で運用できるのが特徴です。

年末調整に必要な書類
住宅ローン残高に応じて控除できる
住宅借入金等特別控除

住宅借入金等特別控除とは

住宅借入金等特別控除とは、金融機関などの住宅ローンを利用して住宅を新築、購入または増改築して令和3年12月31日までの間にその人が住み始めた場合、一定の要件を満たせば**居住年以後10年間（居住年により一定の要件を満たせば、13年または15年間）**、その住宅借入金等の年末残高の合計額をもとして計算した金額を住宅借入金等特別控除額として、その年分の所得税額から控除するという制度です。

ただし、その人の合計所得金額が3,000万円以下である年にしか控除されません。また、償還期間が10年未満の借入金、兄弟・親族など、個人的な借入金などは控除の対象とはなりません。

居住した最初の年は年末調整の対象にならない

住宅借入金等特別控除を受ける場合、居住した最初の年は、年末調整での控除はできません。入居日、新築・購入などをした住宅の面積、居住目的など、確認する内容が多いため、本人が税務署で確定申告をしなければなりません。

2年目以降は、税務署から本人あてに送られてくる「**給与所得者の住宅借入金等特別控除申告書**」（以下、申告書）に必要事項を記入の上、会社に提出して、年末調整での控除を受けることができます。その際、申告書とともに「**住宅借入金等特別控除証明書**」と「**住宅取得資金に係る借入金の年末残高等証明書**」を添付します。

申告書とともに提出する書類

「住宅借入金等特別控除証明書」は、2年目用（初めて年末調整を行う年）の申告書の下の部分にあります。したがって、2年目用の申告書を提出すればこの証明書を出したことになり、3年目以降は同じ会社に勤務していればこの証明書の添付を省略できます。

「住宅取得資金に係る借入金等証明書」は、住宅ローンを利用している金融機関等から、毎年年末調整前までに本人あてに発行されます。毎年、忘れずに申告書とともに提出します。

 消費税税率10%の住宅を取得した場合の特例 消費税等の税率が10%である住宅を取得した場合、令和元年10月1日〜令和2年12月31日までの間にその者の居住の用に供した場合について適用される特例が創設されました。詳しくは国税庁のHPを参照。

居住した最初の年は年末調整の対象にはならない

居住した最初の年は本人が税務署で確定申告をします。
2年目以降は税務署から本人あてに送られてくる「給与所得者の住宅借入金等特別控除申告書」を提出してもらって年末調整をします。

| 居住した年 | 2年目 | 3年目 | 4年目 | 5年目 |

↑
本人が税務署で
確定申告をする。

2年目以降は年末調整をする。

住宅借入金等特別控除（じゅうたくかりいれきんとうとくべつこうじょ）の控除額の計算

住宅借入金等特別控除額＝住宅借入金等の年末残高の合計額×控除率

（100円未満の端数切り捨て）

控除率や控除される期間は居住年などによって異なります。国税庁のホームページで確認しましょう。

●国税庁「タックスアンサーNo.1213」より

居住の用に供した年	控除期間	各年の控除額の計算（控除限度額）	
平成19年1月1日から平成19年12月31日まで	15年	1〜10年目 年末残高等×0.6% (15万円)	11〜15年目 年末残高等×0.4% (10万円)
平成20年1月1日から平成20年12月31日まで	15年	1〜10年目 年末残高等×0.6% (12万円)	11〜15年目 年末残高等×0.4% (8万円)
平成21年1月1日から平成22年12月31日まで	10年	1〜10年目 年末残高等×1% (50万円)	
平成23年1月1日から平成23年12月31日まで	10年	1〜10年目 年末残高等×1% (40万円)	
平成24年1月1日から平成24年12月31日まで	10年	1〜10年目 年末残高等×1% (30万円)	
平成25年1月1日から平成25年12月31日まで	10年	1〜10年目 年末残高等×1% (20万円)	
平成26年1月1日から令和元年9月30日まで	10年	1〜10年目 年末残高等×1% (40万円) (注) 住宅の取得等が特定取得以外の場合は20万円	

認定住宅の控除の特例 ①認定長期優良住宅または②認定低炭素住宅の新築または建築後使用されたことのない認定住宅の取得をした場合は、特例による控除を受けることができます。

住宅取得資金に係る借入金の年末残高等証明書

住宅ローンを利用している金融機関から年末調整前に本人あてに送られてくるんだ。この証明書がないと控除できないよ。

住宅取得資金に係る借入金の年末残高等証明書

住宅取得資金の借入	住 所	東京都小金井市東小金井1-2-3
れ等をしている者	氏 名	田中 佑一
住宅借入金等の内訳		1 住宅のみ 2 土地等のみ 3 住宅及び土地等
住宅借入金等の金額	年末残高	25,500,000円
	当初金額	平成 ◯年 10月 10日 30,500,000円
償還期間又は賦払期間		平成 ◯年 11月から 令和 △年 11月まで の 30年 0月間
居住用家屋の取得の対価等の額 又は増改築等に要した費用の額		円
(摘要)		

租税特別措置法施行令第26条の3第1項の規定により、令和 ◇ 年 12 月 31 日における租税特別措置法第41条第1項に規定する住宅借入金等の金額、同法第41条の3の2第3項又は第6項に規定する増改築等住宅借入金等の金額等について、上記のとおり証明します。

　　令和 ◇ 年　月　日

（住宅借入金等に係る債権者等）
所 在 地　東京都千代田区千代田西1-1-1
名　　称　東京千代田銀行　　　㊞
（事業免許番号等　　　　　　　　）

源泉徴収簿への記入と計算

算出年税額から住宅借入金等特別控除額を差し引いた額が年調年税額になるんだ。この書式のようにマイナスになる場合もあるよ。

調	差引課税給与所得金額(⑪−⑳)及び算出所得税額 (⑫＋⑬＋⑭＋⑮＋⑯＋⑰＋⑱＋⑲)	㉑ (1,000円未満切捨て)	㉒	75,240
	（特定増改築等）住宅借入金等特別控除額		㉓	255,000
	年調所得税額（㉒−㉓、マイナスの場合は0）		㉔	0
	年 調 年 税 額（㉔ × 1 0 2．1 %）		㉕	(100円未満切捨て)

この欄の数字を源泉徴収簿に転記する。

年末調整のほかの控除と違って、所得税額から直接控除する。

途中入社した従業員が住宅借入金等特別控除申告を行うとき　住宅借入金等特別控除証明書は勤務先ごとに1回提出します。途中入社した従業員が前の勤務先に控除証明書を提出していたとしても、居住地の税務署にあらためて控除証明書を発行してもらいましょう。

住宅借入金等特別控除申告書

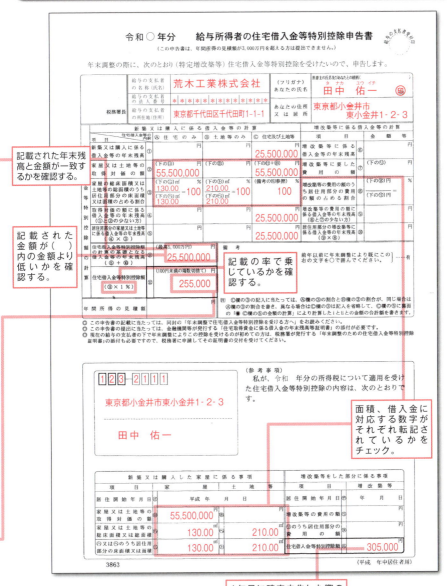

算出年税額から控除しきれない分は…… 算出年税額より住宅借入金等特別控除額のほうが大きくて控除しきれない場合、控除しきれない分の額を住民税から控除することができます。

源泉徴収簿と年税額の計算
年税額を求めるための書類

源泉徴収簿への記入

源泉徴収簿の年末調整欄を使って年調年税額を計算

　ここでは年調年税額を求めるための書類、源泉徴収簿への記入について説明します。源泉徴収簿の右側に「年末調整」欄がありますが、この欄を用いて年税額などの計算を行います。この欄で行う作業は次のとおりです。
①給与総額と源泉所得税額の集計
②給与所得控除後の給与等の金額の計算
③扶養控除額等の合計額の計算
④所得控除額の計算
⑤差引課税所得額の計算
⑥算出年税額の計算
⑦住宅借入金等特別控除額の計算
⑧年調年税額の計算
　では、この①〜⑧の手順での注意点について説明します。

①給与総額と源泉所得税額の集計

　従業員等一人につき1枚の源泉徴収簿を用意して、その年分の毎月の給与と源泉徴収をした所得税額をそれぞれ集計し、年末調整の対象となる給与の総額と源泉所得税額の合計額を算出します。
　この作業を行う際には、毎月の給与から控除した社会保険料の額も集計しておきます（この集計についてさらに覚えておきたいことについてはP207を参照）。

②給与所得控除後の給与等の金額の計算

　①で計算した給与総額から給与所得控除額を差し引く作業です。給与所得控除額の計算は給与の収入金額に応じて、次ページの上の表のようになります。本年分の給与総額が55万1,000円未満の場合には、給与所得控除後の給与等の金額は「0円」になります。その年分の給与総額が660万円以上の人については、次ページの計算式に従って計算します。
　また、実際には、税務署から送られてくる、年末調整等のための給与所得控除後の給与等の金額の表（次ページ下表）を用いて求めます。

③〜⑥各控除額の合計額の計算
➡算出年税額の計算

　給与所得控除後の給与等の金額をもとにして所得税額を計算します。この計算

源泉徴収簿の「給与・賞与」欄　毎月の給与と賞与は記入する欄が異なります。記入漏れがないように注意しましょう。

給与所得控除額

●2020〈令和2〉年分以降

給与の収入金額 (源泉徴収される前の金額)		給与所得控除額
180万円以下		収入金額×40% － 10万円 55万円に満たない場合には55万円
180万円超	360万円以下	収入金額×30% ＋ 8万円
360万円超	660万円以下	収入金額×20% ＋ 44万円
660万円超	850万円以下	収入金額×10% ＋110万円
850万円超		195万円（上限）

その年分の給与総額が660万円以上の人はこの表の計算式に従って計算するよ。660万円未満の人は下にある表を使うんだ。

＊2020年から給与所得控除額が一律10万円引き下げられ、その上限額が適用される給与等の収入金額が850万円（改正前：1,000万円）とされるとともに、その上限額を195万円（改正前：220万円）に引き下げる改正がなされた。

年末調整等のための給与所得控除後の給与等の金額の表

＊2020〈令和2〉年の表

給与等の金額		給与所得控除後の給与等の金額	給与等の金額		給与所得控除後の給与等の金額	給与等の金額		給与所得控除後の給与等の金額
以上	未満		以上	未満		以上	未満	
円	円	円	円	円	円	円	円	円
2,772,000	2,776,000	1,860,400	2,972,000	2,976,000	2,000,400	3,172,000	3,176,000	2,140,400
2,776,000	2,780,000	1,863,200	2,976,000	2,980,000	2,003,200	3,176,000	3,180,000	2,143,200
2,780,000	2,784,000	1,866,000	2,980,000	2,984,000	2,006,000	3,180,000	3,184,000	2,146,000
2,784,000	2,788,000	1,868,800	2,984,000	2,988,000	2,008,800	3,184,000	3,188,000	2,148,800
2,788,000	2,792,000	1,871,600	2,988,000	2,992,000	2,011,600	3,188,000	3,192,000	2,151,600
2,792,000	2,796,000	1,874,400	2,992,000	2,996,000	2,014,400	3,192,000	3,196,000	2,154,400
2,796,000	2,800,000	1,877,200	2,996,000	3,000,000	2,017,200	3,196,000	3,200,000	2,157,200
2,800,000	2,804,000	1,880,000	3,000,000	3,004,000	2,020,000	3,200,000	3,204,000	2,160,000
2,804,000	2,808,000	1,882,800	3,004,000	3,008,000	2,022,800	3,204,000	3,208,000	2,162,800
2,808,000	2,812,000	1,885,600	3,008,000	3,012,000	2,025,600	3,208,000	3,212,000	2,165,600
2,812,000	2,816,000	1,888,400	3,012,000	3,016,000	2,028,400	3,212,000	3,216,000	2,168,400
2,816,000	2,820,000	1,891,200	3,016,000	3,020,000	2,031,200	3,216,000	3,220,000	2,171,200
2,820,000	2,824,000	1,894,000	3,020,000	3,024,000	2,034,000	3,220,000	3,224,000	2,174,000
2,824,000	2,828,000	1,896,800	3,024,000	3,028,000	2,036,800	3,224,000	3,228,000	2,176,800
2,828,000	2,832,000	1,899,600	3,028,000	3,032,000	2,039,600	3,228,000	3,232,000	2,179,600

給与の収入金額
（源泉徴収される前の金額）
320万円の場合

→ 給与等の金額の欄を確認
（以上と未満に注意!）

控除後の給与等の金額
216万円

給与所得控除額 　給与総額が660万円以上の人は年末調整のための給与所得控除後の給与等の金額の表に該当する金額がないため、計算式で算出する必要があります。この計算で1円未満の端数がある場合はこれを切り捨てます。

は、源泉徴収簿の右側「年末調整」欄を使って行うことになります。

③扶養控除額等の合計額の計算

扶養控除等（異動）申告書の記載に基づいて、配偶者控除や扶養控除、障害者控除などの金額を求め、それを合計します。

そして、その合計額を源泉徴収簿の年末調整欄の**配偶者控除額、扶養控除額、基礎控除額及び障害者等の控除額の合計額**欄に記入します。

④所得控除額の計算

源泉徴収簿の年末調整欄に次の各控除額を記入します。

- ●社会保険料等控除額
- ●生命保険料の控除額
- ●地震保険料の控除額
- ●配偶者特別控除額

これらの金額と③で求めた「配偶者控除額、扶養控除額、基礎控除額及び障害者等の控除額の合計額」の額を合計します。

⑤差引課税所得金額の計算

②で求めた給与所得控除後の給与等の金額から③と④で求めた所得控除の合計額を差し引き、その額を「差引課税給与所得金額」欄に記入します（1,000円未満の端数は切り捨て）。

⑥算出年税額の計算

右ページにある「所得税額の速算表」を使用して税額を計算します。この税額を**算出年税額**といいます。

⑦〜⑧年調年税額の計算

算出年税額から住宅借入金等特別控除額を控除し、復興特別所得税の税率102.1％を掛けた金額のことを**年調年税額**といいます。記入の手順は次のとおりです。

⑦住宅借入金等特別控除額の計算

住宅借入金等特別控除額を受ける人については、住宅借入金等特別控除申告書に基づいて、控除額を源泉徴収簿の「住宅借入金等特別控除額」欄に記入します。

⑧年調年税額の計算

算出年税額から住宅借入金等特別控除額を控除し、復興特別所得税の税率102.1％を掛けた金額を「年調年税額」欄に記入します。この際に住宅借入金等特別控除額が算出年税額よりも多いため控除しきれないときは年調年税額欄に「0」と記入します。また、住宅借入金等特別控除を受けない人は算出年税額×102.1％が年調年税額になります。

過不足額の精算

以上①〜⑧の手順で計算した平成27年の税額と、①で集計した源泉所得税の合計額を比較して過不足額を求めて、その精算をします。この手順については次節で説明します。

プラス知識！ **所得税の税率** 所得税は課税される所得金額に対して5％から最高40％まで、所得が多くなるほど多くなった部分の税率が高くなる超過累進税率を採用しています。

年末調整のための所得税額の速算表

課税される所得金額（A） （1,000円未満切り捨て）	税率	控除額	税額＝(A)×税率－控除額
195万円以下	5%	0円	(A)×0.05
195万円超 ～330万円以下	10%	9万7,500円	(A)× 0.1－ 9万7,500円
330万円超 ～695万円以下	20%	42万7,500円	(A)× 0.2－ 42万7,500円
695万円超 ～900万円以下	23%	63万6,000円	(A)×0.23－ 63万6,000円
900万円超 ～1,805万円以下	33%	153万6,000円	(A)×0.33－153万6,000円

（注）1,805万円超は年末調整の対象外。

第6章 年末調整の実務――源泉徴収簿と年税額の計算

給与総額と源泉徴収税額の集計　こんなときどうする？

給与総額と源泉徴収税額の集計では次の点に注意しましょう。

年末の未払いの給与はどうする？	その年のうちに支払いの確定した給与は未払いでもその年の年末調整の対象となる。未払い給与と未徴収税額は集計に含める。
前年分の未払い給与でその年に繰り越して支払った給与はどうする？	前年分の未払い給与やその給与からの源泉所得税額は前年の年末調整の対象となっているので、集計には含めない。
現物給与の場合はどうする？	食事代の支給や各種保険料の使用者負担などのうち、課税の対象となる現物給与については、その支給額と徴収税額をそれぞれ給与総額と徴収税額との合計額に含めて集計する。
その年の最後に支払う給与の源泉所得税はどうする？	その年の最後に支払う給与については、源泉徴収の税額計算を省略することができる。その場合には、その給与に対する徴収税額はないものとして集計する。この給与の通常の月分としての税額は年末調整によって一括精算されることになる。
その年の中途で入社した人の取り扱いは？	年の中途で入社した人で就職前に他の会社等で支払いを受けていた給与がある人については、その前職分の給与を含めて年末調整をする。源泉徴収簿に前職等として前の会社等から支払いを受けた給与と源泉所得税額を記入して集計する。 前職分の給与とその源泉所得税額については、その人が前の会社等から交付を受けた源泉徴収票で確認する。

現物給与　食事の現物支給や会社が取り扱う商品の値引き販売など、金銭以外で支払う給与のことをいいます。これらは原則として源泉所得税の対象となりますが、ある規定を満たせば課税されないこともあります。

源泉徴収簿

給与から控除している社会保険料、雇用保険料を月ごとに記入する。

給与から控除している源泉所得税額を月ごとに記入する。

	所属		職名		住所	(郵便番号 215－0013) 東京都渋谷区恵比寿南○－○－○

令和○年分 給与所得・退職所得に対する源泉徴収簿

区分	月区分	支給月日	総支給金額	社会保険料等の控除額	社会保険料等控除後の給与等の金額	扶養親族等の数	算出税額	年末調整による過不足税額	差引徴収税額
給料・手当等	1	01 31	260,000円	36,517円	223,483	2人	2,340	0円	2,340
	2	02 27	260,000	36,517	223,483	2	2,340	0	2,340
	3	03 31	260,000	36,517	223,483	2	2,340	0	2,340
	4	04 30	280,000	36,717	243,283	2	3,080	0	3,080
	5	05 29	280,000	36,717	243,283	2	3,080	0	3,080
	6	06 30	280,000	36,717	243,283	2	3,080	0	3,080
	7	07 31	280,000	36,717	243,283	2	3,080	0	3,080
	8	08 31	280,000	36,717	243,283	2	3,080	0	3,080
	9	09 30	280,000	36,717	243,283	2	3,080	0	3,080
	10	10 30	280,000	42,135	237,865	2	2,870	0	2,870
	11	11 30	280,000	42,135	237,865	2	2,870	0	2,870
	12	12 29	280,000	42,135	237,865	2	2,870	△1,070	1,800
	計		① 3,300,000	② 456,258	2,843,742		③ 34,110	△1,070	33,040
賞与等		06 10	400,000	57,540	342,460	2	(税率2.042%) 6,993	0	6,993
		12 10	450,000	64,732	385,268	2	(税率2.042%) 7,867	0	7,867
			0	0	0		(税率 %)	0	0
			0	0	0		(税率 %)	0	0
	計		④ 850,000	⑤ 122,272	727,728		⑥ 14,860		14,860

①③④⑥の数字を書面右側「年末調整」欄の所定の位置に転記する。

プラス知識! **源泉徴収簿の書式** 本書では税務署が公開している書式で説明していますが、「給与台帳」などで毎月の源泉徴収額と年末調整の計算過程がわかるものであれば、兼用してかまいません。パソコンの給与計算ソフトの源泉徴収簿を使用してもOKです。

第6章 年末調整の実務―源泉徴収簿と年税額の計算

源泉徴収簿の裏面には「給料・手当等の支給金額の内訳」などを記入する欄が設けられている。

氏名	(フリガナ) ヤマダ タダシ 山田 正 (生年月日 昭和56年03月03日)	整理番号	999999

区分	金額	税額
給料・手当等 ①	3,300,000円 ③	34,110円
賞与等 ④	850,000 ⑥	14,860
計 ⑦	4,150,000 ⑧	48,970
給与所得控除後の給与等の金額 ⑨	2,878,400	※所得金額調整控除申告書の提出がある場合は⑩に記載。
所得金額調整控除額（※）((⑦−8,500,000)×10%、マイナスの場合は0) ⑩	0	
給与所得控除後の給与等の金額（調整控除後）(⑨−⑩) ⑪	2,878,400	配偶者の合計所得金額 (円)
社会保険料等控除額 給与等からの控除分 (②+⑤) ⑫	578,530	旧長期損害保険料支払額 (円)
申告による社会保険料の控除分 ⑬	0	⑫のうち小規模企業共済等掛金の金額 (円)
申告による小規模企業共済等掛金の控除分 ⑭	0	
生命保険料の控除額 ⑮	120,000	
地震保険料の控除額 ⑯	0	⑬のうち国民年金保険料等の金額 (円)
配偶者（特別）控除額 ⑰	0	
扶養控除額及び障害者等の控除額の合計額 ⑱	760,000	
基礎控除額 ⑲	480,000	非課税額 (0円)
所得控除額の合計額 (⑫+⑬+⑭+⑮+⑯+⑰+⑱+⑲) ⑳	1,938,530	
差引課税給与所得金額(⑪−⑳)及び算出所得税額 ㉑ (1,000円未満切捨て)	939,000 ㉒	46,950
(特定増改築等)住宅借入金等特別控除額 ㉓		0
年調所得税額 (㉒−㉓、マイナスの場合は0) ㉔		46,950
年調年税額 (㉔ × 102.1%) ㉕ (100円未満切捨て)		47,900
差引超過額又は不足額 (㉕−⑧) ㉖		1,070
超過額の精算	本年最後の給与から徴収する税額に充当する金額 ㉗	0
	未払給与に係る未徴収の税額に充当する金額 ㉘	0
	差引還付する金額 (㉖−㉗−㉘) ㉙	1,070
	同上のうち 本年中に還付する金額 ㉚	1,070
	翌年において還付する金額 ㉛	0
不足額の精算	本年最後の給与から徴収する金額 ㉜	0
	翌年に繰り越して徴収する金額 ㉝	0

書式変更で⑲基礎控除欄ができた。2019年までは「⑱扶養控除、障害者控除、基礎控除の合計額」で記載していたが、2020年からは「⑱扶養控除、障害者控除」と「⑲基礎控除」を分けて記入する。

㉕年調年税額と月ごとに徴収していた⑧源泉所得税の合計額の数字を比較して「超過額」または「不足額」にマルをつけ、差額を記入する。

プラス知識！ 中途退職した人の年末調整 中途退職した人に対しては源泉徴収票を渡すだけで年末調整をする必要はありません。その人は次に就職した会社でその源泉徴収票に記載された給与、控除額等も合算して年末調整をすることになります。

源泉徴収簿と年税額の計算
年税額が確定！　その後は？

年税額の過不足を精算

納めるべき税額の過不足を算出する

さて、年調年税額が確定しました。次は、年調年税額とすでに徴収した所得税額との差額を計算して精算します。

源泉徴収簿の年調年税額から「給与と賞与から徴収済みの税額」（⑧欄）を差し引いて、**マイナスになる場合は、「多く納めすぎている＝超過額」**ということです。逆に、**プラスになる場合は、「本来納めるべき税額を納めていない＝不足額」**です。超過額がある場合は、本人に還付し、不足額がある場合は本人から徴収します。

また、源泉徴収簿の「差引超過額又は不足額」の欄にその額を記入し、「超過額」か「不足額」かを丸印をつけて表示します。

超過額の還付

超過額の還付は、12月分の給与（本年最後の給与）の支払いのときに行います。**その月の給与支払額に基づいた源泉所得税額から年調年税額の超過分を控除して精算します**（12月に年末調整を行っている場合には、翌年1月に納付する源泉所得税額から控除することになります）。

なお、12月分だけで還付しきれない場合は、翌年1月からも還付しきれなかった分を還付します。

不足額の追加徴収

不足額の追加徴収は、12月の給与（本年最後に支払う給与）で行います。**その月の給与支払額に基づいた源泉所得税額に、年調年税額の不足分を加えた額を給与から徴収して精算します**（12月に年末調整を行っている場合には、翌年1月に納付する源泉所得税額に加えることになります）。

ただし、不足分の全額を12月の給与から徴収すると、12月の手取額がその年の1月から11月の平均手取額の70％未満となる場合は、不足額の徴収を翌年1月以降にも繰り延べることができます。

税務署から還付される場合①　還付は、原則として会社が行います。しかし還付額が多額で、2か月を経過してもなお還付しきれないと見込まれる場合などは、一定の手続きを経て税務署から一括して過納額が還付されます。

税の過不足の精算方法

年調年税額＜給与と賞与から徴収済みの税額 → **税を納め過ぎ（超過額）** → **還付**

還付の方法：本年最後の給与支払時に　給与分の源泉所得税額から超過分を減算

年調年税額＞給与と賞与から徴収済みの税額 → **税額が不足（不足額）** → **追加徴収**

追加徴収の方法：本年最後の給与支払時に　給与分の源泉所得税額に不足分を加算

超過額または不足額の求めかた

	給料・手当等	①	3,300,000 円	③	34,110 円
	賞与等	④	850,000	⑥	14,860
	計	⑦	4,150,000	⑧	48,970
	給与所得控除後の給与等の金額	⑨	2,878,400		
	所得金額調整控除額（※） ((⑦−8,500,000円)×10％、マイナスの場合は0)	⑩	0 (1円未満切上げ、最高150,000円)	※所得金額調整控除申告書の提出がある場合は⑩に記載。	
	給与所得控除後の給与等の金額（調整控除後）（⑨−⑩）	⑪	2,878,400	配偶者の合計所得金額 (円)	
年	社会保険料等控除額 給与等からの控除分（②+⑤）	⑫	578,530	旧長期損害保険料支払額 (円)	
	申告による社会保険料の控除分	⑬	0	⑫のうち小規模企業共済等掛金の金額 (0円)	
	申告による小規模企業共済等掛金の控除分	⑭	0		
	生命保険料の控除額	⑮	120,000		
末	地震保険料の控除額	⑯	0	⑬のうち国民年金保険料等の金額 (円)	
	配偶者（特別）控除額	⑰			
	扶養控除額及び障害者等の控除額の合計額	⑱	760,000	非課税額 (0円)	
	基礎控除額	⑲	480,000		
調	所得控除額の合計額（⑫+⑬+⑭+⑮+⑯+⑰+⑱+⑲）	⑳	1,938,530		
	差引課税給与所得金額（⑪−⑳）及び算出所得税額	㉑	939,000 (1,000円未満切捨て)	㉒	46,950
	（特定増改築等）住宅借入金等特別控除額	㉓			0
	年調所得税額（㉒−㉓、マイナスの場合は0）	㉔			46,950
	年調年税額（㉔×102.1％）	㉕			47,900 (100円未満切捨て)
整	差引超過額又は不足額（㉕−⑧）	㉖			1,070
	超過額の精算 本年最後の給与から徴収する税額に充当する金額	㉗			0
	未払給与に係る未徴収の税額に充当する金額	㉘			0
	差引還付する金額（㉖−㉗−㉘）	㉙			1,070
	同上のうち 本年中に還付する金額	㉚			1,070
	翌年において還付する金額	㉛			0
	不足額の精算 本年最後の給与から徴収する金額	㉜			0
	翌年に繰り越して徴収する金額	㉝			0

㉕欄「年調年税額」から⑧欄「給与と賞与から徴収済みの税額」を差し引いて、㉖欄「差引超過額又は不足額」に記入する。

額がマイナス（△）で還付する場合は、還付額をこの欄に記入する。

額がプラスで追加徴収する場合は、追加徴収額をこの欄に記入する。

額がマイナス（△）になる場合は、例のように「超過額」に○

額がプラスのときは、「不足額」に○

第6章　年末調整の実務｜源泉徴収簿と年税額の計算

プラス知識！　**追加徴収の繰り延べの手続き**　追加徴収を翌1月に繰り延べる場合は、「年末調整による不足額徴収繰延承認申請書」を12月の給与支払日の前日までに税務署に提出して承認を得ることが必要になります。

源泉徴収簿の作成後に行うこと

年調年税額の精算が終わった。その後は？

年末調整分を控除・加算して源泉所得税額を納付

年末調整の事務は1月末まで続く

年調年税額の過不足の精算が終わりました。でも、年末調整に関する事務は1月末まで続きます。締切日順に書くと次のようになります。

● 1月10日まで（納期の特例の場合は1月20日）
➡ 年末調整をした源泉所得税額の納付。

● 1月31日まで
➡ 源泉徴収票（給与支払報告書）を税務署や各市区町村に提出。

源泉徴収票の作成を先にやってもよい

締切日だけを見ると、源泉所得税額の納付の後に源泉徴収票を作成したほうがいいように思えますが、源泉徴収票を作成する実務は年末調整の実務と重なる部分がありますので、年末調整と並行して進めてもよいでしょう。実際、年末中に従業員に源泉徴収票を交付している会社もよくあります。従業員の多い会社では事務作業に時間がかかるので、やはり早めに着手したほうが無難です。

また、年末調整の際に保険料の控除証明書などを提出していなかった人に対して提出を催促します。1月末日までに証明書類を提出しないと、各種控除が受けられません。その場合、年末調整のやり直しをして不足額を徴収する事務作業が生じますので、必ず提出してもらうようにしましょう。

源泉所得税額の納付

この節では、源泉所得税額の納付事務を説明しましょう。

12月に年末調整をした源泉所得税額は、他の月と同じように翌年1月10日までに税務署に納付します。毎月の給与や賞与の源泉所得税の納付に使う「所得税徴収高計算書」に、年末調整分の税額を合わせて記入します。「年末調整による不足税額」「年末調整による超過税額」の欄に、追加徴収または還付した税額を記入します。

このとき、還付額が大きいために納付税額が0円となる場合は、納税の必要はありません。ただし、納付書は必要事項を書いて提出します。

税務署から還付される場合② 納付すべき税額がなくなったために過納額の還付ができなくなった場合、廃業などにより過納額の還付ができなくなった場合にも、税務署から過納額が還付されます。

年末調整の所得税徴収高計算書（納付書）

● 年末調整で不足額、超過額が出た場合

● 年末調整で出た超過額が、年末調整前の納付税額などより多くなった場合

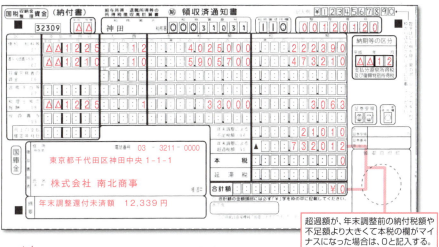

- 納付税が0円でも、納付書は提出する。
- 超過額の残り分は、翌月の納付時に納付税額から差し引く。

＊新型コロナウイルス感染症の影響により、法人税、所得税、消費税、源泉所得税等の申告・納付ができない場合には、申請により期限の個別延長が認められる。詳しくは国税庁のホームページを参照。なお、住民税等についても同様の措置がある。

税務署から過納額の還付を受けるには？　「年末調整過納額還付請求書兼残存過納額明細書」を作成し、これに各人ごとの源泉徴収簿の写しと「過納額の請求及び受理に関する委任状」を添付して、税務署に提出します。

源泉徴収簿の作成後に行うこと

年末調整後に税務署に提出する書類①

源泉徴収票（給与支払報告書）の提出と交付

3枚複写と4枚複写がある

その年中に給与等を支払った会社は**給与所得の源泉徴収票**と**給与支払報告書**の提出義務があります。年末調整の計算が終わったら作成に取りかかりましょう。

源泉徴収票（給与支払報告書）とは、会社が1年間に支払った給与の総額、所得税額、年末調整のデータなどを書き込んだ書類のことで、源泉徴収簿からの転記によって作成します。

源泉徴収票（給与支払報告書）には、3枚複写と4枚複写とがあります。3枚複写では、1・2枚目を給与支払報告書として市区町村に提出し、3枚目を源泉徴収票として本人に交付します。

4枚複写では、1・2枚目を給与支払報告書として市区町村に、3枚目は給与所得の源泉徴収票として税務署に、それぞれ提出します。4枚目は源泉徴収票として本人に交付します。

4枚複写にするか、3枚複写にするかは、支払った給与の金額と役職などで決められます（右ページ上の表参照）。たとえば、一般の従業員で給与支払額が500万円以下なら3枚複写、一般の従業員で給与支払額が500万円を超えるなら税務署に提出する4枚複写となります。

給与支払報告書は住民税の基礎データ

給与所得の源泉徴収票は、右ページの表にある税務署への提出範囲にかかわらず、すべての給与受給者について作成し、翌年1月31日までに受給者に対して交付しなければなりません。また、年の途中で退職した人については、退職の日以後1か月以内に交付します。

給与支払報告書は各人の住民税を計算するためのデータとなります。年末調整を行う年の翌年1月1日現在において給与等の支給を受けているすべての受給者のものをその受給者が居住する市区町村に**2枚**提出します。その際、**給与支払報告書総括表**を添付します。

源泉徴収票（給与支払報告書）は源泉徴収簿からの転記によって作成されますが、特に摘要欄には、控除対象配偶者や扶養親族の名前など、各人の提出した申告書に立ち戻ってデータを記入することがあります（→P217参照）。

KEY WORD 　**役員** 取締役、監査役、監事、理事、相談役、顧問、清算人、企業組合の所長などの役職にある人のことです。

源泉徴収票を税務署に提出する人の範囲

年末調整をした人	①会社役員またはその年に役員であった人で、その年の給与合計額が150万円を超える人 ②弁護士、公認会計士、税理士、社会保険労務士などで、その年の給与合計額が250万円を超える人（給与として支払っている場合に限る） ③上記①②以外の一般社員で、その年の給与合計額が500万円を超える人	
年末調整をしなかった人	「扶養控除等（異動）申告書」を提出した人	●その年の給与合計額が2,000万円を超える人 ●その年の途中で退職した人、または災害による被害のために源泉徴収の猶予などを受けた人で、その年の給与合計額が250万円を超える人（役員の場合は50万円を超える人）
	「扶養控除等（異動）申告書」を提出しなかった人	●その年の給与合計額が50万円を超える人

源泉徴収票（給与支払報告書）の提出先・交付先

●源泉徴収票を税務署に提出する人

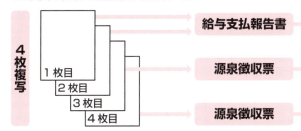

●源泉徴収票を税務署に提出しない人

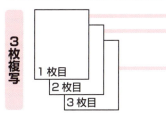

従業員への交付方法 源泉徴収票を各従業員に交付する際は、事前に本人の承諾をもらったうえで、書面の代わりに電子メールやCD-ROMなどの電磁的方法で渡すこともできます。

給与支払報告書（源泉徴収票）の作成

源泉徴収簿の年末調整欄に記入したデータを給与支払報告書に転記すればいいのね！

●源泉徴収簿の年末調整欄

源泉徴収簿のデータを転記する。

●給与支払報告書（総括表）

この総括表は、市区町村に提出する給与支払報告書に添付する。

給与支払報告書（源泉徴収票）の書式変更　給与支払報告書（源泉徴収票）の書式が平成29年提出分から大きく変更されました。記載する内容は源泉徴収簿の年末調整欄に書かれているデータを転記するほか、控除対象配偶者、扶養親族等の氏名・個人番号の記入が必要になります。

●給与支払報告書

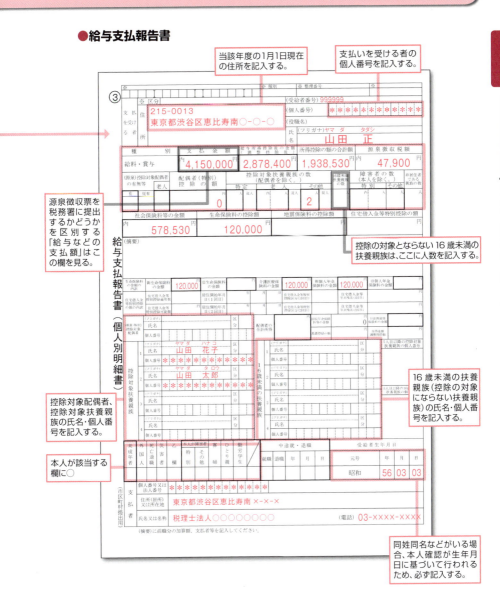

給与支払報告書総括表の入手先 各市町村から送られてくるものや、各市町村のホームページからダウンロードしたものを使います。ただ、記載項目はほとんど同じなのに書式がそれぞれ少しずつ違うので、記載内容に漏れなどないよう注意しましょう。

源泉徴収簿の作成後に行うこと
年末調整後に税務署に提出する書類②
法定調書合計表の作成と提出

源泉徴収票は法定調書の一つ

　源泉徴収票の提出で気をつけたいのは、ほかの**法定調書**といっしょに提出するということです。法定調書とは、適正な課税をすることを目的に、法律で提出を義務づけている書類のことです。税務署は、適正な課税を行うために給与や退職金などの支払いの事実を正確につかんでおかなくてはなりません。そのために、給与などの支払者に対して、前年1年間の各種支払いの内容を記載した法定調書を提出することを所得税法などで義務づけています。

会社が提出しなければならない6つの法定調書

　法定調書は全部で40種類以上あり、源泉徴収票も法定調書の一つです。一般的に会社が提出しなければならない書類は次の6種類です。
①給与所得の源泉徴収票
②退職所得の源泉徴収票
③報酬、料金、契約金および賞金の支払調書
④不動産の使用料等の支払調書
⑤不動産等の譲受けの対価の支払調書
⑥不動産等の売買または貸付けのあっせん手数料の支払調書

一定の支払いがあれば提出する

　これらの法定調書は、それぞれ一定の金額の支払いがある場合に提出します。給与所得の源泉徴収の場合は、たとえば年末調整を行った一般の従業員なら500万円超の給与の支払いがあれば提出しなければなりません（→詳細はP214参照）。

　前述の6つの法定調書をまとめた一覧表が「**給与所得の源泉徴収票等の法定調書合計表**」、略して**法定調書合計表**です。これらの書類を1月31日までに所轄の税務署に提出します。この場合、一定の役員等については源泉徴収票を添付します。

　なお、年末調整と直接関係ありませんが、弁護士や税理士に対する報酬料金や不動産を賃借して家賃を支払っている場合などは、報酬料金等の金額等を法定調書合計表の所定欄に記入して、支払調書を添付します。

 KEY WORD　**支払調書**　税務署に報告義務のある支払いをしたときに作成する書類のこと。支払いを受けた人が確定申告などに使います。

法定調書合計表

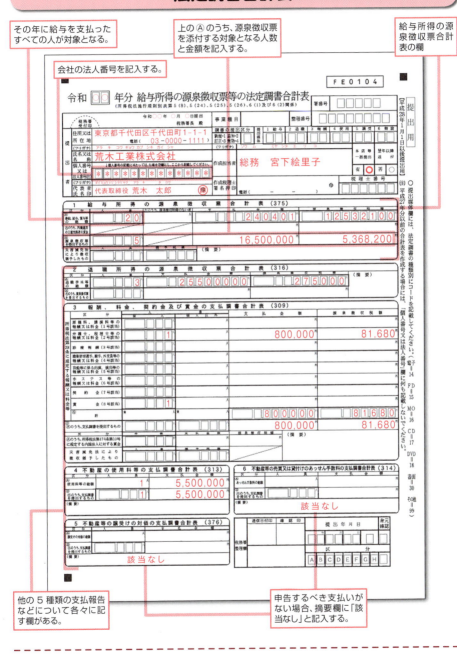

法定調書の提出方法 法定調書と法定調書合計表は、書面の代わりにインターネットを利用した e-Tax（国税電子申告・納税システム）や CD-ROM などの電磁的な媒体で提出することもできます。

確定申告の豆知識

年末調整を行っても確定申告をするケースがある

　所得税の課税対象は、毎年1月1日から12月31日までの1年間に生じたすべての所得です。その年中に給与、配当などの所得があった人は、その年の所得についての所得税額（年税額）を計算し、申告と納税をします。同時に、すでに源泉徴収された所得税などとの精算を済ませます。これが確定申告です。

　会社に勤めて給与所得を得ているほとんどの人は、会社が代わって年末調整をすることになっています。

　ただし、会社勤めの人でも、給与収入が2,000万円超ある人や「扶養控除等申告書」を会社に提出していない人などは、年末調整の対象になりません。そのような人は、対象となる年の翌年2月16日〜3月15日に、自ら確定申告を行うことになっています。また、年末調整を行っても、給与所得以外の所得（雑所得や譲渡所得など）がある場合や医療控除などを受ける場合には、確定申告をしなくてはなりません。

確定申告の申告書は2種類ある

　確定申告書には、申告書Aと申告書Bの2種類があります。所得の種類に応じて使い分けます。

申告書A	申告する所得が給与所得や年金などの雑所得、配当所得、一時所得だけの人で、予定納税額がない人が使用するものです。
申告書B	所得の種類にかかわらず、誰でも使用できる申告書です。

　なお、土地や建物の譲渡所得がある場合などには、申告書第三表（分離課税用）を、その年分の所得金額が赤字の場合などには申告書第四表（損失申告用）も併せて使います。

第7章
社会保険と労働保険の ケース別手続き

入社時・退職時の事務
従業員を雇うときにすることは？
従業員採用時の手続き

手順を整理しておこう

　従業員を採用するときには、**労働基準法**や**社会保険法**、**税法**で決められた手続きを行わなければなりません。また、会社の規定に基づいて行う手続きもあります。かなり煩雑になりますので、次ページの上の表のようにあらかじめ手順を整理しておくとよいでしょう。

まず労働条件の明示から

●労働条件の明示
　まず、採用する従業員に対してすみやかに労働時間や給与額などの労働条件を明示しなければなりません。
　これは、正社員であってもパートタイマーであっても同じです。パートタイマーだからといって労働条件の明示を怠ると、罰則をとられることがあるので注意してください。
　労働条件をめぐるトラブルを防ぐために、新たに雇い入れる従業員には十分な説明をしましょう。疑問点に対しては、従業員が納得するまで答えるようにします。

　労働条件には、次ページの下の図のように書面などで通知しなければならないものがあります。
　そのような条件は、**労働条件通知書**（→P224）に記載して交付するか、または就業規則や給与規程（賃金規程）で明示します。なお、**常時10人以上の従業員を使用する事業所は必ず就業規則を作成**しなければなりません（→P32）。

雇用契約書と法定三帳簿の作成

●雇用契約書の取り交わし
　こうして労働条件を明示したうえで本人の同意が得られたら、お互いの了解を書面で残すために、**雇用契約書（労働契約書）**を取り交わします。

●労働者名簿・賃金台帳・出勤簿の作成
　採用後は、**労働者名簿**、**賃金台帳**、**出勤簿**をすみやかに作成します。労働者名簿と賃金台帳は記載する事項が決められています。これらは、給与計算の基礎となる大切な書類です。詳しい説明と書式は、P292以降を参照してください。
　また、給与マスター（→P70）などを活用している場合もすみやかに作成します。

労働条件の明示をしないときの罰則①　すべての従業員に対して、文書で明示するべき労働条件を明示しないときは、30万円以下の罰金に処せられます。

入社時に行う事務リスト

	どんなことを	いつまでに	本書の説明ページ
労働基準法	新入社員に労働条件を明示する。	雇用時に	P222
	新入社員と雇用契約書を交わす。	雇用時に	P222
	労働者名簿、賃金台帳、出勤簿（タイムカード）、給与マスターなどの書類を作成する。	雇用後、すみやかに	P222、304〜
社会保険	「健康保険 厚生年金保険被保険者資格取得届」を提出する。	資格取得日から5日以内に	P122〜、128〜
	「健康保険被扶養者（異動）届」を提出する。	被扶養者がいる場合、資格取得日から5日以内に	P132〜
	「国民年金第3号被保険者関係届」を提出する。	被扶養者の配偶者がいる場合、資格取得日から5日以内に	P132〜
雇用保険	「雇用保険被保険者資格取得届」を提出する。	翌月の10日までに	P226〜
所得税・住民税	「給与所得者の扶養控除等（異動）申告書」を従業員から受け取る。	入社後、最初の給与計算日までに	P180〜
	必要に応じて住民税の手続きをする。	雇用後、すみやかに	P226
その他	社内規定に基づき、新入社員から身元保証書や卒業証明書などの書類を受け取る。	雇用後、すみやかに	—
	交付された健康保険被保険者証、雇用保険被保険者証、年金手帳を新入社員に渡す。	交付後、すみやかに	—

会社が採用時に明示しなければならない事項

文書で必ず明示しなければならない事項

- 労働契約の期間
- 期間の定めのある労働契約を更新する場合の基準
- 仕事をする場所と仕事の内容
- 始業・終業の時刻、所定時間外労働の有無、休憩時間、休日、休暇
- 給与の決定（計算方法、支払い方法、昇給に関する事項など）
  （臨時に支払われる給与などを除く）
- 退職に関する事項（解雇の事由を含む）

会社で規定がある場合に明示する事項
文書で明示しなくてもよいが、トラブルを防ぐために文書での明示が望ましい。

- 退職手当に関する事項
- 賞与に関する事項
- 従業員に負担させる食費、作業用品など
- 安全衛生に関する事項
- 職業訓練に関する事項
- 災害補償および業務外の傷病扶助に関する事項
- 表彰および制裁に関する事項
- 休職に関する事項

ただし、契約期間の定めのある場合には「更新の有無」「判断基準」、短時間労働者にはさらに「昇給・賞与・退職金の有無」、「相談窓口」を文書で明示、交付しなければなりません。また、雇い入れたときに実施する雇用管理の改善措置内容の説明義務もあります。

労働条件の明示をしないときの罰則② 短時間労働者に「昇給の有無」「退職手当の有無」「賞与の有無」「相談窓口」を明示せず、行政処分をしても改善がみられないときは、短時間労働者一人の契約ごとに10万円以下の過料となります。

労働条件通知書の様式

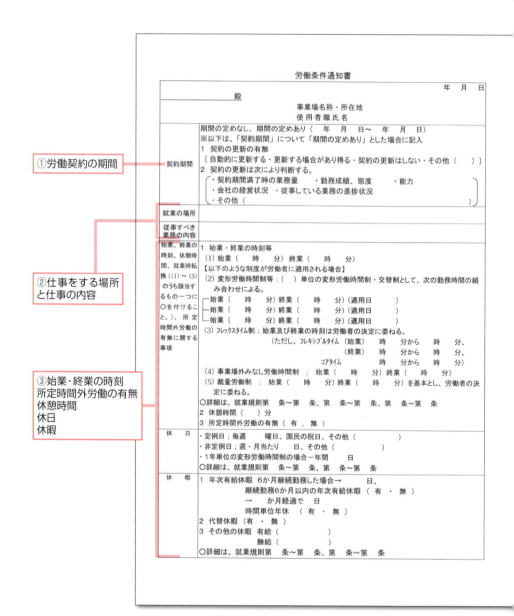

①労働契約の期間
②仕事をする場所と仕事の内容
③始業・終業の時刻
所定時間外労働の有無
休憩時間
休日
休暇

労働条件通知書の入手 労働条件通知書は独自に作成してもかまいませんが、厚生労働省のホームページではそのときどきの法令の改正に沿った様式が公開されています。https://www.mhlw.go.jp/

> 文書で必ず盛り込まなければならないのは①〜⑤だよ。また、労働条件通知書は雇用契約書と兼用することが多いんだ。

賃金	1 基本賃金 イ 月給（　　円）、ロ 日給（　　円） ハ 時間給（　　円）、 ニ 出来高給（基本単価　　円、保障給　　円） ホ その他（　　円） ヘ 就業規則に規定されている賃金等級等 2 諸手当の額又は計算方法 イ（　　手当　　円／計算方法：　　） ロ（　　手当　　円／計算方法：　　） ハ（　　手当　　円／計算方法：　　） ニ（　　手当　　円／計算方法：　　） 3 所定時間外、休日又は深夜労働に対して支払われる割増賃金率 イ 所定時間外　法定超 月60時間以内（　　）％ 　　　　　　　　　　　月60時間超　（　　）％ 　　　　　　所定超（　　）％ ロ 休日 法定休日（　　）％、法定外休日（　　）％、 ハ 深夜（　　）％ 4 賃金締切日（　　）−毎月　日、（　　）−毎月　日 5 賃金支払日（　　）−毎月　日、（　　）−毎月　日 6 賃金の支払方法（　　） 7 労使協定に基づく賃金支払時の控除（無，有（　　）） 8 昇給（有（ただし業績による），無　） 9 賞与（有（時期、金額等　　），無　） 10 退職金（有（時期、金額等　　），無　）
退職に関する事項	1 定年制（有（　歳），無　） 2 継続雇用制度（有（　歳まで），無　） 3 自己都合退職の手続（退職する　日以上前に届け出ること） 4 解雇の事由及び手続 〇詳細は、就業規則第　条〜第　条、第　条〜第　条
その他	・社会保険の加入状況（厚生年金　健康保険　厚生年金基金　その他（　　）） ・雇用保険の適用（有，無） ・その他

※以下は、「契約期間」について「期間の定めあり」とした場合についての説明です。

労働契約法第18条の規定により、有期労働契約（平成25年4月1日以降に開始するもの）の契約期間が通算5年を超える場合には、労働契約の期間の末日までに労働者から申込みをすることにより、当該労働契約の期間の末日の翌日から期間の定めのない労働契約に転換されます。

※ 以上のほかは、当社就業規則による。

④給与の決定（臨時に支払われる給与などを除く）

⑤退職に関する事項（解雇の事由を含む）

労働条件通知書は、労働条件を通知するのみでもかまいませんが、雇用契約書では、採用する従業員の了承を得られたということを示すために、従業員から署名・捺印をしてもらいます。

プラス知識！　**無期労働契約への転換**　平成25年4月1日より、有期労働契約が繰り返し更新され通算5年を超えたときは、従業員の申し込みがあった場合、期間の定めのない労働契約（無期労働契約）に転換しなければなりません。

第7章　社会保険と労働保険のケース別手続き｜入社時・退職時の事務

225

雇用保険と社会保険の手続き

●雇用保険を翌月10日までに届け出る

採用した従業員に雇用保険の被保険者となる条件がそろっていれば、「雇用保険被保険者資格取得届」を翌月10日までに公共職業安定所（ハローワーク）に提出します。転職してきた従業員の場合、以前の職場の「雇用保険被保険者証」を提出してもらい、被保険者番号を確認して資格取得届に記入します。

提出後、確認されれば雇用保険被保険者証と「雇用保険被保険者資格取得確認等通知書」が交付されます。雇用保険被保険者証は会社が保管、または雇用保険被保険者資格取得確認等通知書とともに本人に渡します。

●社会保険は5日以内に届ける

採用した従業員に社会保険の被保険者となる条件がそろっていれば、採用した日から5日以内に「健康保険・厚生年金保険被保険者資格取得届」を年金事務所または健康保険組合に提出します（→P128）。

被扶養者がいる場合には、「健康保険被扶養者（異動）届」を、配偶者が被扶養者である場合には、「国民年金第3号被保険者関係届」をいっしょに提出します（→P132）。

各種類の税務の手続き

●所得税の手続き

採用した従業員の給与から源泉所得税を徴収するには、「給与所得者の扶養控除等（異動）申告書」を最初の給与計算をする前までに提出してもらう必要があります。この申告書に基づいて、扶養人数や所得税額を把握するためです。

転職してきた従業員の場合、以前の職場で控除した所得税や社会保険料のデータなどを記した「源泉徴収票」は年末調整時に必要になります。以前の職場を退職したときに受け取った源泉徴収票を提出してもらいましょう。

●住民税の手続き

転職してきた従業員が以前の職場で住民税を特別徴収されていた場合は、引き続き特別徴収をすることができます。その場合は以前の勤務先から「給与所得者異動届出書」を送付してもらい、手続きをします。

普通徴収から特別徴収に切り替えるには、「特別徴収切替届出（依頼）書」を従業員が住民税を納めている住所地に送付します。入社前に住民税を払っていない新卒者などの場合は、特に手続きの必要はありません。

給与所得者の扶養控除等（異動）申告書 この申告書の提出がなければ、所得税額が大幅にアップしますので、必要があればそのことを従業員に伝えるといいでしょう。

改正 雇用保険被保険者資格取得届

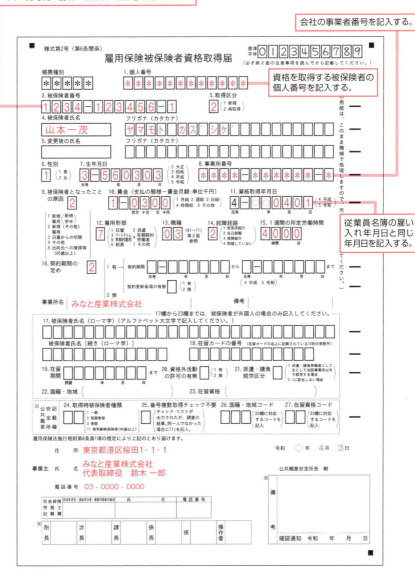

プラス知識！ 労災保険の届出はどうする？ 入社すれば原則として誰でも労災保険に加入しますので、届出の必要はありません。

入社時・退職時の事務

従業員が退職するときにすることは？①

社会保険と雇用保険の手続き

退職予定者が会社にいる間にできることを済ませておく

従業員が退職するときも、さまざまな手続きが必要ですので整理しておきましょう。

退職に関する手続きは、**退職予定者が会社にいる間にできることは済ませておくのがポイント**です。こうしておけば、退職後に連絡がとれなくなった、などの事態が起こっても困ることはありません。

退職時の手続きも、入社したときと同じように、いろいろな手続きや書類の受け渡しを行わなければなりません。下の表や次ページの表のように、退職するときに行う事務手続き、退職予定者と受け渡しをする書類などのリストをつくって、チェックしながら進めましょう。

社会保険の資格喪失届の手続きは5日以内に

社会保険と雇用保険で行う手続きは、**資格喪失届**です。

退職時に受け取るもの・渡すものリスト

退職者に渡すもの
解雇予告通知書
年金手帳
離職票
雇用保険被保険者証
源泉徴収票

退職者から受け取るもの
退職届
健康保険被保険者証
IDカード、社員証、社章
定期券
会社から貸与していた制服、パソコンなど
名刺
社費で購入した備品や事務用品
業務関係の書類

退職日直前になってあわてることのないように、退職者から受け取るもの・渡すものを整理しておこう。

退職証明書 労働基準法第22条により、退職者が使用期間、業務の種類、その事業における地位、給与または退職の理由について証明書を請求した場合、会社側は、遅滞なく交付することが義務づけられています。

退職時に行う事務リスト

> 手続きがとても多くてたいへんそう。退職する従業員が会社にいる間にできることは済ませておいたほうがいいわね。

	どんなことを	いつまでに・どのように	本書の説明ページ
社会保険	「健康保険・厚生年金保険被保険者資格喪失届」を提出する。	退職日の翌日から5日以内に	P128〜
社会保険	本人とその扶養家族の「健康保険被保険者証」を回収して提出する。	「健康保険・厚生年金保険被保険者資格喪失届」とともに	P128〜
雇用保険	「雇用保険被保険者資格喪失届」を提出する。	退職日の翌日から10日以内に	P230〜
雇用保険	退職者が離職証明書の交付を希望しない場合を除き、「雇用保険被保険者離職証明書」を作成する。※	「雇用保険被保険者資格喪失届」とともに	P230〜
所得税・住民税	退職金から所得税と住民税を控除する。	退職金支払い時	P234〜
所得税・住民税	「退職所得の受給に関する申告書」を退職金支払い前までに提出してもらう。	税務署や市区町村から提出を求められたら提出する。	P236
所得税・住民税	給与所得の源泉徴収票を発行する。	退職後、1か月以内	P234〜
所得税・住民税	退職所得の源泉徴収票を発行する。	退職後、1か月以内	P238〜
所得税・住民税	住民税の「特別徴収にかかる給与所得者異動届出書」を作成する。	できれば退職前に	P234〜
その他	退職証明書の発行	●退職予定者が希望するとき、すみやかに ●退職証明書に記載する事項を聞く	―
その他	貸付金・仮払金・社内預金の精算	退職前に	―
その他	会社で一括加入している保険の切り替え・財形貯蓄の切り替え	退職前に	―

※退職者が59歳以上の場合は本人の希望に関わらず交付する。

 社会保険の資格喪失日 正社員が退職した場合は、退職した日の翌日が社会保険の資格喪失日となります。→P129参照

従業員が社会保険に入っている場合は、「健康保険・厚生年金保険被保険者資格喪失届」を、資格を喪失した日から5日以内に年金事務所または健康保険組合に提出します（→P128）。このとき、本人とその扶養家族に交付されていた健康保険被保険者証を回収して、いっしょに提出します。

雇用保険の資格喪失届

　従業員が雇用保険に入っている場合は、「雇用保険被保険者資格喪失届」を退職した日の翌日から10日以内に公共職業安定所（ハローワーク）に提出します。このとき、退職する従業員が失業給付を受ける場合は「雇用保険被保険者離職証明書」を添付します。「雇用保険被保険者離職証明書」を提出すると、「離職票」が交付されますので、必ず退職する従業員に渡します。

　「雇用保険被保険者資格喪失届」を作成する際に注意する点は、「被保険者でなくなったことの原因」、すなわち離職理由の記入です。離職理由によって、失業給付（基本手当）を受け取ることのできる期間や金額などが異なってくるためです。

　退職の理由は、**自己都合**なのか、**会社都合**なのか、などを慎重に記入しなければなりません。

健康保険の任意継続被保険者

　健康保険は、一定の要件を満たせば、退職した後も本人の希望により、引き続き個人で加入することができます。これを任意継続被保険者といいます。

　健康保険の任意継続被保険者となるには、資格喪失日の前日までに、継続して2か月以上の被保険者期間があることが必要です。手続きは、資格喪失日から20日以内に、本人の住所地を管轄する全国健康保険協会または会社の加入する健康保険組合に本人が申請します。

　加入期間は2年間と期限があり、保険料も会社負担がなくなるので本人が支払う額はほぼ倍になります。しかし、家族の状況などによって、国民健康保険に加入するよりも保険料がお得となるケースがあり、引き続き同じ保険給付を受けることができる点も魅力です。退職予定者で任意継続被保険者になったほうがメリットのありそうな人には話してみましょう。

　社会保険料徴収の注意点　退職日が月末の場合、資格喪失日が翌月1日となり、退職月の給与から前月分と当月分の保険料を徴収しなければなりません。詳細はP152。

雇用保険被保険者資格喪失届

プラス知識！ **任意継続被保険者の保険給付の例外** 任意継続被保険者は原則として、同じ保険給付を受けることができますが、出産手当金と傷病手当金については、在職中から受けている人を除いて、給付を受けることはできません。

雇用保険被保険者離職証明書

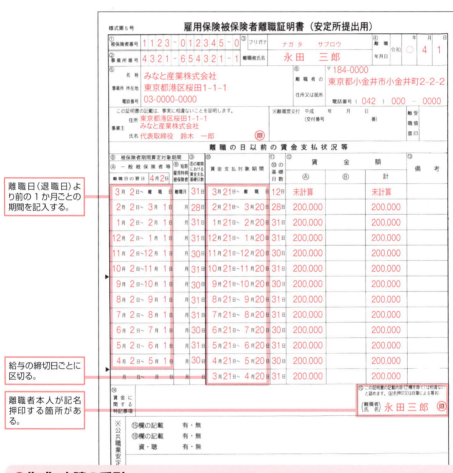

●作成・申請の手引

誰が	会社	いつまで	退職日の翌日から10日以内
どこに	公共職業安定所(ハローワーク)	どんなとき	退職予定者が「離職証明書」を希望するとき
どのように	「雇用保険被保険者資格喪失届」とともに		
添付資料	離職の日以前の給与状況などを確認できる資料(賃金台帳、労働者名簿、出勤簿など)・離職理由を確認できる資料		
その他	受理後、交付された離職証明書を退職予定者に渡す。		

 KEY WORD　**離職票**　失業時に支払われる雇用保険の給付金である基本手当を離職した従業員が受けようとする際、求職の申し込みのために公共職業安定所(ハローワーク)へ提出しなければならない書類です。離職証明書に基づいて公共職業安定所所長が交付します。

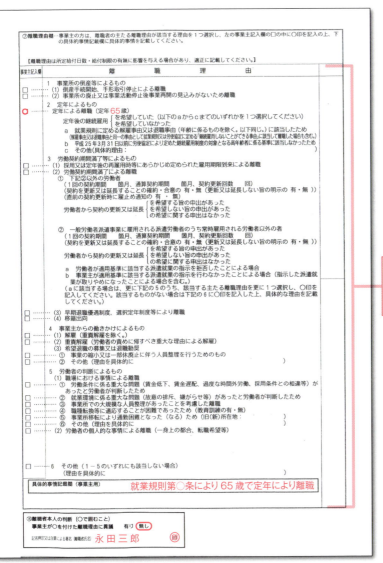

平成25年4月1日から「雇用保険被保険者離職証明書」の離職理由欄（定年による離職部分）が変わりました。

在職期間が短い従業員が離職した場合は？ 離職証明書は、在職期間の長短、また受給資格の有無にかかわらず作成しなければなりません。

入社時・退職時の事務

従業員が退職するときにすることは？②

所得税と住民税の手続き

退職する従業員の源泉徴収票を交付する

退職する従業員には、その年の「給与所得の源泉徴収票」（→P214）を交付します。源泉徴収票には、その年の初めから退職するまでに支払った給与や賞与の総額、所得税額、社会保険料控除額などが記されています。本人がその年の確定申告をするときや、新しい職場に勤務する場合に必要な書類です。退職後1か月以内に交付します。

なお、退職金を支払う場合は、「給与所得の源泉徴収票」とは別に「退職所得の源泉徴収票」を交付することになります。

退職する従業員の住民税の納付方法

住民税の特別徴収の納付期間となる単位は6月～翌5月です。特別徴収をしている従業員が退職する場合は、退職の時期によって、次のように住民税の納付方法が異なってきます。

● 1月～5月31日に退職する場合

最後に支給する給与から、残りの期間分の住民税を一括して徴収することになっています。

たとえば、3月に退職する場合は、3月の給与を支払うときに3月～5月の3か月分の住民税を控除し、翌月10日までに納付します。5月に退職する場合は、5月分の住民税を徴収するだけでよいことになります。

● 6月～12月31日に退職する場合

退職する従業員の意向を聞き、次の3通りのいずれかの方法を選んでもらいます。

①退職月の給与を支払うときに、翌5月までの住民税を一括して徴収する方法。

②退職した後の住民税を従業員自身で支払う普通徴収に切り替える方法。

この場合、「給与所得者異動届出書」を異動のあった日の翌月10日までに住民税の支払い先の市区町村に送付します。その後の住民税の督促などが来ないようにするためです。

③再就職先が決まっていて、新しい職場で引き続き特別徴収を行う方法。

この場合、再就職先に「給与所得者異動届出書」をすみやかに送付します。または、本人に渡して、再就職先に直接提出してもらってもかまいません。

 住民税の特別徴収 会社が従業員の給与から控除して地方公共団体に住民税を支払う方法です。これに対して、普通徴収は、自営業者などが直接自分で住民税を支払う方法です。

退職する従業員の住民税の納付方法

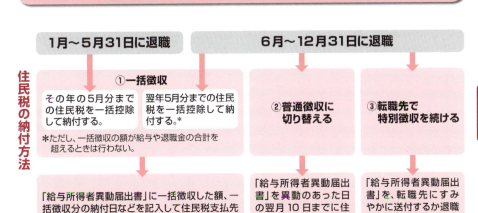

給与所得者異動届出書

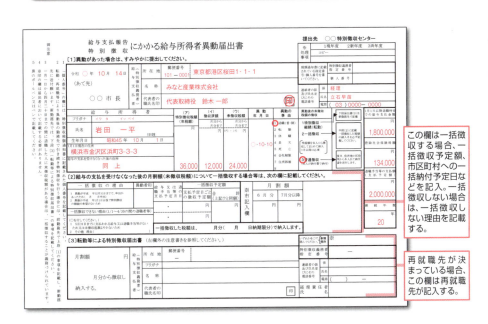

給与所得者異動届出書 給与所得者異動届出書の書式は、市区町村ごとに少しずつ異なります。提出先の市区町村の書式を直接取り寄せるか、ホームページからダウンロードする必要があります。

入社時・退職時の事務
従業員が退職するときにすることは？③
退職金から所得税と住民税を控除

退職金は分離課税で計算

会社が退職者に退職金を支払う場合、**退職所得として所得税と住民税**がかかります。ただし、給与所得や事業所得などのほかの所得とは別に、**独自の方法で税金を計算**することになっています。これを**分離課税**といいます。退職金は、長年勤めたことへの報奨金という意味合いを含んでおり、老後の生活にかかわる貴重な財産でもあります。このような点を考慮して、税制的に優遇されているのです。

所得税の計算方法

まず、所得税の計算方法から説明しましょう。会社は、**求めた税額を退職金から控除し、税務署に納付**します。退職金の**源泉徴収税額**は次のように計算します。
① 退職金の総額から、勤続年数に応じた退職所得控除額を差し引いて2で割り、**課税退職所得金額**を求める。
② ①の課税退職所得金額を「**退職所得の源泉徴収額の速算表**」に当てはめて、源泉徴収税額を求める。

会社は、この計算方法で出した税額を、退職金から源泉徴収します。ただし、この税額で源泉徴収するには、「**退職所得の受給に関する申告書**」を退職者に記入してもらい、退職金の支払いを受けるときまでに提出してもらわなければなりません。

この申告書を提出しないと、退職金の総額から一律20.42％の額を源泉徴収することになります。申告書を後で提出して精算することもできますが、退職者本人が確定申告をしなければなりません。このように、申告書を出さないと本人の手続きが必要になるなどの手間がかかります。なかなか申告書を出さない退職者がいれば、この点を説明してください。

住民税の計算方法

次に、退職金の住民税を求めましょう。退職所得の場合、住民税の計算は市区町村ではなく、**会社が特別徴収すべき税額**を次の①〜④の手順で計算して退職金から控除し、一括納付します。
① 退職金の総額から、勤続年数に応じた退職所得控除額を差し引き、2で割る。これが住民税の**課税退職所得金額**となり

退職金 退職金は、退職する従業員に対して通常の給与とは別に支払われる給与です。退職手当、退職給付などとも呼ばれます。

退職金の源泉徴収税額の計算
「退職所得の受給に関する申告書」を提出している場合

> 源泉所得税は毎月納付するのが一般的ですが、半年ごとにまとめて納付できる特例があります（P108）。この場合、「納期の特例」用の用紙を使用します。

❶ 課税退職所得金額を求める。
たとえば、勤続年数22年、退職金1,200万円のとき

(1) 勤続年数を計算する。1年に満たない端数は切り上げる。

例 21年5か月→22年

(2) 退職所得控除額を求める。

上の(1)で出した勤続年数を下の表に当てはめる。

勤続年数	退職所得控除額
20年以下	40万円×勤続年数（ただし最低80万円）
20年超	70万円×（勤続年数－20年）+800万円

例 勤続年数22年の場合　70万円×(22年－20年)+800万円＝940万円

（注）退職所得控除額は勤続年数が41年以上の場合など、上記の表と異なる場合がある。詳しくは国税庁のホームページで確認。

(3) 課税退職所得金額＝（退職金の総額－退職所得控除額）× $\frac{1}{2}$ （注）
（1000円未満切り捨て）

例 退職金の総額が1,200万円で退職所得控除額が940万円の場合
課税退職所得金額＝(1,200万円－940万円)× $\frac{1}{2}$ ＝130万円

（注）役員等勤続年数が5年以下の者が受け取る特定役員退職手当等の課税退職所得金額は次の計算式によって計算します。
特定役員退職手当等の課税退職所得金額＝特定役員退職手当等の収入金額－退職所得控除額

❷ 課税退職所得金額を「退職所得の源泉徴収税額の速算表」に当てはめる。

課税退職所得金額を下の「退職所得の源泉徴収税額の速算表」に当てはめて、源泉徴収税額を求める。

課税される所得金額Ⓐ （1,000円未満切り捨て）	税率Ⓑ	控除額Ⓒ	税額＝(Ⓐ×Ⓑ－Ⓒ)×102.1%
195万円以下	5%	0円	(Ⓐ×0.05　　　　　)×102.1%
195万円超～　330万円以下	10%	97,500円	(Ⓐ×0.1　－　　97,500円)×102.1%
330万円超～　695万円以下	20%	427,500円	(Ⓐ×0.2　－　427,500円)×102.1%
695万円超～　900万円以下	23%	636,000円	(Ⓐ×0.23　－　636,000円)×102.1%
900万円超～1,800万円以下	33%	1,536,000円	(Ⓐ×0.33　－1,536,000円)×102.1%
1,800万円超～4,000万円以下	40%	2,796,000円	(Ⓐ×0.4　－2,796,000円)×102.1%
4,000万円超	45%	4,796,000円	(Ⓐ×0.45　－4,796,000円)×102.1%

例 課税退職所得金額が130万円の場合の源泉徴収するべき税額
130万円×5%×102.1%＝66,365円

KEY WORD　**一般退職**と**障害退職**　障害者になったことに直接起因して退職することを障害退職といいます。障害退職以外の退職のことを一般退職といいます。上で解説した控除額は一般退職の場合で、障害退職の場合は別に定められています。

ます。ここまでは、所得税と同じです。
② まず市区町村民税を求める。①の課税退職所得金額に、税率6％を乗じて税額を求める。
③ 都道府県民税を求める。①の課税退職所得金額に、税率4％を乗じて税額を求める。

所得税と住民税の納付は翌月10日までに

控除した所得税と住民税は、期限を守って納付します。

退職金から源泉徴収した**所得税**は、徴収した月の翌月10日までに納付します。「給与所得・退職所得等の所得税徴収高計算書（納付書）」（→P57）に「退職手当等」の税額を記入する欄があるので、通常の給与を納付するときにあわせて記入して提出すればよいのです。

住民税の場合は、退職者の住民税を納付している市区町村が規定する納入書に税額を記入し、翌月10日までに納付します。

なお、源泉所得税の納期の特例を受けている場合は、年に2回（7月10日、1月20日）の納付のうち、近いほうの期日までに納付します。

源泉徴収票を交付する

すべての退職者に対して、「**退職所得の源泉徴収票・特別徴収票**」を作成して本人に交付します。そのうち、法人の役員の源泉徴収票については、退職者本人だけではなく、税務署や市区町村にも提出しなければなりません。

税務署には**法定調書合計表**（→P218）を添付して提出します。制度上は退職後1か月以内に提出することになっていますが、実務としては年末調整後の法定調書とまとめて翌年1月31日までに提出すればよいことになっています。

退職金の源泉徴収税額の計算
「退職所得の受給に関する申告書」を提出していない場合

源泉徴収税額
＝退職金の総額×一律20.42％

例　退職金1,200万円の場合
　　1,200万円×20.42％
　　＝2,450,400円

→ 「退職所得の受給に関する申告書」を提出している場合としていない場合では大きく金額が違ってくるので注意！

「退職所得の受給に関する申告書」を提出しなかった場合、精算するには本人が翌年3月に確定申告をする。

退職金制度の変化　年功序列制で定年まで勤務するのが当たり前だった頃は、退職金の支給は老後の生活保障も兼ねて普及していました。昨今は、年功序列制の崩れや経済事情などがあいまって、退職金制度そのものを見直す会社が出ています。

退職金の特別徴収住民税額

❶ **課税退職所得金額を求める。**
源泉所得税額の計算❶と同じ！ →P237参照

例 P237
（1）勤続年数：22年
（2）退職所得控除額 ＝ 70万円×（22年−20年）+800万円
　　　　　　　　　＝ 940万円
（3）課税退職所得金額＝（1,200万円−940万円）×$\frac{1}{2}$
　　　　　　　　　＝ 130万円

❷ **市区町村民税＝課税退職所得金額×6％**
例 130万円×6％＝78,000円

❸ **都道府県民税＝課税退職所得金額×4％**
例 130万円×4％＝52,000円

退職所得の源泉徴収票・特別徴収票

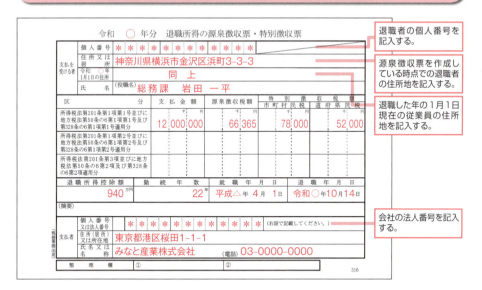

退職金の支払い方 給与は現金で支払うのが原則ですが、退職金については、従業員の同意を得たうえで郵便為替や小切手での支払いができます。

結婚・離婚での事務

従業員が結婚・離婚したときにすることは？
社会保険・雇用保険・所得税の各種変更手続き

社会保険・雇用保険の各種手続き

　結婚・離婚などで氏名が変わったり住所が変わったりしたときは、下の表のように社会保険・労働保険・所得税で各種の届け出をすることが必要になります。

　結婚で従業員の妻（または夫）が健康保険の被扶養者になった場合、会社は国民年金の第3号被保険者の届け出をします。従業員の結婚がわかったら、配偶者は被扶養者となるのかどうかを確認しましょう。

　結婚・離婚などで従業員の戸籍上の氏名が変わったときは、健康保険と厚生年金保険、雇用保険で氏名変更の手続きをします。住所が変わった場合は、厚生年金保険で住所変更の手続きをします（雇用保険では手続きは不要です）。

従業員の結婚で会社が行う事務手続き

どんなとき	提出書類	どこに提出する	いつまで	備考
結婚相手が被扶養者になったとき	**社会保険** 健康保険被扶養者（異動）届→P134 国民年金第3号被保険者関係届→P135	年金事務所または健康保険組合	資格取得日から5日以内	―
	所得税 給与所得者の扶養控除等（異動）申告書→P184	従業員から会社に	変更後、最初の給与計算までに	―
氏名が変更になったとき	**社会保険** 健康保険・厚生年金保険被保険者氏名変更（訂正）届	年金事務所*または健康保険組合	変更後、すみやかに	●従業員の氏名が変更になったとき：本人と結婚相手の健康保険被保険者証を添付する。 ●被扶養者の氏名が変更になったとき：被扶養者の健康保険被保険者証を添付する。
	雇用保険 雇用保険被保険者氏名変更届	公共職業安定所（ハローワーク）	変更後、すみやかに	提出書類は、「雇用保険被保険者資格喪失届」と同じ→P231
住所が変更になったとき	**社会保険** 厚生年金保険被保険者住所変更届	年金事務所*または健康保険組合	変更後、すみやかに	―

*ただし、マイナンバーと基礎年金番号が結びついている被保険者は年金事務所への届出が原則不要となった。

プラス知識！

健康保険での住所変更手続き　健康保険被保険者証の住所欄は、被保険者本人が訂正します。

改正 健康保険・厚生年金保険被保険者氏名変更(訂正)届

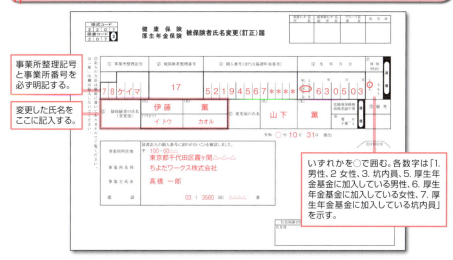

改正 健康保険・厚生年金保険被保険者住所変更届

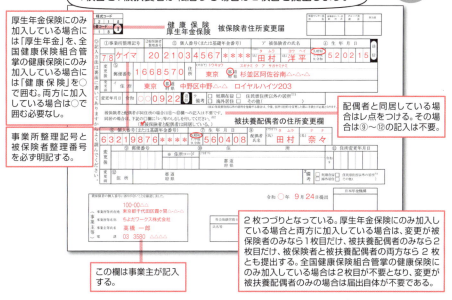

社会保険の変更は、事実婚でもできる？ 社会保険では事実婚（内縁関係）でも法律婚の場合と同様に第3号被保険者になることができます。ただし、婚姻の事実を示す書類（同一世帯だということを示す住民票など）が必要になります。

妊娠・出産・育児での事務
従業員が出産したときにすることは？

産前産後休業と健康保険の給付

産前産後休業を認めなければならない

妊娠から出産・育児中の間に行う手続きは、社会保険と労働保険で次ページのようにいくつかあります。会社が関わらない手続きもありますが、全体的な手続きを大まかに把握しておきましょう。

まず、**妊産婦は、産前産後休業として出産予定日以前42日（多胎妊娠は98日）と、出産日翌日より56日間は休みをとることができます。**

これは母体保護のために労働基準法が定めているものです。したがって、会社は42日以内に出産する予定の従業員が休業を請求したときは、これを拒否することができません。また、出産後56日間は、従業員の請求の有無にかかわらず、就業させてはならないことになっています。

産前産後休業に支払われる 出産手当金
しゅっさん て あてきん

産前産後休業をとった従業員が健康保険の被保険者である場合、休業期間中に会社から給与の支払いを受けない場合、生活保障として**出産手当金**が支給されます。支給額の計算は、
①休業中に給与の支給がない場合
②休業中に給与の支払いがある場合
によって異なります。計算式はP245を参照してください。

「出産手当金」は被保険者の資格をもつ者が受給することが原則で、退職などで被保険者でなくなったときは支給されません。ただし、被保険者でなくなる日の前日までに1年以上被保険者であり、産前産後休業中に被保険者の資格を失った場合は、残りの期間まで「出産手当金」が支給されます。

出産手当金を受給するときの申請書とその書き方は、P246を参照してください。

出産育児一時金が支給される

健康保険の被保険者とその被扶養者が出産したときは、一児につき42万円が**出産育児一時金**（被扶養者の出産の場合は**家族出産育児一時金**）として支給されます。双子なら二人分の84万円が支給されることになります（妊娠22週未満または産科医療補償制度に加入していない医療機関等において出産した場合は

プラス知識！
出産手当金、傷病手当金の計算方法の変更 これまでは標準報酬月額を30で割って算出する標準報酬日額を計算に用いていましたが、平成28年4月からは直近12か月の標準報酬月額の平均額を用いる計算方法に変わりました（P245の計算式参照）。

242

従業員の妊娠・出産・育児で行う事務リスト

	どんなことを	提出書類	いつまで	どこに	本書の説明ページ
妊娠・出産	労働基準法による産前産後休業をとってもらう。特に、産後56日は就業させてはならない。	—	—	—	—
	産前産後休業中の出産手当金の給付を受ける。	健康保険出産手当金支給申請書	産休開始日の翌日から（2年以内）	協会けんぽまたは健康保険組合	
出産	従業員が出産した場合、出産費用として出産育児一時金が出る。	健康保険被保険者（家族）出産育児一時金支給申請書 *本人が申請する。会社では特に手続きの必要はない	出産前から出産後2年以内*	協会けんぽまたは健康保険組合	→P242〜
	従業員の被扶養者（家族）が出産した場合、出産費用として家族出産育児一時金が出る。				
	出産育児一時金のほうが出産費用よりも高い場合、「出産育児一時金差額申請書」を提出する。	出産育児一時金差額申請書	出産後2年以内	協会けんぽまたは健康保険組合	
	生まれた子どもの健康保険の被扶養者手続きをする。	健康保険被扶養者（異動）届	資格取得日から5日以内	年金事務所または健康保険組合	→P132 →P254〜
	産前産後休業中の社会保険料を免除してもらう。	健康保険・厚生年金保険産前産後休業取得者申出書 健康保険・厚生年金保険産前産後休業取得者変更（終了）届	産前産後休業期間中	年金事務所または健康保険組合	→P250〜
育児	育児休業給付金の支給を受ける。	育児休業給付金支給申請書	育児休業を開始した日の翌日から10日以内。以後、原則として2か月に1回	公共職業安定所（ハローワーク）	→P254〜
	育児休業中の社会保険料を免除してもらう。	健康保険・厚生年金保険育児休業等取得者申出書	●休業開始後、すみやかに ●延長する場合は、子が1歳に達したとき	年金事務所または健康保険組合	→P258〜
	育児休業等終了後、育児で給与が下がった場合に報酬月額変更をする（育児休業等終了時改定）。	健康保険・厚生年金保険育児休業等終了時報酬月額変更届	育児休業等終了後3か月以後		→P260〜
	育児休業等終了時改定を行っても、年金の額が減らないよう申し出る。	厚生年金保険養育期間標準報酬月額特例申出書	育児休業等終了時改定後、すみやかに		

＊産前産後休業終了後に給与が下がった場合は報酬月額を変更する必要がある。
この場合、産前産後休業終了時報酬月額変更届を休業終了3か月以後に年金事務所または健康保険組合まで提出する。

KEY WORD **産後就業禁止の例外** 出産後56日（8週間）を経過しない女性を就業させてはならない原則には例外があります。産後6週間を経過した女性が請求した場合、その者について医師が支障がないと認めた業務に就かせることは差し支えありません。

39万円となります)。出産育児一時金は妊娠4か月(85日)以後の出産に対して支給されます。流産や死産の場合も支給されます。

出産育児一時金の支払い方法には**直接支払制度**があります。これは協会けんぽまたは健康保険組合から出産育児一時金を医療機関等に直接支払う制度で、被保険者の負担が軽減されるようになっています。被保険者が分娩のために病院に入院したとき、かかった費用には出産育児一時金があてられることになります。

なお、直接支払制度が利用できない小規模な医療機関等では**受取代理制度**が利用できる場合があります。この場合も窓口負担が軽減されるしくみになっています。

出産にかかった費用が出産育児一時金よりも高い場合には、その分を退院するときに、被保険者が支払います。反対に低い場合には、差額を協会けんぽなどの保険者に申請して受け取ることができます。会社の担当者は、被保険者やその被扶養者に「**出産育児一時金差額申請書**」に必要事項を記入してもらい、保険者(協会けんぽなど)に提出します。

産前産後休業の期間

● **出産予定日に出産した場合・出産予定日よりも早く出産した場合**

42日* 出産日 56日

出産予定日前42日*と出産日翌日より56日は休みをとれます。この間に給与の支払いを受けなかった場合は出産手当金が支給されます。

● **出産予定日より遅れて出産した場合**

42日* 出産予定日 予定より遅れた日数 出産日 56日

出産が予定よりも遅れた場合は、その遅れた期間についても出産手当金が支給されます。

＊多胎妊娠の場合は98日

健康保険の療養の給付が受けられる場合 正常な出産の場合は病気とみなされないため療養の給付の対象になりませんが、帝王切開等による分娩の場合は療養の給付が行われ、プラスして出産一時金が支給されます。

産前産後休業中は出産手当金が支給される

出産手当金の支給額

● 休業中に給与の支給がない場合

支給額＝休業日数 × $\dfrac{\text{直近12か月間の標準報酬月額の平均額}}{30}$ × $\dfrac{2}{3}$

● 休業中に給与の支給がある場合

支給額＝

休業日数 × ($\dfrac{\text{直近12か月間の標準報酬月額の平均額}}{30}$ × $\dfrac{2}{3}$ － 支給される給与額)

※支給される給与額が標準報酬日額の2/3を上回る場合は、出産手当金は支給されない。

支給の条件

● 被保険者である者

　　または

● **産前産後休業中**に被保険者でなくなった（退職した）者で、被保険者でなくなる日の前日まで1年以上被保険者であった場合

出産育児一時金の直接支払制度

被保険者 被扶養者

❺ 出産費用が42万円より安く収まった場合はその差額を請求

❻ 差額分を支給

協会けんぽまたは健康保険組合

❶ 直接支払制度利用の申請

❷ 明細書の交付

医療機関等（病院・診療所・助産所）

❸ 支払機関を通じて費用を請求

❹ 支払機関を通じて支払い

出産費用が42万円を超える場合は、被保険者等はその差額を医療機関等に支払うことになります。

 KEY WORD **産科医療補償制度** 医療機関等が加入する制度で、加入している機関で制度の対象となる出産をした際、分娩時の何らかの理由で重度の脳性まひとなった場合、赤ちゃんと家族の経済的負担を補償するものです。

改正 健康保険出産手当金支給申請書

1枚目

原則として被保険者本人が記載する。

この場合は支給される？① 資格喪失日の前日（退職日等）まで被保険者期間が1年以上あり、その資格喪失前日に出産手当金の支給を受ける資格を満たしている場合は、所定期間の範囲内で出産手当金が支給されます。

＊押印は原則不要となっている。

3枚目

健康保険 出産手当金 支給申請書（事業主記入用）

※ 勤務状況をチェックする。
※ 会社が証明する欄

●作成・申請の手引

誰が	会社または被保険者本人	いつまで	産休開始日の翌日から（2年以内）
どこに	協会けんぽ または健康保険組合	どんなとき	出産手当金の給付を受けるとき
添付資料	〈分割請求の場合は初回請求時のみ〉 出勤簿（タイムカード）の写しや賃金台帳の写しなど給与状況がわかるもの 医師または助産師の意見書、事業主の証明		

賃金台帳とタイムカードの写しの期間 健康保険出産手当金支給申請書といっしょに提出する賃金台帳とタイムカードの写しですが、労務に服することのできなかった期間も含む直近の締め日の前1か月分を提出します。

247

改正 健康保険被保険者／家族 出産育児一時金差額申請書

被保険者が出産したために申請する場合は、「被保険者」に、家族が出産したために申請する場合は「家族」に○をする。

直接支払制度を利用し、医療機関等への出産費用が支払われる前に一時金と出産費用の差額について支払いを希望する場合は、「内払金支払依頼書」に、支払われた後に支払いを希望する場合は「差額申請書」に○をつける。

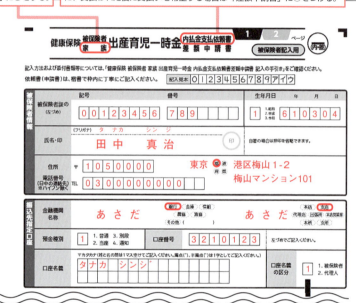

＊押印は原則不要となっている。

●作成・申請の手引

誰が	会社または被保険者本人	いつまで	出産日の翌日から2年以内
どこに	協会けんぽ または健康保険組合	どんなとき	出産費用が給付された出産育児一時金より少額だったとき
提出書類	健康保険被保険者／家族　出産育児一時金差額申請書		
添付資料	医師または助産師の意見書、市区町村の証明、分娩費用がわかる領収書など		

この場合は支給される？② 資格喪失日の前日（退職日等）まで被保険者期間が継続して1年以上ある人が資格喪失から6か月以内に出産したときは出産育児一時金が支給されます。

第7章 社会保険と労働保険のケース別手続き —妊娠・出産・育児での事務

（申請書記入例：健康保険 被保険者／家族 出産育児一時金 内払金支払依頼書・差額申請書 2/2ページ）

原則として被保険者本人が記載する。

*押印は原則不要となっている。

 KEY WORD **出産費貸付制度** 出産一時金の支給される前に、出産一時金の8割相当額を限度に資金を無利子で貸し付けをし、出産費用にあててもらう制度のことです。

249

妊娠・出産・育児での事務
従業員の産前産後休業期間中にすることは？

産前産後休業中の社会保険料

産前産後休業中は社会保険料が免除される

　産前産後休業期間の健康保険と厚生年金の保険料は、事業者が申し出ることによって、**従業員（被保険者）負担分と会社（事業者）負担分ともに免除**されます。

　保険料徴収が免除される期間は、**産前産後休業開始月から終了予定日の翌日の月の前の月まで**です（プラス知識参照）。

　この免除期間中であっても、従業員には被保険者の資格に変更はありません。したがって、年金額を計算する際は、保険料を納めた期間として扱われます。

　この制度を利用するためには、従業員から産前産後休業取得の申し出があった場合、会社が**「産前産後休業取得者申出書」**を**日本年金機構**に提出する必要があります。また、申し出は産前産後休業をしている間に行う必要があります。

産前産後休業期間中の保険料免除の手続き① 出産前に申し出た場合

産前産後休業取得者申出書は産前産後休業期間中に提出することになっているんだ。

ケース1　出産前に申し出て出産予定日より前に出産した場合
①産前休業開始後に「産前産後休業取得者申出書」を提出。
②出産後に「産前産後休業取得者変更（終了）届」を提出。

①を提出　　出産日　出産予定日　②を提出
　　　　　　産前産後休業期間
　　42日　　　　　　56日　　　　　①で申し出た期間
　　42日　　　　　　56日　　　　　②で変更した期間
労働に従事しなかった期間であれば、休業開始日を変更

ケース2　出産前に申し出て出産予定日より後に出産した場合
①産前休業開始後に「産前産後休業取得者申出書」を提出。
②出産後に「産前産後休業取得者変更（終了）届」を提出。

①を提出　　出産予定日　出産日　②を提出
　　　　　　産前産後休業期間
　　42日　　　　　　56日　　　　　①で申し出た期間
　　42+α日　　　　　56日　　　　　②で変更した期間

プラス知識！　**保険料徴収が免除される期間**　たとえば、10月30日が産休の終了予定日だったら、翌日10月31日の前月、つまり9月まで徴収が免除されます。10月31日が終了予定日だったら、翌日11月1日の前月、つまり10月まで徴収が免除されます。

産前産後休業期間に変更があった場合は？

産前産後休業期間中の健康保険料・厚生年金保険料の免除を受けている従業員が、出産によって産前産後休業期間に変更があった場合は、会社は「**産前産後休業取得者変更（終了）届**」を提出します。なお、出産予定日どおりに出産した場合はこの届けを提出する必要はありません。

産前産後休業期間中の保険料免除の手続き② 出産後に申し出た場合

ケース3 出産後に申し出て出産予定日より後に出産した場合
①出産後に「産前産後休業取得者申出書」を提出（出産予定日、出産日の両方を申し出）。

ケース4 出産後に申し出て出産予定日より前に出産した場合
①出産後に「産前産後休業取得者申出書」を提出（出産予定日、出産日の両方を申し出）。

産前産後休業期間中の保険料免除の手続き③ 産休終了予定日より前に産休を終了した場合

ケース5 産休終了予定日より前に産休を終了した場合
①産休中に「産前産後休業取得者申出書」を提出。
②①で提出した産休終了予定年月日より前に産休を終了した場合、「産前産後休業取得者変更（終了）届」により終了日を届出。

出産予定日どおりに出産した場合は？ 産前産後休業取得者変更（終了）届は提出する必要はありません。

改正 健康保険・厚生年金保険産前産後休業取得者申出書

●出産前に提出した場合

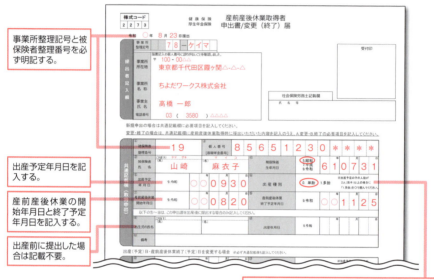

●出産後に提出した場合

●作成・申請の手引

誰が	会社	いつまで	産前産後休業期間中
どこに	年金事務所	提出書類	健康保険・厚生年金保険産前産後休業取得者申出書

多胎妊娠の場合の産前産後休業期間は？ 多胎妊娠の場合の産前産後休業期間は出産の日以前は98日になります。出産の日後56日は単胎出産と同じです。

改正 健康保険・厚生年金保険産前産後休業取得者変更（終了）届

●出産予定日より前に出産した場合

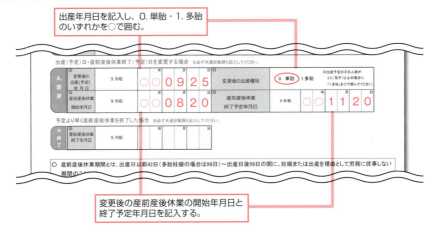

●出産予定日より後に出産した場合

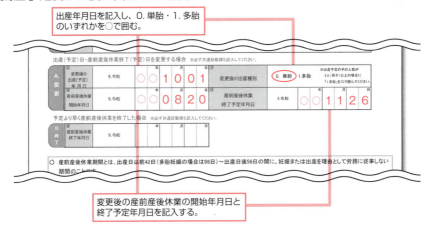

●作成・申請の手引

誰が	会社	いつまで	産前産後休業期間中
どこに	年金事務所	提出書類	健康保険・厚生年金保険産前産後休業取得者変更（終了）届

申出書、変更（終了）届に押印する事業主印 事業主自ら事業所の所在地、事業所名称、事業主氏名を署名した場合は押印は省略できます。

妊娠・出産・育児での事務

扶養の手続き・育児休業中の給付金
従業員に子どもが生まれたときにすることは？

育児休業制度と育児休業給付金

従業員から子どもが生まれたという知らせを受けたら、**子どもを健康保険の被扶養者にする手続き**をします（→P132）。

育児支援の制度として、産後休業が終了した翌日から子どもが1歳に達する日の前日までの間に、育児のための休業をとれる**育児休業制度**があります。

育児休業中は、雇用保険から**育児休業給付金**が給付されます。

なお、育児休業制度は、男性も取得しやすいように何度か見直しがされています。平成22年6月からは**パパ・ママ育休プラス**という制度が施行され、一定の要件を満たせば子どもが1歳2か月になるまで、父母それぞれ最長1年間（母親は産後休業を含めた期間）の育児休業をとることができるようになりました。この育児休業期間中は、もちろん育児休業給付を受けることができます。

父母が同時に育児休業を取得することも可能で、この場合も育児休業給付金が二人同時に支給されます。

育児休業給付金の申請方法

誰が	会社または被保険者本人	どんなとき	育児休業給付金を受けるとき
いつまで	受給資格確認手続きは、育児休業を開始した日の翌日から10日以内。支給申請手続きは、2か月に1回。 会社が行う場合は、受給資格確認手続きと初回の支給申請手続きを同時に行うことができる。その場合の期限は、育児休業を開始した日の翌日から4か月を経過する日の属する月の末日まで。			
どこに	公共職業安定所（ハローワーク）			
提出書類	受給資格確認手続き		雇用保険被保険者休業開始時賃金月額証明書、育児休業給付受給資格確認票・（初回）育児休業給付金支給申請書
		添付資料	母子手帳、休業の開始日・終了日、休業期間中の休業日数の実績が確認できる書類（出勤簿など）、休業期間中に休業期間を対象として支払われた給与が確認できる書類（賃金台帳など）
	支給申請手続き		育児休業給付金支給申請書
		添付資料	出勤簿、賃金台帳

育児休業給付の支給対象期間の延長① 保育所に預けられない、疾病等で育児ができないといった理由で子どもが1歳に達する日の後に育児休業をとる場合、その子どもが1歳6か月に達する日前まで育児休業給付が受けられます（平成30年10月より、子が2歳に達する日前まで延長が可能になりました）。

育児休業制度の対象期間

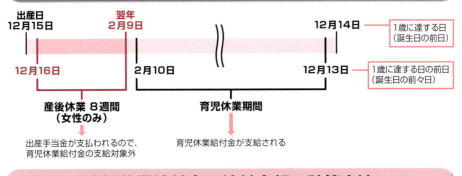

育児休業給付金の給付金額の計算方法

育児休業給付金は、平成26年4月1日以降に開始する育児休業からは育児休業を開始してから **180日目**までは休業開始前賃金の **67%** を支給し、**181日目**からは従来どおり **50%** を支給する、と改正されたよ。

給付金額＝休業開始時賃金日額＊×支給日数＊＊×67%・50%

＊休業開始時賃金日額とは、休業開始前（または産前産後休業開始前）6か月間の賃金を180で割った額。
＊＊支給対象期間ごとの支給日数は30日。ただし、休業終了日が含まれる支給対象期間は、休業終了日までの日数。

「パパ・ママ育休プラス制度」を利用して子どもが1歳2か月に達する日まで育児休業をした場合

パパ・ママ育休プラス制度

取得条件	1歳2か月に達する日の前日までの育児休業を取得できるのは、次のすべてに該当する場合。 ①育児休業開始日が、1歳に達する日の翌日（1歳の誕生日）以前であること。 ②育児休業開始日が、配偶者が取得している育児休業期間の初日以後であること。 ③配偶者が当該子の1歳に達する日以前に育児休業を取得していること。 ④父母ともに、取得できる期間は1年間（母親は産後休業期間を含む1年間）。

育児休業給付の支払対象期間の延長② 支給対象期間を延長する場合、「育児休業給付に係る延長事由申出書」、保育園に入所できなかったことを証明する「保育園入所不承諾証明書」などの書類を公共職業安定所に提出しなければなりません。

雇用保険被保険者休業開始時賃金月額証明書

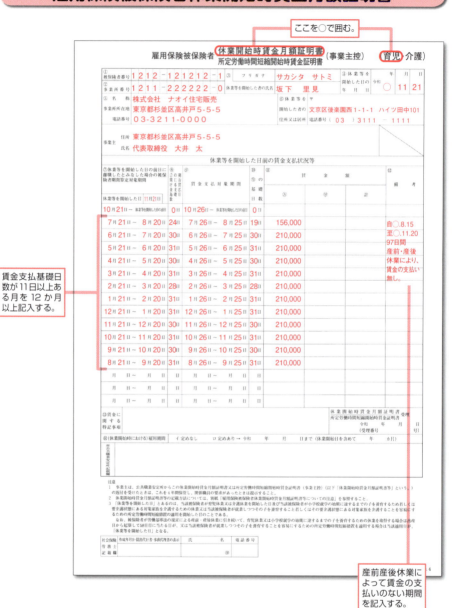

育児休業中に給与が出ている場合は？ 育児休業中に給与を支払わない場合、または給与が支払われていても休業開始直前の平均給与に比べて8割未満である場合は、雇用保険から育児休業給付金が給付されます。

改正 育児休業給付受給資格確認票・(初回)育児休業給付金支給申請書

会社が手続きする場合、この用紙で受給資格確認手続きと初回の支給申請手続きが同時にできるのね。

- 育児休業の開始日を記入する。(出産後57日目の日)
- 支給される従業員の個人番号を記入する。
- 上の育児休業開始日から1か月ずつ、2か月分記入する。
- 各支給単位期間中に就業していると認められる日の日数を記入。
- 各支給単位期間中の就業日数が10日を超える場合に記入。超えない場合は記入不要。

第7章 社会保険と労働保険のケース別手続き｜妊娠・出産・育児での事務

育児休業給付金を受給できる主な条件

❶ 休業開始前の2年間に給与支払基礎日数が11日以上ある月が12か月以上あること。

❷ 休業期間中の支給対象期間(1か月)ごとに、休業開始直前の給与額の8割以上が支給されていないこと。

❸ 休業している日数が支給対象期間ごとに20日以上あることなど。

プラス知識！ 育児休業給付の申請は電子申請も可能　専用のプログラムをダウンロードして電子証明書などの設定を行った後に利用することが可能です。

257

妊娠・出産・育児での事務
従業員の育児休業中にすることは？

育児休業中の社会保険料

育児休業中は社会保険料が免除される

育児休業中は給与の支払いがないところが多いため、この期間は**社会保険料が免除**されます。つまり、健康保険料、介護保険料、厚生年金保険料については従業員と会社に対して、子ども・子育て拠出金については会社に対して、社会保険料の支払いが免除されるのです。

社会保険料が免除になる期間は、**育児休業の開始日の属する月から育児休業の終了日の翌日の属する月の前月まで**です。

従業員の育児休業開始後、すみやかに「健康保険・厚生年金保険育児休業等取得者申出書」を年金事務所または健康保険組合に提出すれば、その申出書に記載した休業期間中の社会保険料が徴収されません。

子どもが1歳に達した後も育児休業をとる場合には、延長の旨を同じ書類で提出します。この免除は、育児休業終了後に申請することができませんので、遅れないように申請しましょう。

なお、この免除は子どもが3歳になるまで適用されます。ですから会社の制度で3歳になるまで育児休業がとれる場合は、3歳まで社会保険料が免除されることになります。

予定日より早く育児休業期間を終了した場合

育児休業終了予定日よりも前に就労を開始したなど、従業員が申出書に記載した育児休業等終了予定年月日よりも前に育児休業等を終了する場合があります。このときは、会社は年金事務所または健康保険組合に「**健康保険・厚生年金保険育児休業等取得者終了届**」を提出します。

●育児休業等取得者申出書の作成・申請の手引

誰が	会社
いつまで	新規の場合は、育児休業の発生後、すみやかに 延長の場合は、子が1歳に達したときに
どこに	年金事務所または健康保険組合
提出書類	健康保険・厚生年金保険 育児休業等取得者申出書

育児休業は次の各休業期間においてそれぞれ申し出が必要になります。

- 1歳未満の子を養育するための育児休業
- 保育所待機等特別な事情がある場合の1歳6か月または2歳に達するまでの育児休業
- 1歳から3歳に達するまでの子を養育するための育児休業に準ずる休業

育児中の社会保険料の免除 育児中の社会保険料の免除は、社会保険料を支払ったものとみなされるので、通常どおり健康保険による診察を受けることができます。また、将来受け取る予定の年金額も減額されません。

改正 健康保険・厚生年金保険育児休業等取得者申出書

事業所整理記号と被保険者整理番号を必ず明記する。

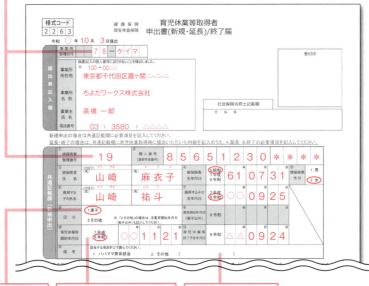

1.は養育する子が実子、2.は養子を示す。2.の場合は、⑨の欄も記入する。

実子の場合は出産日の翌日から56日目までは「産後休業」の期間であるため、育児休業等の開始年月日は原則的に早くても57日目となる。

「パパママ育休プラス」により子が1歳2か月になるまで育児休業を取得する場合は、1.を○で囲む。

健康保険・厚生年金保険育児休業等取得者終了届

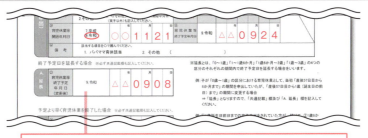

予定より早く育児休業を終了した理由が、就労の開始なら「就労日の前日」、子が1歳に達した場合は「子の誕生日の前日」、子の死亡の場合は「死亡した日」、次の子を妊娠して産前産後休業の請求をした場合は「産前産後休業開始日の前日」などを記入する。

 育児休業給付金の支給 育児休業給付金の支給を受けるためには、2か月に1回支給申請をする必要があります。

第7章 社会保険と労働保険のケース別手続き——妊娠・出産・育児での事務

妊娠・出産・育児での事務

育児休業後に給与の大幅な変更があったら？

標準報酬月額の変更

社会保険料の負担を減らせる

社会保険の**標準報酬月額**は、原則として年に1回見直しが行われます。また、給与が大幅に変わった場合などに随時改定として例外的に見直されることは第4章で説明しました。

これ以外にも、育児休業等が終わった後に給与額が減った場合に標準報酬月額の見直しが認められることがあります。これを**育児休業等終了時改定**といいます。

育児休業等が終わって仕事に復帰した後も、保育園の送迎などで勤務時間を短縮せざるを得なくなり、育児休業開始前よりも給与額が減ることがあります。そのため、次の定時決定が行われるまでの間、被保険者が実際に受け取る給与の額と社会保険の標準報酬月額が大きく異なってしまいます。

つまり、給与額が減額されたにもかかわらず、控除される社会保険料は育児休業前と変わらないままなのです。会社側にとっても、支払う社会保険料が変わらないのは負担になります。

このような場合は、直前3か月間の給与の平均月額をもとに標準報酬月額を算出し、「**健康保険・厚生年金保険育児休業等終了時報酬月額変更届**」を届け出ることによって、標準報酬月額が下がった給与額に応じた額に見直されます。

社会保険料が減っても将来の年金は減らない

しかし、標準報酬月額が減ると、従業員が将来受け取る年金の額も減ってしまいます。つまり、育児によって年金の額が減ってしまうという不利益を被るわけです。

この場合、「**厚生年金保険養育期間標準報酬月額特例申出書**」を提出すれば、社会保険料が減額されても年金額は養育期間前の高い標準報酬月額で計算されます。これによって被保険者が3歳未満の子を養育している期間に対応する年金額が減少しないですみます。

この特例の手続きは、従業員の申し出によって会社が行いますが、知らない人も多いでしょう。育児休業等終了時改定を行う従業員には、この特例を伝えるとよいでしょう。

随時改定との違い 随時改定は、基礎期間の3か月に支払基礎日数が17日未満の月があれば、行われません。また、標準報酬月額に2等級以上の差ができることが条件です。→詳細はP146

育児休業等終了時改定の対象となる人

満3歳未満の子を養育するための育児休業等の終了日に、3歳未満の子を養育している被保険者は、次の要件を満たせば育児休業等終了時改定の対象となります。

❶ 改定前の標準報酬月額と、改定後の標準報酬月額（育児休業終了日の翌日の属する月以後3か月分の報酬の平均額に基づいて算出）との間に1等級以上の差が生じる人。

❷ 育児休業終了日の翌日の属する月以後3か月のうち、少なくとも1か月における支払基礎日数が17日以上である人。

育児休業等終了時改定の改定月と適用期間

育児休業等の終了日の翌日から起算して2か月を経過した日の属する月の翌月から改定されます。わかりにくいので下の図で確認！

3か月の報酬を平均する				
6月	7月	8月	9月	

- 6/14 休業終了
- 6/15 翌日
- 8/15 2か月経過
- 翌月の9月から改定

改定月が1月〜6月 ➡ その年の8月まで適用
改定月が7月〜12月 ➡ 翌年の8月まで適用

育児休業等終了時改定の手順

❶ 育児休業等終了日の翌日の属する月以後3か月に受けた報酬の合計（上の図の場合6月・7月・8月の報酬の合計）を3で割る。

➡ ❷ ❶で出した報酬の平均額を標準報酬月額表（→P137）の等級区分に当てはめる。

➡ ❸ ❷が現在の標準報酬月額の等級と比べて1等級以上差があるときは、❶で求めた平均額を報酬月額として標準報酬月額を改定する。

ただし、報酬の支払基礎日数が17日未満の月がある場合、その月を除いて平均額を計算します。

育児休業等終了時改定の対象とならない場合 労働基準法による産前産後休業（平成26年4月1日以後）終了後、育児休業をとらず職場復帰し報酬が下がった場合は、育児休業等終了時改定の対象ではなく、産前産後休業終了時の報酬改定（P243）の対象になる。

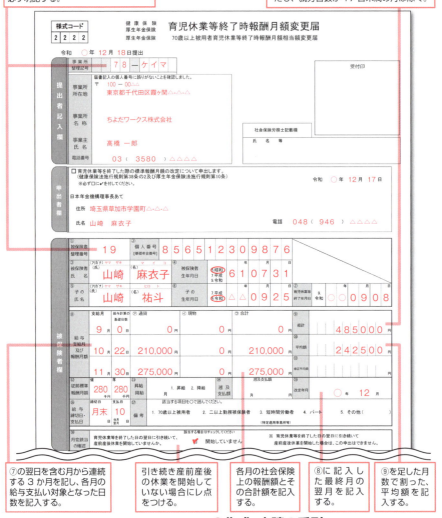

改正 厚生年金保険養育期間標準報酬月額特例申出書

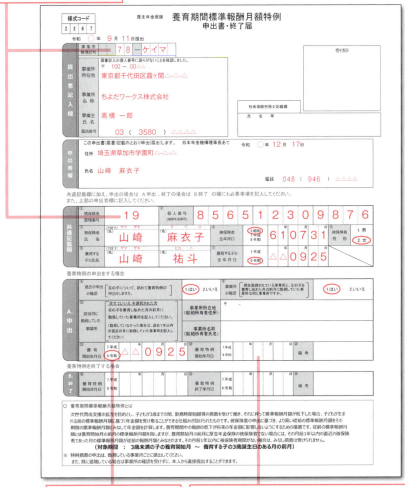

●作成・申請の手引

どんなとき	育児で報酬月額を変更しても、養育前の標準報酬月額を適用するとき
誰が	会社
いつまで	育児休業等終了時報酬月額改定後、すみやかに
どこに	年金事務所または健康保険組合

標準報酬月額の特例は健康保険に適用される？ 厚生年金保険の養育期間標準報酬月額の特例は、厚生年金保険だけに適用します。健康保険の傷病手当金などの基準となる標準報酬月額は実際の標準報酬月額になります。

介護休業での事務
家族の介護で従業員が休業するときは？

介護休業給付の申請

同じ家族への介護の給付は93日まで

　従業員が家族を介護するための休業をした場合、雇用保険から介護休業給付金が支給されます。

　介護休業給付金は、家族が「病気、心身の障害により、2週間以上にわたり常時介護を必要とする状態にある」場合、対象となる家族一人につき3回の介護休業期間に限り支給します。

　同じ家族の介護でも、介護が必要な状態が以前と違っていれば再度介護休業給付金が支給されます。ただし、同じ家族の介護への給付は、通算93日（3か月）までが限度です。

　なお、介護給付金を受けられる対象となる「家族」とは、「配偶者（内縁関係を含む）・父母・配偶者の父母・子・祖父母・兄弟姉妹・孫」に限ります。

介護休業給付金の受給資格と支給要件

右のすべてに該当する場合、給付金が支給されます。

受給資格
- 被保険者で、職場復帰を前提に介護休業を取得した人。
- 介護休業開始前2年間に給与支払基礎日数が11日以上ある月が12か月以上あること。

支給要件
- 介護休業期間中の初日から末日まで継続して被保険者資格があること。
- 介護休業期間中の支給対象期間（1か月）ごとに、就業していると認められる日数が10日以下であること。
- 介護休業期間中の支給対象期間（1か月）ごとに、休業開始前の給与額の8割以上が支給されていないこと。

支給対象期間は休業日が1日以上あればよい。

改正 介護休業給付金の額

介護休業給付金額 ＝休業開始時賃金日額＊×支給日数×67％＊＊

＊休業開始前の6か月間に支払われた給与額を180で除した金額。ただし、休業開始時賃金日額×支給日数が77,220円以上502,200円の範囲に限り、支給上限額は336,474円（2021年2月〜。毎年8月1日に変更される場合がある）。
＊＊平成28年8月1日より、支給率が67％に引き上げられた。また、上限・下限の設定も変更された。

 KEY WORD　**常時介護**　歩行、排泄、食事などの日常生活に必要な便宜を与えるような介護のことです。

介護休業給付金支給申請書

（かいごきゅうぎょうきゅうふきんしきゅうしんせいしょ）

[申請書の記入例：支給される従業員の個人番号を記入する。介護休業期間が3か月未満のときのみ、その終了日と終了事由を記入する。介護休業開始日から終了日まで、1か月ごとに区切って記入する。]

●作成・申請の手引

どんなとき	介護休業給付金を受けるとき	誰が	会社または被保険者本人
いつまで	| 受給資格確認手続きは、介護休業を開始した日の翌日から10日以内。支給申請手続きは、介護休業終了日の翌日から2か月を経過する日の属する月の末日まで。 会社が行う場合は、受給資格確認手続きと支給申請手続きを同時に行うことができる。その場合の期限は支給申請手続きの期限と同じ。		
どこに	公共職業安定所（ハローワーク）		
提出書類	受給資格確認手続き	雇用保険被保険者休業開始時賃金月額証明書	
		添付資料	出勤簿、賃金台帳など
	支給申請手続き	介護休業給付金支給申請書	
		添付資料	被保険者が会社に提出した介護休業申出書、出勤簿、賃金台帳など

介護休業給付の支給対象期間 育児休業給付の支給対象期間（→ P255）と同様に、介護休業開始日から1か月ごとの期間に区切ります。期間ごとに支給額を計算してその合計額が一括して支給されます。

労災保険の事務
仕事中に従業員がケガをしたり病気になったら？

労災保険の療養給付

業務上のケガや病気には、労災保険を使う

仕事中にケガをしたり病気になったりすることを**業務災害**といいます。

業務災害では、労災保険の**療養補償給付（療養の給付）**が受けられます。したがって、業務災害にあって病院を受診するときは、健康保険ではなく**労災保険**を利用することになります。このとき、受診先が労災指定病院か、労災指定病院以外の病院かで手続きが異なります。

労災指定病院を受診したときの手続き

労災指定病院を受診すると、療養補償給付が直接支給されるので、自己負担なく治療を受けることができます。

ただ、療養補償給付を受けるには、「療養補償給付たる療養の給付請求書」に必要事項を記入して病院の窓口に提出する必要があります。実際に受診するときは、「療養の給付請求書」の用意ができていないことが多いでしょうから、そ

業務災害で、労災指定病院を受診する場合

受診時に「労災保険」であることを告げる。

↓

「療養補償給付たる療養の給付請求書」を提出する。	受診時に「療養補償給付たる療養の給付請求書」を用意していないとき **いったん治療費の全額を立て替える**
療養補償の給付を受ける。	**後日** 「療養補償給付たる療養の給付請求書」を病院に提出して療養補償の給付を受ける。
治療時の自己負担は0円	治療費を返金してもらう。

処方箋も労災保険を使う 業務上のケガや病気の処方箋を院外薬局で処方してもらう場合も、労災保険を使います。ただし、自己判断で薬を購入するときは全額自費となります。

の場合は病院の受付で「労災」であることを告げ、「後で『療養の給付請求書』を提出する」と伝えます。病院にもよりますが、いったん治療費の全額を受診者が立て替え、後で「療養の給付請求書」を提出したときに精算します。

労災指定病院を利用したほうが手続きが簡単に済みます。従業員が業務災害にあったときのために、会社の担当者は近くの労災指定病院を調べておくとよいでしょう。

労災指定病院以外の病院での手続き

労災指定病院以外の病院を受診した場合は、いったん治療費を全額支払わなければなりません。その後、労働基準監督署へ「療養補償給付たる療養の費用請求書」を提出して、治療費用である療養（補償）給付を請求し、現金の支払いを受けます。

健康保険は使わない

労災扱いの治療では、健康保険の保険証は提示しないようにします。あとで健康保険から労災保険に切り替えることもできますが、その後の手続きがとても面倒です。後日、健康保険から労災保険へ切り替えるために、協会けんぽまたは健康保険組合に取消しの申請をしますが、その際に健康保険で負担してもらった治療費をいったん全額支払わなければなりません。

労災扱いなのに間違って健康保険を使ってしまった場合は、会社または受診者本人がすぐに受診した病院に連絡をして労災であることを伝えましょう。すぐであれば、病院で健康保険から労災保険に切り替えてもらえます。

業務災害で、労災指定病院以外の病院を受診する場合

受診時に「労災保険」であることを告げる。

受診時にいったん治療費の全額を立て替える

後日

「療養補償給付たる療養の費用請求書」を労働基準監督署に提出して療養補償の給付を受ける。

治療費を返金してもらう。

労災扱いの治療では病院の受付時に「労災保険を利用する」ことを伝えましょう。健康保険被保険者証は提示しないように。

病院を変更するときの手続き 病院を転院するときは、「療養補償給付たる療養の給付を受ける指定病院等（変更）届」を転院先の病院に提出します。

改正 療養補償給付たる療養の給付請求書

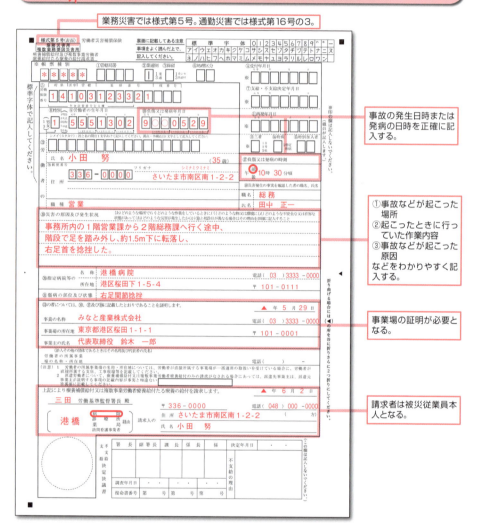

●作成・申請の手引

誰が	被保険者本人	いつまで	治療時に、または治療後、すみやかに
どこに	労災指定病院		
どんなときに	業務災害により労災指定病院で治療をしたとき、治療費用を支払ってもらう。 または、立て替えた治療費用を返還してもらう。		

給付の請求者　「療養補償給付たる療養の給付請求書」も「療養補償給付たる療養の費用請求書」も、請求者は被災した従業員本人です。会社側は、証明欄に記入します。「療養補償給付たる療養の費用請求書」は治療した医師からの証明も受けます。

療養補償給付たる療養の費用請求書 改正

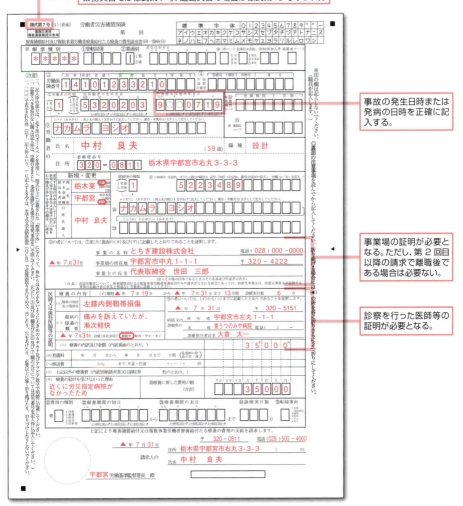

●作成・申請の手引

誰が	被保険者本人	いつまで	治療後、すみやかに
どこに	労働基準監督署		
どんなときに	業務災害により労災指定病院以外の病院で治療をしたとき、立て替えた治療費用を請求する。		

KEY WORD　**診療報酬明細書**　患者が受けた診療について、医療機関や保険薬局が市町村や健康保険組合に請求する医療費の明細書のこと。レセプトとも呼びます。

269

労災保険の事務

通勤中に従業員がケガをしたり病気になったら？

労災保険の通勤災害の適用

通勤途中のケガや病気も労災保険で治療する

通勤途中でケガをしたり病気になったりしたときも、通勤災害として労災保険から療養給付（療養の給付）が支給されます。なお、業務災害では療養補償給付、通勤災害の場合は療養給付と呼び、使用する給付請求書の様式も違いますが、給付内容はほとんど同じです。

「通勤」とみなされる範囲

ただし、通勤災害では、「通勤」となるかどうかがしばしば問題になります。「通勤」とみなされるには、「自宅と会社との間を合理的な方法および経路により往復したかどうか」が認められなければなりません。

原則として、通勤や仕事とは関係ない目的で通勤経路からそれたり（逸脱）、通勤途中に通勤や仕事とは関係ない行為をしたりする（中断）と、その後の経路は「通勤」とは認められません。しかし、日常生活上、必要な行為を最小限度の範囲で行う場合には、その行為を終えて通勤経路に戻った後は「通勤」とみなされます。

たとえば、仕事が終わって帰宅途中に同僚と居酒屋に立ち寄った場合、店を出てから自宅までの間に事故にあっても「通勤」とはみなされません。しかし、帰宅途中にジュースを買ったりするなどの「ささいな行為」は、「通勤」とみなされます。

通勤災害の給付手続き

通勤災害で給付を受ける手順は、業務災害の場合と変わりません。労災指定病院を受診する場合は「療養給付たる療養の給付請求書」に必要事項を記載して、病院の窓口に提出し、療養の給付を受けます。労災指定病院以外の病院を受診する場合は、後日、「療養給付たる療養の費用請求書」を労働基準監督署に提出します。

「通勤」とみなされるかどうかで給付が受けられるか否かが変わってくるので、災害発生の場所や経路などを従業員から聞き取り、請求書に慎重に記載しなければなりません。

「合理的な経路」とは？ 通勤のために通常利用する経路であれば、複数あったとしてもそれらは合理的な経路となります。また、交通事情により迂回してとる経路など通勤のためにやむを得ずとる経路も合理的な経路となります。

通勤とみなされるケース・みなされないケース（例）

「逸脱」や「中断」の有無と度合いが通勤か通勤でないかをわけるポイントだね。逸脱や中断をしても日常生活上必要な行為を最小限度の範囲で行う場合は通勤経路に戻れば「通勤」として認められるんだ。

○：通勤と認められる　×：通勤と認められない

就業について

 会社命令で取引先を接待する場合など

 業務終了後、社内で深夜までサークル活動をして帰宅するときなど

住居について

 単身赴任のときに、赴任先の住居と帰省先の住居との往復（どちらも反復・継続している場合）など

 友人の家で麻雀をして、翌朝そこから出勤するときなど

就業場所について

 得意先で打ち合わせをして、そのまま自宅に帰るときなど

合理的な経路および方法について

 保育所などに子どもを預けにいくときなど

 無免許運転、飲酒運転、自転車の泥酔運転など

逸脱・中断について

 帰宅途中に病院で診察を受ける、または帰宅途中に期日前投票を行うなど

 通勤途中で映画館や居酒屋、喫茶店に立ち寄るなど

（注）通勤災害と認定されるためには、災害発生時に労災保険法に規定される通勤を行っている「通勤遂行性」と、その通勤に通常ともなう危険が具体化した「通勤起因性」が認められたときのことを指し、解釈のしかたによって変わる。

 「合理的な方法」とは？　鉄道やバス等の公共交通機関を利用する場合、自動車、自転車等を本来の用法に従って使用する場合、徒歩の場合等、通常用いられる交通方法を平常用いているかどうかにかかわらず、一般に合理的な方法となります。

労災保険の事務

業務災害や通勤災害で仕事に復帰できないときは？①

労災保険からの給付

休業（補償）給付を受ける要件

業務災害や通勤災害でケガなどをして、すぐに仕事に復帰できないときは、休業（補償）給付を受けることができます。休業（補償）給付を受けるには、次の3つの要件が必要です。

①業務上または通勤中のケガまたは病気により、
②労働することができず、
③そのために、給与の支払いがない日が4日以上あるとき。

給付が受けられるのは、休業4日目以降です。給付金は、休業1日あたり、給付基礎日額の60％に相当する額です。

休業特別支給金も支給される

また、休業（補償）給付を受給できる人には、休業特別支給金も支給されます。給付が受けられるのは休業4日目以降で、給付金は休業1日あたり給付基礎日額の20％に相当する額です。

ですから、休業（補償）給付と休業特別支給金を合わせると、給与基礎日額の約80％相当額を補うことができます。

給付を受けるには給付基礎日額が必要

給付基礎日額とは、労働基準法の平均賃金に相当する額です（→詳細はP92）。

休業（補償）給付と休業特別支給金の計算方法

休業（補償）給付 ＝給付基礎日額×60％×休業日数*

休業特別支給金 ＝給付基礎日額×20％×休業日数*

＊ただし、休業初めの3日間は除く。

給付基礎日額＝ 起算日の直前3か月間に支払った賃金総額 / 起算日の直前3か月間の総日数

「給与の支払いがない日」とは　全額支払いがない場合はもちろんですが、一部支払いがない場合も含まれます。支払われた給与が給付基礎日額の60％未満であれば、60％の額との差額分の給付を受けることができます。

改正 休業（補償）給付支給請求書・休業特別支給金支給申請書（表面）

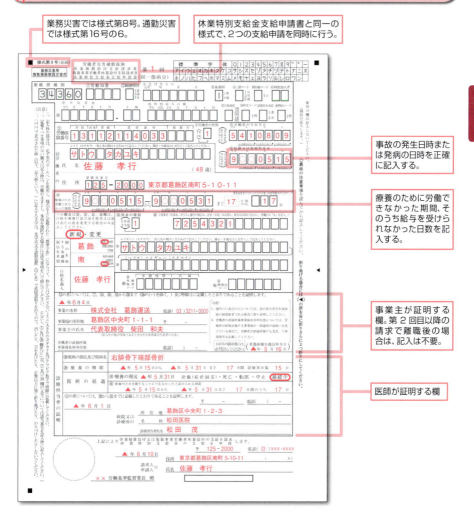

●作成・申請の手引

誰が	会社または被保険者本人	いつまで	休業した日ごとに、その翌日から2年以内
どこに	労働基準監督署	どんなとき	休業（補償）給付を受けるとき
添付資料	出勤簿の写し、賃金台帳の写し		
その他	別紙として、平均賃金算定内訳		

休業（補償）給付の名称 休業（補償）給付は、業務災害の場合は「休業補償給付」、通勤災害の場合は「休業給付」と名称が変わります。本書では、業務災害と通勤災害のどちらも指す場合は「休業（補償）給付」としています。

273

休業（補償）給付を受給するには、給付基礎日額を計算した「平均賃金算定内訳」を、「休業（補償）給付支給請求書」に添付して提出します。また、この算定期間を証明するために、賃金台帳や出勤簿の写しも添付します。

給付基礎日額の起算日は、原則として業務上または通勤中にケガなどの原因となった事故が発生した日、または医師の診断によって病気が確定した日です。

事業主が休業補償を支払うケース

休業してから最初の3日間は、労災保険からの給付は出ません。ただし、業務災害の場合は、労働基準法で定めるところにより、事業主がこの3日間の休業補償を支払わなければなりません。支払う休業補償の額は、平均賃金の60％以上です。平均賃金の求め方は、P93を参照してください。

通勤災害の場合は、事業主が最初の3日間の休業補償を支払う義務はありません。

1年6か月経つと給付内容が変わる

なお、退職したとしても治療の必要がなくなる状態になるまで給付が打ち切られることはありません。ただし、給付を受けてから1年6か月を経過しても治癒せず、障害の程度が傷病等級表に該当した場合は、傷病（補償）年金や、**傷病特別支給金**等が支払われます。

休業（補償）給付支給請求書・休業特別支給金支給申請書（裏面）

①どのような場所で、②どのような作業をしているときに、③どのような物、または環境に、④どのような危険が、または有害な状態があって、⑤どのような災害が発生したかを、わかりやすく記入する。

別紙「平均賃金算定内訳」で算出した平均給与を記入する。

同一の傷病で、厚生年金保険などの年金を受給している場合に記入する。

 KEY WORD **傷病（補償）年金** 療養（補償）給付を受けている従業員が、1年6か月を経ても治癒せず、一定の障害が残るときに支給されます。支給額は、傷病等級に応じて計算します。

平均賃金算定内訳

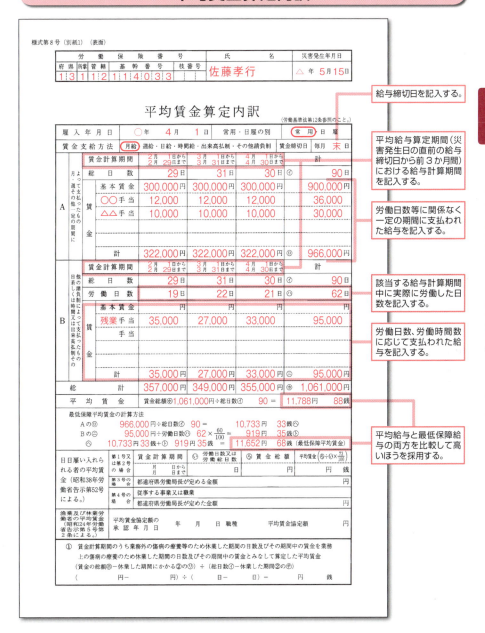

KEY WORD **傷病特別支給金** 傷病（補償）年金の受給資格がある人に対して支払われる一時金です。傷病等級によって支給額が決まっています。

労災保険の事務

業務災害や通勤災害で仕事に復帰できないときは？②

休業者や死亡者の死傷病報告

死傷病報告は忘れずに

　日ごろ、会社は従業員の労務管理を行なわなければなりません。そのため、労働災害などが起こってケガで休む人や死亡者が出た場合、会社は「労働者死傷病報告」を労働基準監督署に提出しなければなりません。

　労災で休業者や死亡者が出たとき、「休業（補償）給付支給請求書」を提出することは忘れずに行っても、この「労働者死傷病報告」を提出することはうっかりして忘れがちです。この報告を怠ったり、事実と異なる内容の報告をしたりした場合は、労働安全衛生法違反、いわゆる「労災隠し」として、50万円以下の罰則を受けることがありますので注意してください。

報告をするケースと時期

　「労働者死傷病報告」を出す対象となるのは、**労働者が労働災害（業務上の傷病）、その他就業中または事業所内もしくはその付属建設物内における負傷、窒**息または急性中毒により死亡し、または4日以上の休業をしたとき、です。

　通勤災害や労働事故にあっても、休業者がいなかった場合は「労働者死傷病報告」を提出する対象とはなりません。

　なお、死亡または休業4日以上の傷病の場合、労働災害などが発生したときは、遅滞なく報告しなければなりません。4日以上休業した被保険者は休業（補償）給付を受けることができますが、受給のためにはこの「労働者死傷病報告」を提出する必要があります。

　休業3日以内の傷病の場合は、災害が起きた日を4半期ごとにまとめて翌月末に提出します。たとえば、2月に労働災害が起こった場合、その事故は1～3月の事故とともにまとめ、4月末に提出します。

　なお、派遣労働者については、派遣元と派遣先両方の事業者がそれぞれ所轄の労働基準監督署に「労働者死傷病報告」を提出する必要があります。その際、派遣先は労働基準監督署に提出した「労働者死傷病報告」の写しを派遣元に送付し、派遣元はその写しを踏まえて「労働者死傷病報告」を作成します。

労働者死傷病報告の用紙が変更　平成22年4月より「労働者死傷病報告」の用紙が変更になりました。労働災害が平成22年3月31日以前であっても新様式の用紙で提出しなければなりません。

改正 労働者死傷病報告

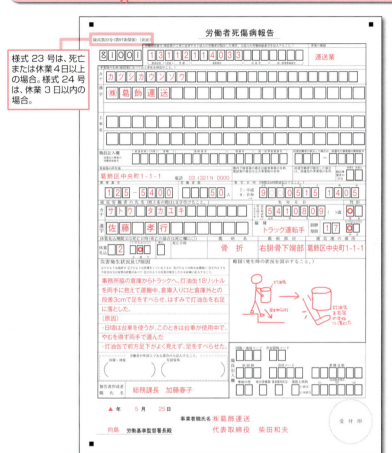

様式23号は、死亡または休業4日以上の場合。様式24号は、休業3日以内の場合。

●作成・申請の手引

誰が	死傷病者が出た会社
どんなとき	労働災害などによる死亡者が出た場合、またはケガや病気で休業者が出た場合
どこに	労働基準監督署
いつまで	①休業3日以内の場合	●1〜3月の事故 ➡ まとめて4月末まで ●4〜6月の事故 ➡ まとめて7月末まで ●7〜9月の事故 ➡ まとめて10月末まで ●10〜12月の事故 ➡ まとめて翌年1月末まで
	②死亡または休業4日以上の場合	事故後すみやかに

派遣労働者の「労働者死傷病報告」の提出者　「労働者死傷病報告」は通常その労働者を使用する事業者が行いますが、派遣労働者が労働災害で被災した場合は、派遣元と派遣先の双方の事業者が「労働者死傷病報告」を提出します。

277

高齢者雇用時の事務
60歳以上の正社員を雇い続けるときは？

高年齢雇用継続給付制度

60歳からの給与カットで支給される

現在、事業主には段階的に65歳までの高年齢者の雇用を確保することが義務づけられています。しかし、たとえ雇用を確保しても60歳時点の給与水準を維持するのは会社側も難しく、給与をダウンせざるを得ないことがあります。

これを支援するのが、雇用保険の高年齢雇用継続給付制度です。給付の対象となるのは、60歳～65歳未満の従業員です。高年齢雇用継続給付制度には次の①②があり、それぞれ該当する条件があります。

①高年齢雇用継続基本給付金

60歳を過ぎて引き続き雇用されたときに、給与が60歳時点の給与に比べて75％未満に引き下げられた、かつ、雇用保険の被保険者であった期間が通算5年以上あるときに給付されます。

②高年齢再就職給付金

いったん退職して60歳以降で再雇用されたときに、求職者給付の基本手当の支給残日数が100日以上あり、退職したときの給与に比べて75％未満の額で働いている、かつ、離職時に雇用保険の被保険者であった期間が通算5年以上あるときに給付されます。

高年齢雇用継続給付制度の支給金額と支給期間

高年齢雇用継続給付制度では、給与の低下率と給付の種類によって計算方法と支給期間が異なるんだ。

●支給金額の計算方法

給与の低下率	支給される金額
給与額の低下が61％以下	低下後の給与の15％
給与額の低下が61％超75％未満	その低下率に応じて各月の給与の15％相当額未満の額。ただし、低下後の給与が365,055円を超える場合は支給されない（2021年2月～）。

●支給期間

給付の種類		支給期間
高年齢雇用継続基本給付金		65歳まで
高年齢再就職給付金	求職者給付の残日数が100日以上200日未満	1年*
	求職者給付の残日数が200日以上	2年*

＊ただし、65歳に達する月まで。

KEY WORD　求職者給付（基本手当）　いわゆる失業手当のことです。雇用保険の被保険者が失業したときに、生活および雇用の安定、再就職促進のために雇用保険から給付される手当です。

高年齢雇用継続給付受給資格確認票・（初回）高年齢雇用継続給付支給申請書

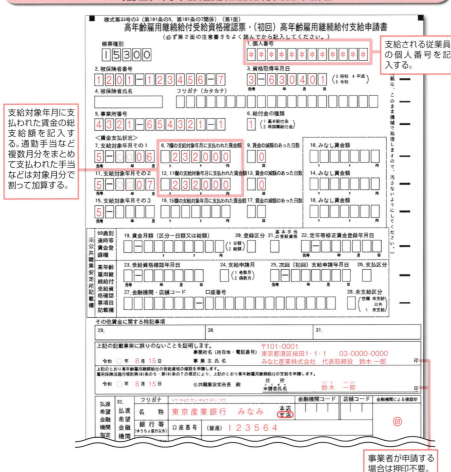

●作成・申請の手引

誰が	会社または雇用保険の被保険者本人
どんなとき	60～65歳未満の高年齢者を雇い続けたとき
どこに	公共職業安定所（ハローワーク）
いつまで	初回申請時は、支給対象月の初日から4か月以内。以後、2か月に1回
添付書類	（初回のみ）雇用保険被保険者六十歳到達時等賃金証明書、賃金台帳（給与台帳）、出勤簿、適用事業所台帳、被保険者の運転免許証（年齢確認用）など支給申請書と賃金証明書の内容を確認できるもの

税金や社会保険料はどうなる 高年齢雇用継続給付制度の給付金は、所得税や住民税の非課税扱いとなります。社会保険料の対象にもならないので、社会保険料の支払い額が上がることはありません。

健康保険からの給付に関する事務
業務外でケガや病気をしたときは？

療養の給付と療養費

診療費の一部を負担する制度

　仕事や通勤中に関係したケガや病気をしたときは、労災保険から給付が受けられますが、それ以外のときは健康保険を利用します。

　ケガや病気で治療を受けるとき、病院で健康保険被保険者証を提示すれば、診療費全額の一定の割合の負担金（一部負担金）を支払うことですみます。つまり、診療費の残りは健康保険から給付されるのです。これを健康保険の療養の給付といいます。

医療費の請求

　健康保険で診察を受けるときは、病院に健康保険被保険者証を提示する療養の給付が原則です。ただし、旅行中で受診するときに被保険者証を持っていなかったといった、やむを得ない事情がある場合は、いったん自費で全額支払い、後で一定基準額を療養費として請求することができます。

　下の表にあるように、たとえば、義務教育就学以後70歳未満の人の場合、診療費全額の3割を負担します。つまり、7割が健康保険から給付されています。このような給付のことを現物給付といいます。

　また、出産手当金や傷病手当金（→P284）などは協会けんぽや健康保険組合に請求することで現金で給付を受けられます。このような給付のことを現金給付といいます。

「療養の給付」の一部負担金の割合

本人、家族、また入院・外来にかかわらず、年齢によって負担割合が区分されているんだ。

年齢		一部負担金の割合
義務教育就学前		2割（現物給付8割）
義務教育就学以後70歳未満		3割（現物給付7割）
70歳以上	一般	2割（現物給付8割） ＊生年月日によって異なる
	現役並み所得者＊	3割（現物給付7割）

＊現役並み所得者とは、標準報酬月額28万円以上の被保険者とその扶養者。

プラス知識！　**療養費が受けられるやむを得ない理由とは？**　たとえば、入社間もなく、会社が資格取得届の手続き中で被保険者証が未交付のため、保険診療が受けられなかったとき、などです。

健康保険被保険者療養費支給申請書

●作成・申請の手引

誰が	被保険者本人、または会社	いつまで	治療後すみやかに。時効は2年
どこに	協会けんぽまたは健康保険組合	どんなとき	やむを得ない理由により自費で治療を受けたとき
提出書類	健康保険被保険者療養費支給申請書		
添付書類	診療報酬明細書・領収書		
備考	保険者が全額負担した治療費から、負担割合分の額を差し引いた額が支給される。		

療養費の支給額 実際に支払った額ではなく、保険診療を行ったとした場合の基準（診療報酬点数表）によって計算された額が支給されます。

健康保険からの給付に関する事務
治療費用が高額になったときは？

高額療養費の給付

医療費が一定の金額を超えると支給される

　業務外のケガや病気のなかでも、重い病気などで病院に長期入院したり、治療が長引いたりしたときには、医療費の自己負担額も高額になります。そのため、一定の金額（自己負担限度額）を超えた部分が払い戻される高額療養費制度があります。被扶養者である家族もこの制度の対象となります。

　70歳未満の自己負担限度額は、所得によって下の図表のようになりますが、同一世帯で一人あたり21,000円以上の医療費を支払った場合は、一人で自己負担額に届かなくても高額療養費を請求できる場合があります。

自己負担限度額と高額療養費の計算（70歳未満）

70歳未満の被保険者の所得区分	自己負担限度額	「多数該当」
区分ア （標準報酬月額83万円以上の人）	252,600円＋（総医療費－842,000円）×1％	140,100円
区分イ （標準報酬月額53万～79万円の人）	167,400円＋（総医療費－558,000円）×1％	93,000円
区分ウ （標準報酬月額28万～50万円の人）	80,100円＋（総医療費－267,000円）×1％	44,400円
区分エ （標準報酬月額26万円以下の人）	57,600円	44,400円
区分オ（低所得者） （被保険者が市区町村民税の非課税者等）	35,400円	24,600円

注意　同一世帯で直近の12か月に高額医療費の支給が4回以上になるとき、4回目からは上記の計算によらず、自己負担額が「多数該当」の欄の金額になる。

例　区分ウの人が、病院の窓口で支払った額が1か月240,000円の場合

❶まず自己負担限度額を求める
80,100＋（240,000×10／3－267,000）×1％＝85,430円
　　　　←医療費の窓口での自己負担割合は3割のため、実際の医療費はこのような計算式となる。

❷次に高額療養費を求める
240,000－85,430＝154,570円←この額が支給される。

同じ月内に同じ病院に入院するとき　事前に「健康保険限度額適用認定申請書」を協会けんぽまたは健康保険組合に提出して認定を受ければ、病院の窓口で支払う医療費を自己負担限度額までとすることができます。

健康保険高額療養費支給申請書 (改正)

(申請書の記入例画像)

●作成・申請の手引

誰が	被保険者本人、または会社	いつまで	すみやかに、時効は2年
どこに	協会けんぽまたは健康保険組合		
どんなとき	1か月の医療費が一定の割合を超えたとき		
添付書類	診療報酬明細書・領収書、(低所得者世帯の場合) 住民税非課税証明書		

プラス知識! **医療費に含まれないものは?** 保険診療以外の治療費、入院したときの食事代、個室の差額ベッド代などは医療費に含まれません。

第7章 社会保険と労働保険のケース別手続き — 健康保険からの給付に関する事務

283

健康保険からの給付に関する事務

業務外のケガや病気で仕事を休んだら？

傷病手当金の給付

傷病手当金の支給要件

傷病手当金は、病気やケガのために働くことができず、事業主から十分な給与の支払いがない健康保険加入の被保険者とその家族の生活を保障するために設けられた制度です。次の条件がそろったときに、**休業4日目から支給**されます。

①ケガや病気の療養で働けない。
②給与の支払いがない、または支払額が傷病手当金より少ない。
③連続する3日間（待期期間）を含み、4日以上仕事を休んでいる。

③の待期期間については、その期間中に給与の支払いがあろうがなかろうが、労務不能で連続して3日間休んでいるのであれば待期期間として認められます。

傷病手当金の支給額の調整

傷病手当金の給付期間は、支給が開始された日から1年6か月間です。これは1年6か月分支給されるということではなく、この期間内で傷病手当金に該当する日についてのみ支給されるということです。支給額は、下の計算式を参照してください。

傷病手当金の支給額と支給される期間

$$傷病手当金の支給額 = \frac{直近12か月間^{**}の標準報酬月額の平均額}{30} \times \frac{2}{3} \times 休業日数^{*}$$

* 休業待期期間中の3日間は除く。
** 支給開始日以前の期間が12か月に満たない場合は、
①支給開始日の属する月以前の継続した各月の標準報酬月額の平均額
②28万円（当該年度の前年度9月30日における全被保険者の同月の標準報酬月額を平均した額）を比べて少ないほうの額を使用して計算する。

　休日や祝日は待期期間に含まれる？　休日・祝日も（また有給休暇を取得した日も）労務不能であった場合は待期期間に含まれます。

また、休業中に次の①②の支給を受けている場合も、その支給額が傷病手当金より多い場合は、傷病手当金がカットされます。傷病手当金より少ない場合は、傷病手当金との差額が支給されます。
①障害厚生年金または障害基礎年金
②退職後に受ける、老齢年金などの老齢給付

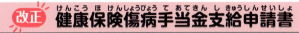

健康保険傷病手当金支給申請書 (改正)

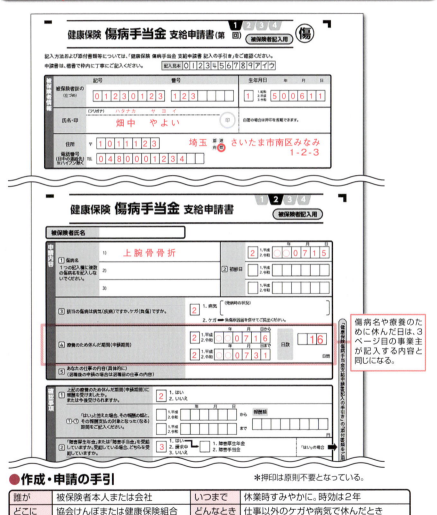

●作成・申請の手引

誰が	被保険者本人または会社	いつまで	休業時すみやかに。時効は2年
どこに	協会けんぽまたは健康保険組合	どんなとき	仕事以外のケガや病気で休んだとき
添付書類	出勤簿、賃金台帳	備考	支給期間は支給を始めた日から1年6か月

*押印は原則不要となっている。

傷病期間中にほかの病気やケガをした場合は？ 傷病手当金を受けている間に、ほかの病気やケガで仕事に就けない状態になったときは、それぞれについて支給期間が計算されます（ただし、重複して支給されることはありません）。

従業員が死亡したときの事務

従業員が死亡したときの手続きは？①
社会保険・労働保険・税金の各種手続き

社会保険と雇用保険の資格喪失手続きをする

　従業員が死亡したとき、さまざまな手続きを行う必要があります。次のページに、従業員が死亡したときの主な手続きをまとめました。

　従業員が死亡したときは、まず**社会保険と雇用保険の資格喪失手続き**をします（→ P128、P230）。

年末調整や住民税の異動届を行う

　税務では、死亡前に支払いが確定している給与の年末調整を行って年税額を確定し、遺族に源泉徴収票を交付します（→ P214〜217）。

　住民税の特別徴収をしていた場合、未徴収金があっても死亡退職者から一括徴収はできません。未払いの住民税は相続人が引き継ぐことになりますので、会社はすみやかに「**異動届出書**」を住民税の支払先である市区町村に提出します。

　そのほか、会社の規定にしたがって、退職金や弔慰金を遺族に支払います。なお、**死亡後に支払われた給与や退職金、**弔慰金などは**相続税の対象**となり、所得税や住民税はかかりません。通常の退職金とは扱いが異なりますので注意してください。

労災保険と健康保険から給付がある

　従業員が業務上の理由で死亡したときは、労災保険から遺族への給付金や葬式の費用が出ます。また、業務外の理由で死亡したときは、健康保険から埋葬料が支給されます。詳しくは次節で説明しましょう。

被扶養者が死亡したときの手続きは？

　従業員の被扶養者が死亡したときは、社会保険の「**健康保険被扶養者（異動）届**」で被扶養者の抹消手続きをします。配偶者の場合は、さらに「**国民年金第3号被保険者関係届**」で死亡届を提出します。所得税の扶養親族に該当する場合は、「**扶養控除等（異動）申告書**」の変更と提出も必要です。

　また、健康保険からは家族埋葬料として50,000円が支給されます。家族埋葬料は被保険者が請求しますが、会社が被扶養者の抹消手続きを済ませていることが前提となります。

死亡時の年末調整　年末調整は、その年の1年間の所得が確定したときに行います。死亡したことにより、以後、所得が発生しないことが明らかなので、年末調整を行って年税額を確定させます。

従業員が死亡したときの主な手続き

	どんな手続き	誰が	いつまでに	どこに	備考
労災保険（業務上の病気・災害による死亡の場合）	遺族（補償）給付の請求	遺族	死亡後すみやかに	労働基準監督署	●提出書類：遺族補償年金支給請求書または遺族補償一時金支給請求書 ●会社は請求書に証明する。
	葬祭料・葬祭給付の請求	遺族	労働者の死亡日の翌日から2年以内	労働基準監督署	●提出書類：葬祭料請求書 ●添付書類：死亡の事実、年月日が確認できる死亡診断書など ●会社は請求書に証明する。
健康保険（業務外の病気・災害による死亡の場合）	埋葬料の申請	遺族	埋葬後すみやかに	協会けんぽまたは健康保険組合	●提出書類：埋葬料（費）支給申請書 ●会社は申請書に署名する。
	健康保険・厚生年金保険被保険者資格喪失の届出	会社	死亡した日の翌日から5日以内に	年金事務所または健康保険組合	→P128～
厚生年金保険	遺族厚生年金、遺族基礎年金の申請	遺族	死亡したときからすみやかに	年金事務所	●死亡した被保険者が一定の要件を満たすときに支給される。 ●手続きで会社が関わることはない。
雇用保険	雇用保険被保険者資格喪失の届出	会社	死亡した日の翌日から10日以内に	公共職業安定所（ハローワーク）	→P230～
給与事務	死亡前に支払いが確定している給与の年末調整	会社	死亡後すみやかに	—	年末調整については→第6章へ
	給与所得の源泉徴収票の交付	会社	すみやかに	遺族に	源泉徴収票については→P214～
	会社の規定にしたがって退職金、弔慰金などの支給	会社	会社の規定にしたがってすみやかに	遺族に	
	住民税の未徴収金がある場合、「異動届出書」の提出	会社	死亡日の翌日10日までに	住民税を支払う市区町村	未徴収金を遺族から市区町村に支払ってもらう

健康保険被保険者証の返還 被保険者が死亡した場合は健康保険被保険者証を被扶養者の分も含めて会社に返還してもらう必要があります。その返還された保険証を添えて資格喪失届を提出します。

従業員が死亡したときの事務

従業員が死亡したときの手続きは？②

労災保険・健康保険からの給付

業務上の理由で死亡したときの給付

従業員が、通勤途中や仕事中のケガや病気が原因で死亡した場合、労災保険から遺族（補償）給付が支給されます。遺族（補償）給付には、**遺族（補償）年金**と、**遺族補償一時金**とがあります。

遺族（補償）年金は、一定の範囲の遺族（受給資格者）に限り受給できます。受給資格者のなかでも優先順位があり、優先順位にある者（受給権者）に対して支給されます。

受給資格者がいないときに、その他の遺族が受け取ることのできるのが遺族補償一時金です。

また、業務上の理由で死亡した従業員の葬式の費用として、労災保険から葬祭料（または葬祭給付）が支給されます。

遺族補償給付も葬祭料（葬祭給付）も原則として受給する遺族が請求しますが、会社側は必要書類に記名する必要があります。

業務外の理由で死亡したときの給付

仕事中や通勤途中以外で従業員が死亡したときは、葬式を行った家族に対して健康保険から**埋葬料**が支給されます。申請を行うのは遺族ですが、会社側は被保険者の資格喪失手続きを行っておくことが必要です（→P128）。

遺族（補償）年金の給付額

遺族（補償）年金は遺族の数に応じて給付額が決まっているんだよ。また、このほかに遺族特別支給金が支給されることも覚えておこう。

受給権者数	給付額
1人	年額が給付基礎日額の153日分＊
2人	年額が給付基礎日額の201日分
3人	年額が給付基礎日額の223日分
4人以上	年額が給付基礎日額の245日分

＊ただし、その遺族が55歳以上の妻または一定の障害の状態にある妻の場合は給付基礎日額の175日分。

KEY WORD **給付基礎日額** 負傷や死亡の原因となった事故が発生した日、または、病気が医師の診断によって、確定した日の直前の給与締切日より前3か月間に支払われた給与の総額を、その期間の暦日数で割ったもの。詳細は→P272

受給資格者の範囲と優先順位

従業員の死亡当時、その従業員（本人）によって生計を維持していた*
配偶者**、子、父母、孫、祖父母、兄弟姉妹

丸数字は受給権者の優先順位。同じ順位の人が複数の場合は、それぞれ受給権者となる

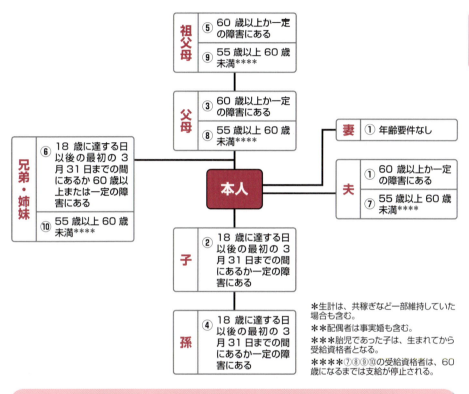

＊生計は、共稼ぎなど一部維持していた場合も含む。
＊＊配偶者は事実婚も含む。
＊＊＊胎児であった子は、生まれてから受給資格者となる。
＊＊＊＊⑦⑧⑨⑩の受給資格者は、60歳になるまでは支給が停止される。

遺族補償一時金が給付される要件と給付額

遺族補償一時金を受給できる遺族は次のいずれかの条件を満たす必要がある

① 従業員の死亡当時、遺族（補償）年金の受給資格者がいないとき
→ 給付基礎日額の1,000日分が支給される

② 遺族（補償）年金の受給資格者がすべて受給資格を失った場合、それまでに支給された遺族（補償）年金および遺族（補償）年金前払一時金の合計額が給付基礎日額の1,000日分に満たないとき
→ 給付基礎日額の1,000日分からその合計額を差し引いた額

埋葬を行う遺族がいないときは？ 埋葬を行う遺族がいないときは、実際に埋葬を行った人や会社に対して50,000円を上限として埋葬にかかった費用が支払われます。この際、申請書とともに埋葬に要した費用の領収書が必要です。

健康保険証や年金手帳を紛失したときの事務

健康保険証や年金手帳を紛失・き損したときは？

健康保険証・年金手帳の再交付

紛失した場合の手続き

健康保険被保険者証（以下、健康保険証）や年金手帳を紛失することを「滅失」といいます。滅失したときはすみやかに手続きをして、新しい健康保険証や年金手帳を交付してもらいましょう。

従業員やその被扶養者が健康保険証を滅失してしまった場合、**会社は再交付の手続きとして「健康保険被保険者証再交付申請書」**を全国健康保険協会（協会けんぽ）または健康保険組合に提出します。

年金手帳はふだん使用することがなく、紛失に気づかないことも多いですが、将来基礎年金を受け取るために大切なものです。**年金手帳を滅失したときは、本人が「年金手帳再交付申請書」**を年金事務所に提出して再交付を受けます（第2号被保険者の場合は会社経由でも可）。

破損したときの手続き

破損したり折り曲げてしまったりすることを「き損」といいますが、健康保険証や年金手帳をき損した場合の再交付の手続きは、滅失のときとほぼ同じです。

異なるのは、「健康保険被保険者証再交付申請書」にはき損した健康保険証を、「年金手帳再交付申請書」にはき損した年金手帳を、き損を証明するものとして添付して提出するという点です。

健康保険証の代用を発行してもらう手続き

健康保険被保険者証は被保険者証再交付申請書の受付後、3営業日程度で年金事務所に登録されている会社の所在地に発送されます。

突然の事故にあったり急病になったりしたなどの理由で、すぐにでも健康保険証を使いたいときは健康保険証の代用となる**「健康保険被保険者資格証明書」**を交付してもらうことになります。会社は手続きとして**「健康保険被保険者資格証明書交付申請書」**を提出します。

ただし、提出先は「健康保険被保険者証再交付申請書」のときと異なりますので注意してください。「健康保険被保険者資格証明書交付申請書」は、**年金事務所または健康保険組合に提出**します。

プラス知識！

雇用した社員が年金手帳を紛失して基礎年金番号がわからないとき　年金手帳再交付申請書の「オ」欄に入社する直前の会社の名称と所在地を記入してもらいます。そして「被保険者資格取得届」と「年金手帳再交付申請書」をいっしょに提出します。

改正 健康保険被保険者証再交付申請書

●チェック項目

誰が	会社	いつまで	すみやかに
どこに	協会けんぽまたは健康保険組合	どんなとき	健康保険被保険者証を滅失・き損したとき
		添付書類	き損した場合は、その健康保険証

プラス知識！ 再発行後、紛失した健康保険証や年金手帳が見つかったとき　見つかった健康保険証や年金手帳は使用することはできません。会社を通して、年金事務所または健康保険組合に返納します。

マイナンバーの事務

マイナンバーにどう対応すればいい？

マイナンバーと給与の実務

マイナンバーとは？

マイナンバーとは、国民一人ひとりが持つ12桁の番号のことで、一度割り当てられたマイナンバーは原則として一生変更されることがありません。

マイナンバー制度は、「行政の効率化」、「国民の利便性の向上」、「公平・公正な社会の実現」を目的として制定されました。マイナンバー制度の導入により、税務行政の正確性が向上し、適正・公平な課税が行われるようになると期待されています。

ただし、税や社会保障を一元管理できる半面、その管理には特別の配慮が要求されます。給与計算業務に関連する部分では、会社が取得した社員や家族のマイナンバーは、適切に管理することが義務付けられています。

このマイナンバー制度は、会社の税や社会保険の実務に密接に関連するため、制度の内容を理解し適切に運用しなければなりません。

●**税の手続き** 税務署に提出する従業員の源泉徴収票や、原稿執筆者などへの報酬に関わる支払調書にマイナンバーの記載が必要です。

●**社会保険の手続き** 健康保険や雇用保険、厚生年金保険の資格取得や喪失の届出書類にマイナンバーの記載が必要です。

平成28年1月以降、雇用保険の届出についてマイナンバーの記載がスタートしています。平成29年1月より、社会保険の手続きについてもマイナンバーの利用が始まりました。マイナンバーの記載等については、書類の種類ごとに取り扱いが異なるため、注意が必要です。

協会けんぽの各種届出書にはマイナンバーの記載欄が追加されましたが、従業員のマイナンバーの提出は原則として不要です。

さらに、平成29年7月から、マイナンバーの利用により、被保険者等の申し出により添付書類を省略することが可能になりました。

なお、協会けんぽ以外の健康保険組合の各種申請書にはマイナンバーの記載が必要となっています。

また、年金機構での年金の相談・照会に関連する業務においてマイナンバーの利用が開始され、平成30年3月からは社会保険の取得・喪失届等にマイナンバーの記載が必要となりました。

KEY WORD **支払調書** 1月1日〜12月31日までに支払った報酬に対して、報酬などを支払った者が報酬の受領者に対して提出する書類で、これに基づいて報酬の受領者は所得税の申告を行います。

マイナンバーを利用するとき

マイナンバーは次のように利用されます。

講師・原稿の執筆者など
マイナンバー
xxx xxxx

従業員
マイナンバー
xxx xxxx

報酬等 ← → 給与の支払い 保険料の徴収

報酬

給与

会社
- 報酬等に係る支払調書の作成
- 源泉徴収票の作成
- 雇用保険被保険者資格取得届の作成
- 厚生年金保険被保険者資格取得届の作成
- 健康保険被保険者資格取得届の作成　など

報酬等に係る支払調書の提出	源泉徴収票や給与支払報告書の提出	社会保険関係の手続き
マイナンバーを記載	**マイナンバーを記載**	**マイナンバーを記載**
税務署・市町村	税務署・市町村	年金事務所・健康保険組合・ハローワーク

(政府広報資料より作成)

マイナンバーを記載する書類

分野	主な書類
税	●給与所得者の扶養控除等（異動）申告書 ●従たる給与についての扶養控除等（異動）申告書 ●給与所得者の保険料控除申告書兼給与所得者の配偶者特別控除申告書 ●退職所得の受給に関する申告書 ●公的年金等の受給者の扶養親族等申告書
雇用保険	●雇用保険被保険者資格取得届 ●雇用保険被保険者資格喪失届
健康保険 厚生年金保険	●健康保険・厚生年金保険被保険者資格取得届 ●健康保険・厚生年金保険被保険者資格喪失届 ●健康保険被扶養者（異動）届

KEY WORD　住民基本台帳ネットワーク　住民の氏名、生年月日、住所などが記載された住民票を編成した住民基本台帳をデータ化、ネットワーク化することで住民基本台帳の事務処理を効率化する目的でスタートしたしくみです。

マイナンバーの事務
マイナンバーで会社が注意すべきことは？

マイナンバー 取扱いの注意点

マイナンバー制度運用上の注意事項

マイナンバーの取扱い事務は従業員を雇用しているすべての事業者に必要です。事業者は取り扱い上、次の点に注意します。

①マイナンバーの目的外利用の禁止

マイナンバーは法律で定められた手続きのみ利用することができます。このため法律で定められた手続き以外でマイナンバーの提供を求める、マイナンバーを含む個人情報を収集し保管するなどの行為は、罰則の対象となることがあります。

②本人確認の徹底

事業主は、届出の作成や提出をするために、従業員からマイナンバーを収集する場合は、正しい番号であることの確認（番号確認）と現に手続きを行っている者が正しい持ち主であることの確認（身元確認）が必要になります。

③マイナンバーの安全管理措置

マイナンバーを含む個人情報を取り扱う際には、漏えいや紛失の防止に細心の注意が必要です。マイナンバーの取扱いは個人情報保護法よりも厳格な法的保護措置が設けられており、違反すると会社が罰則を受けます。

マイナンバーを適切に管理するには

マイナンバーを適切に管理するために、次のような措置を会社全体で考える必要があります。

- マイナンバーが記載された書類はカギがかかる棚などに保管する。
- データで管理する場合はウィルス対策を万全にする。
- 利用の履歴管理を適正に行う。
- 管理運営する担当者を設ける。
- 従業員に対してマイナンバーの指導・教育を行う。

なお、事業主が委託先にマイナンバーを取り扱う業務を委託する場合、必要かつ適切な監督を行わなければなりません。

なお、出向や転籍等で出向先や転籍先の事業者にマイナンバーを提供することは認められていません。この場合には、原則として出向や転籍する本人が出向先や転籍先の事業者に提供することになります。

マイナポータル 行政機関に登録されている自分の情報やお知らせを自宅のパソコンなどから確認できる「マイナポータル」が2017年より開始されました。行政機関が自分の情報をいつ、なぜ提供したか、不正・不適切な照会・提供が行われていないかを自分で確認することができます。

マイナンバーの収集・利用・管理・廃棄のポイント

❶従業員からマイナンバーを集める
従業員からマイナンバーを提供してもらうときは本人確認が必要になる（→P296）

❷マイナンバーの利用
マイナンバーの利用は法令で定められた場合のみ。その法令の範囲内で利用目的を特定して従業員に通知しなければならない。（→P296）

❸マイナンバーの安全管理
マイナンバーが記載された書類は、翌年以降も継続的に雇用契約があるなど必要がある場合に限り、継続して保管することが可能。

❹マイナンバーの廃棄・削除
保存期限が切れた書類など、必要がなければ速やかに廃棄・削除する。

①収集、②利用、③管理、④廃棄、それぞれの局面で注意すべきことがあります。次ページから詳しく解説をしていきます。

「法人番号」とは？

　法人番号とは、言ってみれば法人のマイナンバーです。法人には、1法人1つの法人番号（13桁）が指定され、登記上の所在地に通知されます。法人税の申告書、給与所得の源泉徴収票、退職所得の源泉徴収票などへの記載が必要とされています。
　法人番号は、一般に公表されている番号であるため、民間企業においても、登記情報等の確認に使用したり、経理部での支払先管理などへの活用など、法人番号を活用した新しい取り組みが検討されています。

法人番号を調べるには？ 法人番号は国税庁のホームページにある「法人番号公表サイト」で調べることができます。
https://www.houjin-bangou.nta.go.jp/

マイナンバーの事務

マイナンバーの収集・利用で注意すべきことは？

マイナンバーの収集と利用

マイナンバーの収集の注意点

会社が税や社会保障関係の事務を行う際には、従業員からマイナンバーを収集する必要があります。また、報酬の発生する原稿や講演をお願いした個人、弁護士などの士業などのマイナンバーも会社が収集します。

マイナンバーは各人の住民票の住所宛に世帯全員分の「通知カード」が簡易書留で郵送されます。その番号を会社が収集するのですが、その際には次の点に注意しましょう。

①利用目的を明らかにする

マイナンバーの収集は法令で定められた場合だけです。その法令の範囲内で利用目的を特定して従業員に通知しなければなりません。

②番号確認と身元確認

他人のなりすましを防ぐために、厳格な本人確認が必要で、それは番号確認と身元確認によって行われます。番号確認は「個人番号カードを持っている場合」と「個人番号カードを持っていない場合」とで方法が異なります（右ページの図を参照）。

従業員が扶養親族のマイナンバーを記載した書類（例えば、「給与所得者の扶養控除等（異動）申告書」など）を提出する場合、従業員が扶養親族の本人確認をすることになります。

国民年金第3号被保険者資格届（→P135）を提出する際は、従業員の配偶者（第3号被保険者）本人が会社に対して届け出を行う必要があります。この場合は従業員の配偶者が直接会社に対して手続きをすることに替えて従業員が配偶者の代理人として会社にマイナンバーを提供することになります。その際、代理人であることの確認書類として、「委任状」と「代理人の身元証明書（運転免許証など）」が必要になります。

マイナンバーの収集の方法

マイナンバーの収集には、右ページにある「個人番号の届出書」という社内文書を作成するとよいでしょう。この書面なら原稿料や講演料を支払った人などにも同じように通知できます。

なお、書面には従業員の扶養親族の個人番号を記載する欄も設けましょう。

 KEY WORD **個人番号カード** マイナンバーを記載した書類の提出、e-Tax（税金の電子申請）、本人確認などで利用できるカードです。郵送もしくはオンラインで申請することができます。

番号確認と身元確認

個人番号カードを持っている場合
身元確認と番号確認がカード1枚でできる。

個人番号カード

個人番号カードを持っていない場合
次のもので番号確認と身元確認をする。

身元確認
運転免許証、パスポート　など

＋

番号確認
通知カード
マイナンバーつき住民票　など

個人番号届出書の例

```
　　　　　　　　　　個 人 番 号 届 出 書

　　　　　　　　　　　　　　　　　　　　　　　　　　年　月　日
　　　　　　　　　　　　　　　　　　　　　　株式会社○○○○　宛

　　私の個人番号を下記目的で使用するために、被扶養者分とともに会社に
　提供します。

　＜使用目的＞
　1　法令に定める社会保険、労働保険に関する諸手続
　　　（雇用保険、健康保険、厚生年金保険等に係る提出書類の作成）
　2　法令に定める税に関する諸手続
　　　（源泉徴収票、支払調書、給与所得者の扶養控除等申告書等の作成）

　私の氏名：
　個人番号：
　　＊次のいずれかのコピーを番号確認と身元確認書類として提出します。
　　①個人番号カード
　　②個人番号通知カード
　　③写真付身元確認書類（パスポートや運転免許証、在留カードなど）
　　④健康保険被保険者証
　　⑤年金手帳

　＜被扶養者の個人番号＞
　　以下、被扶養者については、番号確認と身元確認を行ったうえで会社に
　提供します。

　氏　　名：　　　　　　　　　　　　　（続柄）
　個人番号：

　氏　　名：　　　　　　　　　　　　　（続柄）
　個人番号：

　氏　　名：　　　　　　　　　　　　　（続柄）
　個人番号：
```

使用目的を従業員に通知する。口頭で伝えるよりも文書にして周知させたほうが従業員の意識も高まる。

本人確認のための書類を列記する。

被扶養者の個人番号を記入してもらう。

第7章　社会保険と労働保険のケース別手続き｜マイナンバーの事務

 KEY WORD　個人情報保護委員会　個人情報保護法に基づき、マイナンバーが適切な取扱いをされているかを監視・監督する行政機関です。

マイナンバーの事務

マイナンバーの管理で注意すべきことは？
マイナンバーの管理

マイナンバーの保管と管理と廃棄の注意点

　マイナンバーが記載された書類は、翌年以降も継続的に雇用契約があるなど必要がある場合に限り、継続して保管することができますが、**保存期限が切れた書類など、必要がなければ速やかに廃棄・削除しなければなりません。**

　マイナンバーの管理や保管について、「書類の管理」「パソコンでのデータの管理」の2つに分けて説明しましょう。

マイナンバーが記された書類の保管と管理

　マイナンバーの記された書類には、①個人番号の届出書（→P296）②税や社会保障関係の届出書類があります。それぞれ盗難や持ち出しを防ぎ、速やかに廃棄できることが重要です。そのためにはどのように管理するかルールを決めておきます。

　例えば、部署ごとにファイルを作成し、個人別にインデックスをつけて①も②も同じファイルで管理するという方法が考えられます。大人数の場合は、①と②のファイルを分けて管理するほうが事務手続きはやりやすいかもしれません。

　ファイルは鍵つきの棚（キャビネット）に保管し、廃棄にはシュレッダーを利用したり、溶解や焼却をしてくれる業者に依頼したりしましょう。

マイナンバーのデータの取扱いと管理

　マイナンバーをパソコンなどの電子機器や電子媒体で管理する場合は、**①管理担当者以外はデータにアクセスさせない、②簡単にのぞき見できない、③確実にデータを削除する**といったしくみが必要です。

　管理する場合は、ウィルス対策ソフトウェアをインストールしたパソコンを用意したり、インターネットにつなげないパソコンに保存し、そのパソコンが盗まれないようにチェーンで机につないでおくなどの処置が必要です。

　データを削除する場合は、データが復元できない専用の削除ソフトウェアを利用し、パソコンそのものを廃棄する場合は専用業者に依頼して確実に削除・廃棄したことを証明書で証明してもらうなどの処置が必要です。

委託先の監督　会社の顧問税理士や社会保険労務士にマイナンバーの入った書類の手続きなどを委託する場合、委託した会社は委託先が必要な安全管理措置を講じるように適切な監督をしなければならないことが法律で義務づけられています。

会社書類の保存期間

会社の書類は次の期間保存することが関係法令によって定められています。

文書	起算日	保存期間
健康保険・厚生年金保険に関する書類	退職等した日	2年
労働者名簿 雇入れ・解雇・退職に関する書類	退職・死亡・解雇した日	3年
雇用保険の被保険者に関する書類	退職等した日	4年
給与所得者の扶養控除等申告書 源泉徴収簿	翌年1月11日	7年

マイナンバーの安全管理を徹底するには

マイナンバーの安全な管理を徹底するには、事業内容や会社の規模にあわせて次のような対応をとることが必要です。

❶ 取得・管理を担当する担当者を明確に

担当者以外がマイナンバーを取り扱うことがないように、管理責任者や事務取扱者などの担当者を明確にする。

❷ 従業員への教育

マイナンバー制度の概要を従業員に周知させるための教育を行う。

❸ 書類の保管を厳重に

鍵つきの棚に書類を保管し、カギは管理担当者が管理する。

❹ パソコンにウィルス対策ソフトウェアを

個人番号を保管しているパソコンへの外部からの侵入、ファイル流出をなくすために、ウィルス対策ソフトウェアを導入する。

❺ アクセスパスワードを設定

管理担当者しか知らないアクセスパスワードを設定する。

❻ 廃棄するときは内容がわからない状態で

少量ならシュレッダーで。大量なら外部に委託して溶融や焼却をし、証明書を発行してもらう。

マイナンバーの入った書類、電子機器を安全に廃棄してくれるサービス　保管期限が切れた文書を溶解処理したり、電子機器に保管されたデータを完全消去してくれる民間サービスがあります。

299

資 料 給与規程（賃金規程）例

第1章　総　則

（目　的）
第1条　本規程は、従業員就業規則第○条（賃金構成）に基づき、正社員の賃金に
関する事項を定めるものとする。

（適用範囲）
第2条　契約社員、パートタイマー及びその他の短期間の臨時従業員等の給与に関
する事項は、別に定める。

（賃金の体系）
第3条　賃金の体系は、次の通りとする。

```
                     基本給

                              役職手当
                              皆勤手当
  給　与  ──  諸手当  ────  住宅手当
                              通勤手当

                              時間外労働割増賃金
          割増賃金  ────  休日労働割増賃金
                              深夜労働割増賃金
```

（賃金の計算期間及び支払日）
第4条　賃金は、前月16日から起算して、当日15日をもって締め切って計算し、
25日（休日の場合は前日）を支払日とする。

（賃金の非常時支払い）
第5条　第4条にかかわらず、次の各号の1に該当するときは、従業員の請求
により、給与支払日の前であっても既往の勤務に対する賃金を支払う。
（1）本人が死亡したとき。
（2）本人が退職又は解雇されたとき。
（3）本人又は配偶者の出産のための費用を要するとき。
（4）本人又は家族の結婚、葬儀、天災その他の災厄もしくは負傷、疾
病のための費用を要するとき。
（5）その他、会社がやむを得ないと認めたとき。

（賃金の支払方法及び控除）
第6条　賃金は、正社員に対し通貨で直接その全額を支払う。ただし、正社員
の代表との書面協定により、正社員が希望した場合は、その指定する
金融機関の口座に振り込むことにより、賃金を支払うものとする。
2　次に揚げるものは賃金から控除するものとする。
（1）源泉所得税
（2）地方税
（3）健康保険料（介護保険料を含む）の被保険者負担分

支払形態が異なる従業員がいる場合は、それぞれの支払形態に応じた賃金規程を作成する。

賃金体系をわかりやすくまとめておくとよい。

賃金の計算期間および支払日を明示する。

従業員の出産、疾病、災害などに関して、従業員が請求すれば支払期日前であっても既往の労働に対する賃金を支払わねばならないことは、労働基準法第25条で定められている。

賃金の支払いの原則と、それらの例外について明示する。

資料｜給与規程（賃金規程）例

［賃金から控除する項目があれば、明示しておく。］

（4）厚生年金保険料の被保険者負担分
（5）雇用保険料の被保険者負担分
（6）その他法令で定めるもの
（7）従業員より申し出のあった預貯金等
（8）その他会社との協定によるもの

（賃金の減額）
第7条　次の各号に該当する場合は、賃金の減額を行う。
　　（1）遅刻、早退、外出等により、所定労働時間の全部又は一部を休業
　　　　した場合においては、その休業した時間に対する賃金を支給しな
　　　　い。但し、この規程又は就業規則に別段の定めのある場合はこの
　　　　限りではない。
　　（2）前項の場合、休業した時間の計算は、当該賃金計算の締め切り日に
　　　　おいて合計し、15分未満は切り捨てる（15分単位で計算する）。
　　　　①遅刻、早退及び私用外出の場合

［賃金の減額の場合の計算方法についても触れておく。］

$$\frac{基本給}{1ヶ月の平均所定労働時間} × 1ヶ月の休業合計時間数$$

　　　　②上記の金額に端数が生じた場合においては、円位未満は切り捨
　　　　　とする。
　　（3）正社員が、賃金計算期間の中途において入社、退社又は解雇され
　　　　た場合、当該計算期間の賃金は、勤務した時間に対して支給する。
　　（4）欠勤した場合、次の計算による金額を差し引く。

$$\frac{基本給}{1ヶ月の平均所定労働日数} × 欠勤日数$$

（臨時休業の賃金）
第8条　正社員が、会社の都合により、臨時の休業をした場合は、休業1日に
　　　つき、労働基準法に規定する平均賃金の100分の60を支給する。

［有給休暇の賃金の計算方法を定めておく。また、法令により付与することが定められた休業・休暇について、賃金支払いの有無を明記しておくとよい。］

（休暇等の賃金）
第9条　年次有給休暇の期間は、所定労働時間労働したときに支払われる通常
　　　の賃金を支給する。
　2　産前産後の休業期間、母性健康管理のための休暇、育児・介護休業法
　　　に基づく育児休業及び介護休業の期間、育児期間、生理日の休暇の期
　　　間は、無給とする。
　3　慶弔休暇の期間は、第1項の賃金を支給する。
　4　休職期間中は、賃金を支給しない。

第2章　基　本　給

［基本給の支払い形態と決定方法を記しておく。］

（基本給）
第10条　基本給は、月給制と日給月給制とする。基本給は、仕事の種類並びに
　　　　経験、技能、能力、勤続年数等を勘案して、各人ごとに決定する。

301

資料 ─ 給与規程（賃金規程）例

いつ、どういう場合に昇給するかを明示しておく。

（昇　給）

第11条　昇給は、各人の技能、能力、経験及び勤怠等を勘案して、各人の勤務実績を査定して行う。

2　昇給時期は、毎年4月とする。但し、会社の業績が極めて悪く会社に支払能力がない場合、昇給時期を遅らせる又は昇給しないことがある。

第3章　諸　手　当

支給している諸手当の内容を記しておく。

（役職手当）

第12条　役職手当は、各人の従事する職務に応じて、部長職手当、課長職手当、係長職手当、主任職手当を支給する。

（皆勤手当）

第13条　皆勤手当は、毎月の賃金計算期間中の間に欠勤、遅刻もしくは早退がない者に毎月2,000円支給する。

2　前項の皆勤手当の計算において、次のいずれかに該当する場合は出勤したものとみなす。

（1）年次有給休暇を取得したとき

（2）業務上負傷し又は疾病にかかり療養のために休業したとき。
　　（全休の場合を除く）

（住宅手当）

第14条　住宅手当は、本人が世帯主で、月極支払家賃が40,000円未満の場合は、支払家賃の50%を支給する。月極支払家賃が40,000円以上の場合は、20,000円を限度として支給する。

（通勤手当）

第15条　通勤手当は、電車、バス等の交通機関を利用する従業員に対して、3ヶ月の定期券購入費相当額を支給する。

2　通勤の経路および方法は、最も合理的かつ経済的であると会社が認めたものに限ることとする。また、非課税限度額を超えるものに関しては、非課税限度額を限度として支給する。

（割増賃金）

第16条　所定労働時間を超えて又は休日に労働した場合は、時間外労働割増賃金又は休日労働割増賃金を、深夜（午後10時から午前5時までの間）において労働した場合は深夜労働割増賃金をそれぞれ次の算式により計算して支給する。

①時間外労働割増賃金（所定労働時間を超えて労働させた場合）

$$\frac{\text{基本給＋諸手当（役職＋皆勤）}}{\text{1ヶ月平均所定労働時間数}} \times 1.25 \times \text{時間外労働時間数}$$

割増賃金の計算方法について明示しておく。

②休日労働割増賃金（所定の休日に労働させた場合）

$$\frac{基本給＋諸手当（役職＋皆勤）}{1ヶ月平均所定労働時間数} \times 1.35 \times 休日労働時間数$$

③深夜労働割増賃金（午後10時から午前5時までの間に労働させた場合）

$$\frac{基本給＋諸手当（役職＋皆勤）}{1ヶ月平均所定労働時間数} \times 0.25 \times 深夜労働時間数$$

（以上の計算式のうち、その月における時間外労働時間数、休日労働時間数、深夜労働時間数は、申請、実施届出による合計時間数による。また、30分未満は切り上げとする）

2　1の1ヶ月平均所定労働時間数は、次の計算式により計算する。

$$\frac{（365〔366〕－年間所定休日日数）\times 1日の所定労働時間数}{12}$$

（小数点以下切り捨て）

第4章　賞　　与

賞与を支給しているときは、その支給時期、支給基準、支給対象期間などを明示する。そのほか退職金制度を導入しているときなども、その内容を明示すること。

（賞与の算定基礎期間）

第17条　上半期の賞与の算定基礎期間は、前年11月1日から当年4月30日までとし、7月に支給する。下半期の賞与の算定基礎期間は、当年5月1日から10月31日までとし、12月に支給する。

（賞与の算定）

第18条　賞与は、毎年11月より4月まで、及び5月より10月までの各期間における会社の業績と、算定基礎期間中における各従業員の勤務成績や業務成績を勘案して支給する。受給資格者は、当該算定期間に実勤務があり、支給日現在在籍者とする。但し、業績が極めて悪く、会社の支払能力がない場合には、やむを得ず支給しない場合がある。

付　　　則

1　この規程の改廃をする場合には、従業員代表者の意見をきいて行う。

2　この規程の制改訂歴

　　　　○年 4月1日　制定　　　実施

　　　　△年10月1日　改訂　　　第4条　賃金の計算期間及び支払日

労働者名簿

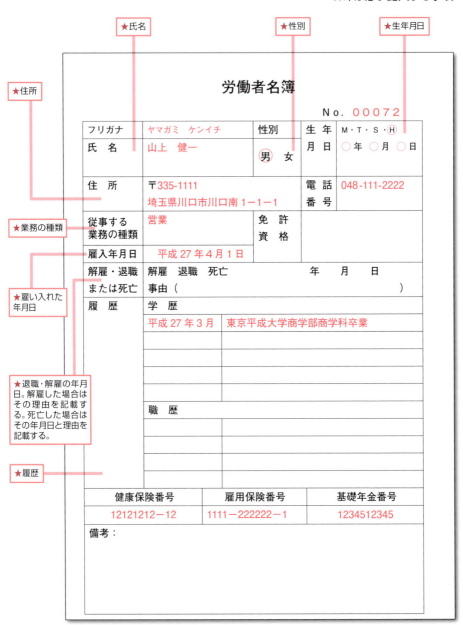

資料 賃金台帳（給与台帳）

★印は必ず記入する事項

★労働時間数

★労働日数

★賃金計算期間。ただし日雇いの場合は記載の必要はない。

★氏名

★性別

賃金台帳

氏　　　名	性別	所　属
山口　しのぶ	女	営業

賃金計算期間	1月	月	月	月	月	月
労　働　日　数	19日	日	日	日	日	日
労　働　時　間　数	150時間	時間	時間	時間	時間	時間
残　業　時　間　数	時間	時間	時間	時間	時間	時間
休日労働時間数	時間	時間	時間	時間	時間	時間
深夜労働時間数	時間	時間	時間	時間	時間	時間
基　本　給	200,000					
役　職　手　当						
家　族　手　当						
住　宅　手　当						
通　勤　手　当	5,000					
皆　勤　手　当	2,000					
時間外労働手当						
休日労働手当						
深夜労働手当						
総　支　給　額	207,000					
健　康　保　険　料	9,840					
介　護　保　険　料						
厚生年金保険料	18,300					
雇　用　保　険　料	621					
所　　得　　税	3,980					
住　　民　　税	8,300					
財　形　貯　蓄	5,000					
労　働　組　合　費	1,000					
控　　除　　額	47,041					
差引支給額	159,959					

★基本給

★各種手当そのほかの賃金の種類とその額

★賃金の一部を控除した場合、その種類と額

★残業時間数（時間外労働時間数）、休日労働時間数、深夜労働時間数

資料 出勤簿

> 出勤簿は、賃金台帳に記載する労働時間数、時間外労働時間数などを確認するための帳簿。労働日数や出欠状況などを把握できるようにしておく。

出 勤 簿

△年 △月分

所属	氏名
総務部	桜井 幸夫

日	曜日	出	退	時間外労働 普通残業	時間外労働 深夜・休日	日	曜日	出	退	時間外労働 普通残業	時間外労働 深夜・休日
1	水	08 50	17 00			17	金	08 50	19 00	2 00	
2	木	08 57	17 10			18	土				
3	金	08 50	17 10			19	日				
4	土					20	月	08 45	19 30	2 30	
5	日					21	火	08 45	19 30	2 30	
6	月	08 45	17 15			22	水	08 50	17 00		
7	火	08 47	17 10			23	木	08 50	19 00	2 00	
8	水	08 50	17 15			24	金	08 45	17 00		
9	木	08 45	19 30	2 30		25	土				
10	金	08 45	19 30	2 30		26	日				
11	土					27	月				有給
12	日					28	火	09 10	20 00	3 00	交通遅延
13	月	08 45	19 30	2 30		29	水	08 50	21 00	4 00	
14	火	08 50	16 00		早退	30	木	08 50	22 30	5 00	30
15	水	08 47	17 00			31	金	09 00	22 30	5 00	30
16	木	08 50	19 00	2 00							

出勤	22 日	時間外労働	普通残業	35 時間 30 分	外出	私用	0 回	有給	1 日
欠勤	0 日		深夜残業	1 時間 00 分		公用	0 回		(残 8 日)
遅刻	0 回 時間 分		休日出勤	0 時間 00 分	出張	0 回			
早退	1 回 1 時間 00 分								

306

用語のさくいん

あ行

育児休業給付金	254
育児休業制度	254
育児休業等終了時改定	260
石綿健康被害救済基金	164
遺族年金	46
遺族補償一時金	288
遺族（補償）年金	288
一元適用事業	162
一般求職者給付（失業給付）	48
一般拠出金	51・164
一般拠出金の計算	169
異動届出書	286

か行

介護休業給付	264
介護保険	44
介護保険第2号被保険者	150・153
介護保険の資格喪失日	152
介護保険料	96
介護保険料率	97
確定申告	220
課税給与額	100
家族出産育児一時金	242
寡夫控除	181
寡婦控除	181
基礎年金	46
基本給	31
休憩時間	38
休日出勤	78
休日の振り替え	78・84
休日労働	72
給付基礎日額	272
給与	26
給与規程（賃金規程）	30・32・300
給与支払報告書	212・214
給与支払報告書総括表	214
給与所得控除	204
給与所得の源泉徴収税額表	100
給与マスター	70

給与明細書	28
協会けんぽ	44・45・126・156
業務災害	266
勤怠欄	28・76
勤労学生控除	181
欠勤控除	94
月変	62・146
現金給付	280
健康保険	44
健康保険・	
厚生年金保険の保険料額表	97・137
健康保険組合	126・156
健康保険の任意継続被保険者	230
健康保険の療養の給付	280
健康保険被保険者証	44・280
健康保険被保険者証の再交付	290
健康保険料	96
健康保険料率	97
源泉所得税	52・100
源泉徴収	52
源泉徴収票	212・214
源泉徴収簿	178・204・208
現物給付	280
高額療養費	282
公共職業安定所	49・160
控除欄	28
厚生年金基金	46
厚生年金保険	46
厚生年金保険料	96
厚生年金保険料率	97
高年齢雇用継続基本給付金	278
高年齢雇用継続給付制度	278
高年齢再就職給付金	278
国税電子申告・納税システム	
(e-Tax)	68・108
国民年金	46
国民年金の第3号被保険者	124・132
固定的給与	30・86
子ども・子育て拠出金	106
雇用契約	30

307

雇用契約書（労働契約書）	222
雇用保険	48
雇用保険の一般被保険者	158
雇用保険の被保険者	158
雇用保険料	98
雇用保険料の計算	99・169

さ行

最低賃金	120
三六協定	72・74
産科医療補償制度	245
算出年税額	177・204・206
産前産後休業	242・250
算定	62・142
時間外労働	38・72・76
時間外労働・休日労働に関する協定	72
支給欄	28・86
地震保険料控除	193
支払基礎日数	142
社会保険	42
社会保険上の報酬	136
社会保険の強制適用	123
社会保険の資格取得	128・140
社会保険の資格喪失	128
社会保険の適用事業所	123
社会保険の適用除外者	122
社会保険の任意適用	123
社会保険の被扶養者	124
社会保険の被扶養者の資格取得	132
社会保険の被扶養者の資格喪失	132
社会保険の被保険者	122
社会保険料控除	196
社会保険料の徴収月	150・154
社会保険料の納付	106
就業規則	32
住宅借入金等特別控除	200
住民税	52・104
住民税の特別徴収	52・104・108
住民税の納付	108
住民税の普通徴収	104
出勤簿	34・306
出産育児一時金	242

出産手当金	242
障害者控除	180
障害年金	46
小規模企業共済等掛金控除	198
傷病手当金	284
傷病特別支給金	274
賞与	26・112
賞与における源泉所得税	116
賞与における雇用保険料	114・118
賞与における社会保険料	114・118
賞与に対する源泉徴収税額の算出率の表	116
賞与明細書	112
所定休日	78
所定労働時間	38
所得金額調整控除	186
所得税	52
所得税の納付	108
随時改定	139・146・154
生命保険料控除	189
全国健康保険協会	44・126・156
損害保険料控除	194

た行

代休	84
退職金	26・236
退職金の源泉徴収税額	238
退職金の特別徴収住民税額	239
退職証明書	228
退職所得の源泉徴収額の速算表	237
男女同一賃金の原則	54
遅刻・早退控除	94
地方税ポータルシステム（eL TAX）	68
長期損害保険契約	194
賃金	26・165
賃金支払いの五原則	36
賃金台帳（給与台帳）	34・305
通勤災害	270
通勤手当	101
月平均所定労働時間	88
月平均所定労働日数	88
定時決定	138・142・154

電子政府の総合窓口（e-Gov） … 68・126・160
電子納税 …………………………………… 68
天引き ………………………………… 52・96
特別支給の老齢厚生年金 ………………… 46

な行

二元適用事業 ……………………………… 162
年金事務所 ………………… 106・126・156
年金手帳の再交付 ………………………… 290
年金保険 …………………………………… 46
年次有給休暇 ………………………… 40・92
年調年税額 …………… 177・204・206・210
年末調整 …………………………… 52・64・174
年末調整等のための給与所得控除後の
給与等の金額の表 ………………………… 205
年末調整の対象となる人 ………………… 174
年末調整のための所得税額の速算表 …… 207
年末調整のやり直し ………………… 180・182
ノーワーク・ノーペイの原則 ……………… 31

は・ま行

配偶者控除 ………………………………… 180
配偶者特別控除 …………………………… 186
パパ・ママ育休プラス …………………… 254
ハローワーク ………………………… 49・160
非課税給与 ………………………………… 100
標準報酬月額 ………………… 62・96・136
標準報酬日額 ……………………………… 242
不就労控除 ………………………………… 94
扶養控除 …………………………………… 180
扶養控除等（異動）申告書 ……………… 180
扶養親族 ……………………………… 100・102
振替休日 …………………………………… 84
分離課税 …………………………………… 236
平均賃金 …………………………………… 92
変形労働時間制 …………………………… 80
変動的給与 …………………………… 31・86
報酬 …………………………………… 26・136
報酬月額 ……………………… 96・136・142
法定外残業 ………………………………… 76
法定休日 ……………………………… 72・78
法定控除 …………………………………… 96

法定三帳簿 ………………………… 34・222
法定調書合計表 …………………………… 218
法定内残業 ………………………………… 76
法定労働時間 ………………………… 38・72
保険料控除 ………………………………… 188
マイナンバー …… 2・4・292・294・296・298
埋葬料 ……………………………………… 288
みなし労働時間制 ………………………… 80

や・ら・わ行

夜食代 ……………………………………… 101
有給休暇 ……………………………… 40・92
労災指定病院 ……………………………… 267
労災保険 …………………………………… 50
労災保険の休業（補償）給付 …………… 272
労災保険の休業特別支給金 ……………… 272
労災保険の適用除外 ……………………… 159
労災保険の特別加入制度 ………………… 172
労災保険の被保険者 ……………………… 158
労災保険の療養給付 ……………………… 270
労災保険の療養補償給付
（療養の給付） ………………… 266・270
労災保険率 ………………………………… 169
労災保険料の算出方法 …………………… 169
労使協定 …………………………………… 73
労働基準監督署 …………………………… 35
労働基準法 ………………………………… 26
労働協約 ……………………………… 32・36
労働時間 …………………………………… 38
労働者死傷病報告 ………………………… 276
労働者名簿 ………………………… 34・304
労働条件通知書 …………………………… 222
労働保険 …………………………………… 42
労働保険上の賃金 ………………………… 164
労働保険の概算保険料 …………………… 162
労働保険の確定保険料 …………………… 162
労働保険の適用事業 ……………………… 158
労働保険の年度更新 ………… 58・162・164
老齢年金 …………………………………… 46
割増賃金 ……………………………… 76・90

309

届出書式のさくいん

NEW は書式が変更されたものです。

あ・か行

NEW 育児休業給付受給資格確認票・（初回）育児休業給付金支給申請書 ………… 257

介護休業給付金支給申請書 ……………………………………………………… 265

NEW 確定保険料・一般拠出金算定基礎賃金集計表 ………………………………… 166

NEW 休業（補償）給付支給請求書・休業特別支給金支給申請書 ………………… 273・274

給与規程（賃金規程） ………………………………………………………… 300

給与支払報告書 ………………………………………………………………… 217

給与支払報告書（総括表） …………………………………………………… 216

給与所得・退職所得等の所得税徴収高計算書（納付書） ……… 57・110・119・213

給与所得の源泉徴収票等の法定調書合計表 ……………………………… 219

給与所得者異動届出書 ………………………………………………………… 235

給与所得者の基礎控除申告書 ……………………………………………… 187

給与所得者の配偶者控除等申告書 ………………………………………… 187

NEW 給与所得者の扶養控除等（異動）申告書 ……………………………………… 184

NEW 健康保険・厚生年金保険育児休業等終了時報酬月額変更届 ………………… 262

NEW 健康保険・厚生年金保険育児休業等取得者申出書 ………………………… 259

NEW 健康保険・厚生年金保険産前産後休業取得者変更（終了）届 …………… 253

NEW 健康保険・厚生年金保険産前産後休業取得者申出書 ……………………… 252

NEW 健康保険・厚生年金保険被保険者資格取得届 ……………………………… 130

NEW 健康保険・厚生年金保険被保険者資格喪失届 ……………………………… 131

NEW 健康保険・厚生年金保険被保険者氏名変更（訂正）届 …………………… 241

NEW 健康保険・厚生年金保険被保険者住所変更届 ……………………………… 241

NEW 健康保険・厚生年金保険被保険者賞与支払届 ……………………………… 118

NEW 健康保険・厚生年金保険被保険者報酬月額算定基礎届 …………………… 144

NEW 健康保険・厚生年金保険被保険者報酬月額変更届 ………………………… 149

NEW 健康保険高額療養費支給申請書 ………………………………………………… 283

NEW 健康保険出産手当金支給申請書 ……………………………………………… 246

NEW 健康保険傷病手当金支給申請書 ……………………………………………… 285

NEW 健康保険被扶養者（異動）届 …………………………………………………… 134

310

NEW 健康保険被保険者／家族　出産育児一時金差額申請書 ･･････････････････････ 248

NEW 健康保険被保険者証再交付申請書 ･･････････････････････････････････ 291

NEW 健康保険被保険者療養費支給申請書 ･････････････････････････････ 281

源泉徴収票 ･･･ 217

源泉徴収簿 ･････････････････････････ 179・202・208・211

NEW 厚生年金保険養育期間標準報酬月額特例申出書 ･････････････････ 263

高年齢雇用継続給付受給資格確認票・

（初回）高年齢雇用継続給付支給申請書 ･･････････････････････ 279

NEW 国民年金第 3 号被保険者関係届 ･･････････････････････････････ 135

雇用保険被保険者休業開始時賃金月額証明書 ･････････････････ 256

NEW 雇用保険被保険者資格取得届 ････････････････････････････････ 227

雇用保険被保険者資格喪失届 ････････････････････････････････ 231

雇用保険被保険者離職証明書 ････････････････････････････････ 232

さ・た行

NEW 時間外労働・休日労働に関する協定届（三六協定）･･････････････ 74

住宅借入金等特別控除申告書 ････････････････････････････････ 203

出勤簿 ･･･ 306

所得金額調整控除申告書 ････････････････････････････････････ 187

退職所得の源泉徴収票・特別徴収票 ･･･････････････････････ 239

賃金台帳（給与台帳）･････････････････････････････････････ 305

な・は行

年末調整の所得税徴収高計算書（納付書）･･･････････････････ 213

平均賃金算定内訳 ･･････････････････････････････････････ 275

保険料控除申告書 ･･･････････････････････････････････････ 199

ら行

NEW 療養補償給付たる療養の給付請求書 ･･･････････････････････ 268

NEW 療養補償給付たる療養の費用請求書 ･･･････････････････････ 269

NEW 労働者死傷病報告 ･････････････････････････････････････ 277

労働者名簿 ･･ 304

労働条件通知書 ･･･････････････････････････････････････ 224

NEW 労働保険概算・増加概算・確定保険料申告書 ･･･････････････ 171

311

■著者紹介

青木 茂人（あおき しげと）

1962 年生まれ。中央大学商学部卒。1992 年税理士登録。大原簿記学校税理士課講師、会計事務所勤務を経て、1995 年に独立。現在、青木税理士事務所代表。東京税理士会神田支部所属。中小企業庁・事業承継協議会正会員。公益財団法人 明光教育研究所理事。日本政策金融公庫 農業経営アドバイザー試験 合格者。
主著：『図解 いちばんやさしい簿記入門』（ナツメ社）、『個人事業の経理と節税』（成美堂出版）ほか。

今 和弘（こん かずひろ）

千葉大学卒。上場企業等で人事・総務マネジメント職として人事・給与制度構築、採用・研修企画、ＩＰＯ業務に従事。2011 年社会保険労務士登録。オオゼキ社会保険労務士法人設立。人事のコンサルティング・労務監査業務を手掛ける。東京都社労士会所属。

監修協力：齋藤一生（税理士法人センチュリーパートナーズ）

デザイン・DTP…… （株）ウエイド
イラスト………… 赤木あゆ子
図版作成………… 原田あらた
編集協力………… 三輪 高芳（パケット）・松原葉子
編集担当………… 齋藤 友里（ナツメ出版企画）

ナツメ社Webサイト
https://www.natsume.co.jp
書籍の最新情報（正誤情報を含む）は
ナツメ社Webサイトをご覧ください。

本書に関するお問い合わせは、書名・発行日・該当ページを明記の上、下記のいずれかの方法にてお送りください。
電話でのお問い合わせはお受けしておりません。
・ナツメ社 web サイトの問い合わせフォーム　https://www.natsume.co.jp/contact
・FAX（03-3291-1305）
・郵送（下記、ナツメ出版企画株式会社宛て）
なお、回答までに日にちをいただく場合があります。正誤のお問い合わせ以外の書籍内容に関する解説や法律相談・税務相談は、一切行っておりません。あらかじめご了承ください。

基本と実務がよくわかる　小さな会社の給与計算と社会保険　21-22 年版

2021 年 8 月 4 日　初版発行

著 者	青木 茂人 今 和弘	©Aoki Shigeto, 2021 ©Kon Kazuhiro, 2021
発行者	田村 正隆	

発行所　株式会社ナツメ社
　　　　東京都千代田区神田神保町 1-52 ナツメ社ビル 1F（〒 101-0051）
　　　　電話　03（3291）1257（代表）　FAX　03（3291）5761
　　　　振替　00130-1-58661

制 作　ナツメ出版企画株式会社
　　　　東京都千代田区神田神保町 1-52 ナツメ社ビル 3F（〒 101-0051）
　　　　電話　03（3295）3921（代表）

印刷所　ラン印刷社

ISBN978-4-8163-7067-0　　　　　　　　　　　　　　　　　　Printed in Japan
〈定価はカバーに表示してあります〉　　〈落丁・乱丁本はお取り替えいたします〉

本書の一部または全部を著作権法で定められている範囲を超え、ナツメ出版企画株式会社に無断で複写、複製、転載、データファイル化することを禁じます。